JN048297

ひとつの言葉が

誕生する瞬間には、

物語がある――

百万人いれば、

百万の物語がある。

久瑠あさ美のイキザマ革命

演目

第1幕
その人と……

限界を超えるために、
あなたは生まれてきた。

その人、

その人は、時空を超えた感覚の持ち主 ―

未来の空間を体感している、

そしてその未来を、

体現して、創っていく。

まるで未来に生きている人。

その人を訪ねてきた人たちや関わりを持った人たちは、

その人を通して、その人の言葉で、

それぞれの未来を体感し、そこを目指し始める。

それぞれの人からその未来を見ると、

それはとんでもない世界。

普通では、尻込みするような世界。

そんなこと、出来るのかと思ってしまう世界。

しかし、その人を訪ねてきた人たちは、

自然体でそこを目指しはじめ、その高みへ上り詰め、

さらにその先を目指していく。

横で見ていると、いったい何が起きたのか、わからない。

映画や小説の中のような出来事を、

日常で普通に起こしてしまっている。

こんなことが出来るのか、といつも驚かされる。
頭では理解できないことが、実際にたくさん起きている。

人生で味わったことのないどん底で、
生きる意欲も意志も失くしたような人の目が輝きだす。
うつの人が、その人に会ったその日に、
笑い声がこぼれる、笑顔になる。
こういうことが、当り前のように起きる。
本には書かれていたが、それが目の前で起きる。

まるで、魔法の言葉を持っているような感じさえ受ける。

その人は世間的には、メンタルトレーナーという肩書。
一般的にわかりやすいので、この肩書を使われている。
その人が何者かというと、表現者というのがしっくりくる。
わかりやすく言えば、その人が感じたことを、
ただ「伝える」だけではなく、「伝わる」、
相手の潜在意識に届くので、自ずと伝わってしまう。

そこには感動が生まれる。
それがエネルギーとなり、人を動かす。
というより、自然に動き出すように見える。
職業的な表現ではなかなか当てはまる言葉がない。

だから、いちいち、何をやっているかを説明するのは容易じゃない。
その人にとって、肩書はどうでもいい、
要するに何をしている人かをこちらが、説明しようとしても、
なかなか適切な言葉が見つからない。
だからあえて言うなら、たくさんの人が相談に来られるので、
メンタルトレーナーとしている。

その人は、いつも物事の根本、根っこを感じ取っている。
それ故、どんなジャンルでも、その領域を超える捉え方を
することができる非凡な力を発揮する。
だから、初めての分野の話でもいきなり対等、
またはそれ以上の拡がりをその瞬間、その空間に創り出す。
それは驚くほど素速くて深い。
その人がいつも伝えている、
視点視座、階層、観点を使うというのがそれにあたる。

その人は、クライアントの生き様、人生哲学、
美学というようなものを一緒に見つける。
クライアントが体得するためのマインドプロセスを一緒に歩み、
クライアントの未来をデザインする。
その人はクライアントに寄り添っていて、
知らないうちに居なくなる。
クライアント自身で実現していけるように見守る。
実は、クライアントの心の中にいるようになる、という感じなのだ。
クライアントの中にいるというのは、

その人＝マインドの法則がクライアントの潜在意識に、
無自覚に働きかけているという意味。
気づくと“心の業”が身につくということ。

その人は、極端に言えば、誰よりも、クライアントを信じる、
クライアントの未来を
100%信じきって心を重ね合わせる。
100%信じ切る、言葉では簡単に言えるが、
なかなか出来ることではない。
絶対に裏切らない、逃げないという安心感を
クライアントは無意識に感じ取る。
まるで、子供の頃の無邪気な心を取り戻したように、
心を開放させていく。
心をふさいでいたものが消えていく、
そして、その心が躍動し始めていく。

その人が目の前にいなくても、
気づけば、「描いた未来に必ず行ける」と、
100%まるごと信じ切ることができている。
その人はいつでも、どこからでも見守っている、
繋がっているような感覚を得る。

その人は、マインドという表現で、奇跡の起こし方を伝える。
マインドとは、脳と心のこと。

そして、「脳ってすごいんだよ」とその真実を教えてくれる。
普通、何気ない会話ではあまりこういう表現はしないと思うが、
人間の脳はすごいのだと身をもって体験させられる。

その人の言葉にはいつも真実が宿る。

脳内でしっかり鮮明にイメージできたことは、
現実以上の現実を創り出す。
脳はそのイメージを実現するようリードしていってしまうらしい。
はじめは本当だろうか、と思うが、
何人もが、奇跡のような未来をつかんでいるのを見ていると、
そうなんだ、と思うしかない。
驚きであり、感動の場面が幾重にも続いていく。

それはたまたまなんかじゃなく、そこには法則があって、
その力こそが人間の潜在能力のようだ。
すべての人が持っているが、なかなか使えないままの人が実は多い。
その人は、簡単にやってのける、みんなやらないだけと、微笑む。

多くの人が、自分はこれでいいとか、このくらいでいい、
と自分のことを決めてしまう。
これも、脳がそうなりたいのだから、そうしよう、ということで、
それ以上には、人間はなりようがないということ。
だから、みんな思った通りの自分に、
実はなっている、ということ。

その人が、よく言われる
「イマジネーションの限界が人間の限界」という言葉がある。
だから、自分にブロックをかけないで、
ほんとになりたい自分になればいいと、とその人は導く。

その人は、自然を敬愛している。
その人は、自然と融合している。
だから、広く深い視野、地球的視点を持って、
自然が我々に与えてくれる“何か”と同じものを
その人は与えてくれる。
それは目には見えない癒しや厳しさのような“何か”だと感じる。
だからあんなにも純粋に人と向き合い、
何が起きてもそこにいて、
どんなときでも真正面から向き合うことが出来るのかもしれない。
その人は、こんなことも言っていた。
「私は、闇の方を見てるんですよ、
こう言うとみんな驚くけど、暗闇だから、
ほんのわずかな、かすかな光も見つけられるんです」
それが、きっと誰もが探し求める潜在的な希望なのだと思う。

多くの人が、失ったと思っている希望の光。
その光を育てていく。
その明かりで、見失ったものを照らしていく。
そして、希望が大きく膨らんでいく。

「光が強ければ、影も濃いんです」と、
いいことばかりじゃない人生の相対性について体感で伝える。

書き出せばキリがない。
まるで、別次元を生きているようだ。

実は、この在り方、生き様がとても人間らしいのだと感じる。
ダイナミックな自由さが伝わってくる。
人間って、こんなふうに生きていけるんだ、
と嬉しくもなってくる。
聖人君子たれ、と聞くと、何か堅苦しいような、
窮屈な印象を持ってしまうが、
その人が言っている「希望」、「美学」、「覚悟」、「勇気」、
そして……「愛」、
そういうものが体現されていると、
潔いくらいにピュアで、稀有な存在に自然体でそうなれる、
ということをその人から、その生き様から、
学んでいくのだと思う。

その人にももちろん感情もあれば、思考も使う。
泣いたり笑ったり怒ったりもする。
純度と感度が極めて高いから、その幅も大きい。
繊細で精巧、だから大胆なこともやってのける。

頭の回転も恐ろしく速い。
感性でとらえたことをアウトプットする勢いはすごい。
ある時、サロンクラスという“心の極意”を伝えるための
講座が生まれた。
その人から渡されたメモには、日常を変えるための150の
極意が書かれていた。
この150の極意が生まれるのに、10分とかかっていない。
脅威でしかない。
いつだって我々の想像をはるかに超えて創造し続ける。
それこそが潜在能力のなせるワザとして、自ら体現してくれる。

話を戻して、もちろん、日々の努力は惜しまないこと、
自ら決めたことはつべこべ言わず、まずはやる、
やることをやらないで、うまくいかないのは当然、
ということもいつも言われる。
だから、一生懸命と本気は違うと。
一生懸命やってます、というのは、
出来ないことの無自覚な言い訳として人は使ってしまう。
出来る出来ないではなく、本気で向き合っているのかどうか、
そこをいつも問う。大切に言われる。
本気でやっても、もちろん出来ないことも出てくる、
しかし、本気でやっている人は、
出来ない時に、一生懸命やったけど、
やるだけやったけどダメでしたでは終わらない。
必ず、 出来なかったこと以上の、

リカバリー案を自ら生み出していける。
本気ならそれが出来る、と。

その人は、今のその先を教えてくれる人でもある。

だから、周りの人たちはみんな知らないうちに、
人間力の大きい人になっている。
知らないうちに学んでいる、学べている、
それがその人の業でもある。

「感じるところのサビを取ってあげただけ、
もともと持っているものだから、自然に使えるようになる、
本来の人間の自然の心に戻してあげただけ」
といつも言っている。
それは、やはり、シンプルに誰もが潜在的な力を、
一人ひとりが持っているとわかっているからなのだと思う。

何が大事か、何が本来の在り方かということを、
いつも最初にベストをイメージされている。
そしてそのために、何のためらいもなく、
そこを目指して実践することで、
想定外を感動レベルでやってのける。

身近なところで言えば、パーソナルトレーニング。
ちょっとビックリするかもしれないが、
パーソナルでの面談、その人はいつも普通にノーメイク。
服も普通の普段着。
なぜかというと、
トレーニングをやるのに余分なものは必要ない、
ということだそうだ。
もとモデル、もと女優、だから化粧してきれいにして……
ということは反ってクライアントの邪魔になる。
余計な印象は与えない方が良い、
ニュートラルマインド同様、出で立ちもニュートラル。
そういう些細なことも、クライアントにとってベストを選択している。

「自分は」という視点ではなく、「相手」の視点を、
一段引き上げた視点で感じとり、自らの在り方を決めていく。
その瞬間、瞬間が潔（いさぎ）がいい。
聞くとなるほどだが、なかなか我々凡人に出来ることではない。

素顔、素直、素質、
たくさんの“素”が、そこに在る。

「我がまま＝素のまま＝在るがまま」
これは、
ひとりのトップアスリートに、
その人が伝えた言葉だった。

そのアスリートは、
感情的で我がままだということで、
世間からバッシングを受けていた。
感情をよくないものとして抑え込むのではなく、
自らの感情のその揺れを、しっかりと受け止めること。
揺れ動くその感情がどれほど激しかろうが、
決して目を背けたり、見捨てたりしてはいけない。
ちゃんと見つめることで、やがて収まっていく。

これを実践した選手は、見事に長年の夢であった初勝利を
収めることができ、プロとしての道を切り開いていった。
実践したのは、心の視点を変えるということ。
性格を変えたのではなく、
伝えたのは、
在るがままの自分の活かし方。

その人はそうした功績について、
自ら多くは語らない。
当り前にやってのけてしまう偉業は、
たまたまではなく必然だからだと思う。

変わらない人生はない、
それをこれまで幾度も間近でみてきた。
感動としか言いようのない瞬間を、
今では当り前のように見ている自分がいる。

どんな人の人生も劇的に変わる。
この言葉をまさに日常的に実践している。
それがその人。

多くの体験者たちが何度も口にする表現だが、
久瑠式トレーニングは、知らないうちに身についていて、
気づいたら使っていたというもので、
それこそが潜在意識のトレーニングの証と言える。

「その人＝マインドの法則」が、
多くの人の生き様になっているように感じる。

その人を訪ねてこられる人たち､本当に様々にいろいろな方がいる。
迷っている人、行き場を失った人、
どうしていいかわからず動けない人、
変わりたい人､今の自分を超えたい人､スランプを脱却したい人､
苦しみから抜け出したい人……
その人は、それらの人たちの心の音を静かに感じ取る。

例えば、ある人の心の音が、少しぶつ切りで不安定だったとすると、
その音を変えろとは言わない、そのままでいいという。
その音をまずちゃんと聴きなさい、というところから始まる。

すると知らないうちに、
とても低いところで優しく包み込むような音がしている。

こちらの不安定な音を知らないうちに支えてくれているかのように、
気がつくと今度は少し高いところでも新たな音が生まれている。

その音はとても心地よく、
こちらが出す音を引き立たせてくれる。

知らないうちに、不安定でぶつ切りだった素音が、
この重層的に寄り添ってくれる和音によって、
自然にいつの間にか、
しなやかに流れるような旋律となっていく。

こちらが同じ音を出していても、
その音と音とが響き合い、
まったく別の音に感じられる。

いつしか自信にあふれた音になっている。
楽しくてとても心地よい。

気がつくと、どんな音もその音自身で、
奏でられるようになっていく。
そして、自由に響きわたり、
いつしか他の音と重奏を始めている。
他の音に勇気、希望を与え始めている。

その人のその生き様が、
多くの人の潜在的な生き様に共鳴して、

まるでオーケストラの指揮者のように、
心の和音を重層的に響かせることで、
多くの人の心の視点を引き上げていく、
アーティストなのかもしれない。

人の人生に感動を創り出すその“心の業”にかかれば、
どんな人も心に旋律が生まれ、
やがて自らの音を創り出すことのできる人間が誕生する。
そうしていつしか一人ひとりをその人生の表現者にしてしまう。

その人はここにいるのに、いない。
いないのに、いる。
やはり時空を超えて、“在るがまま”に
いつもどこかずっと先に生きている存在……

その“何か”をなにと言えないが、
間違いなく自分の中に感じられている、
その在り方＝イズム。
その“生き様”そのものから生まれ出る言葉が、
いつの間にか浸透し、
一人ひとりの潜在意識の中に存在してしまう、
ということなのかもしれない。

マインド塾 研究生　中本守彦

第２幕

久瑠あさ美ヒストリー

人生は時間でできている

* Memories *

赤ちゃんの妹と一緒にパチリ

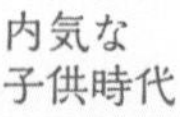

内気な
子供時代

ショッピング中
モデルを頼まれて

七五三　家族と一緒に

父のセンスで
お出かけスタイル

何とお墓まいりなのに
大ハシャギ

自分で選んだコーデュロイの
オーバーオール

「児童生徒造形作品展」
版画で入賞しました

母のハンドメイドの帽子をかぶって
バレエのお稽古へ

バレエ団ジュニア時代

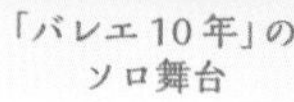

「バレエ10年」の
ソロ舞台

小学校時代のバレエスタイル

「バレエコンクール全国大会」
の選抜メンバーとして

バレエの経験がモデルの仕事に
活かされポスターに起用

オーストラリアに短期留学
ホームステイしたファミリーと

ジュニアモデルとして活動スタート

名古屋のモデル事務所の
同期と一緒に

祖父が会社設立記念の
テレカのモデルに起用

成人式　祖父と一緒に

初めてのロケで大ハシャギ

SKIPAL
スキーパル'91
全コース個室確保
お申込み時に宿泊施設決定

まっ白ゲレンデに、
雪焼けスマイルが素敵です。
岡崎(志賀高原・妙高赤倉行)発着
豊田(白馬行)発着
もあります

初オーディションでスキーに挑んだ

モデルを始めた頃
お気に入りの帽子スタイル

成人式に代表としてスピーチを

新たな決意で
プロのモデルの道へ

モデルとしてマジメ一筋の時代

「Ray」「JJ」のモデルとして
活躍した時代

チェーン飾りのついたスリップオンはパリカジスタイルに

きものスタイルも人気
和服モデルとしても活躍

モデルとして、
そして女優へ——

FLASH
6・16
1 若乃花"不知火型"の秘密
2 "脳内革命"春山
久瑠あさ美

マツモトキヨシの CF で広告大賞を

レンジ篇

「電子レンジほしいな」「ダメ!」
「おいしいマンモス料理できるのに」
「いいよ直火焼きで」

「10回払いで」

「ただいまあ」
「缶詰あけてチンしてね」

「(トホホ)チンするよ」

手数料、半分なんだって

いつの時代も夫婦って…。

ジャックス「半分、持ちます キャンペーン'97」編

ブーツ篇

「今年はシマシマなのォ」

「10回払いでお願いします」

「(服と)お揃いで買っちゃった」

「何でやーッ!」

特製テレカを10名に

キャンペーンを記念して、オリジナルテレカを読者10名に。ほしい人は官製ハガキに住所、氏名、年

原始時代の夫婦もこんな会話したかな

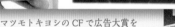

東幹久クンのキャラクターが人気のジャックスカードのCMも、今回で3期目。今までは、どこかの街角でふと見かけそうなシチュエーションが多かったけど、今回はコテコテのコスチュームプレーが新鮮だ。愛妻のために10回払いでブーツを買ってきたら、奥さんはもう自分で買っちゃっていたとか、愛妻にねだられて電子レンジを買ったはいいけど、マンモス料理を楽しみに帰ってきたダンナさまを待っていたのは、マンモスの缶詰と置き手紙だったとか。幹久クンの、マジメにやればやるほどオモシロくなっちゃうキャラクターが生きているよね。久瑠あさ美チャンのちょっと悪女な奥様もいい味出しているし。なんというか愛妻家の悲哀が、せつなくもユーモラスに伝わってくるんだよね。きっと、いつの時代も夫婦の会話ってこんなもんだったんだろうな。

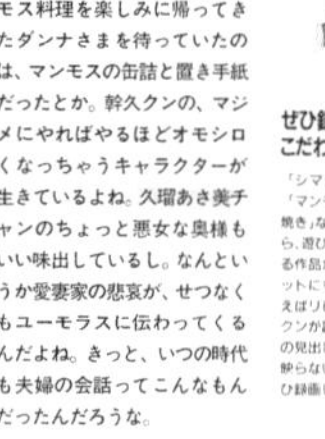

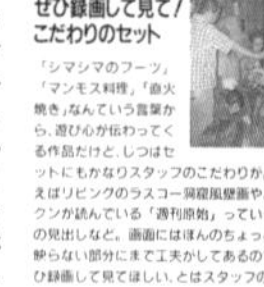

ぜひ録画して見て!こだわりのセット

「シマシマのブーツ」「マンモス料理」「直火焼き」なんていう言葉から、遊び心が伝わってくる作品だけど、じつはセットにもかなりスタッフのこだわりが。えばリビングのラスコー洞窟風壁画や、クンが読んでいる「週刊原始」ってい の見出しなど。画面にはほんのちょっ 映らない部分にまで工夫がしてあるの ひ録画して見てほしい、とはスタッフの

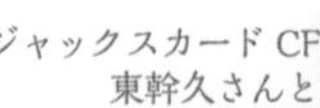

0、大阪カスタマーサービス06-821-3340(9・30〜17・30土、日、祝も受け付け)。

ジャックスカード CF
東幹久さんと

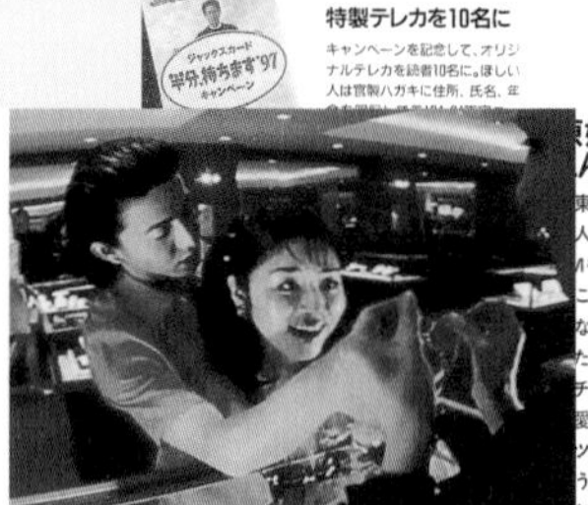

JCB CF
木村拓哉さんと

気になるあの娘は誰だ!?

噂の美女図鑑

「マツモトキヨシ」ボンデージ女は生真面目な名古屋モデル出身

撮影✣山田崇博　文✣李　春成

久瑠あさみ

私はけっこう真面目に来たんですよ、こう見えて。

▼「いただきストリートゴージャスキング」（エニックスより9月23日発売）では、みうらじゅん氏らと共演（怪演？）。

花のように、ただただ美しい人がいる。誰に気を遣っているのか、小さく遠慮深げに微笑むだけで、会話への参加率が低い。一緒にいる者には、もうお手上げである。

しかし、久瑠あさ美の実像を知る者は少ないだろう。昨年放映された「ジャックスカード」のCFでは原始人のワガママ妻に挑戦し、今年は「もうマツキヨなしでは生きていけない！」と、悩ましいバストを強調した。欲しい物を何でも手に入れたがるタカビーな女役として、いまやひっぱりだこ状態なのだ。あさ美は、何の遠慮もなく大きく笑った。

「これでもファッションモデルだったのに、今は身長70mの巨大バニーガールですからねぇ」

オンエア中のゲームソフトのCFだ。街を自分のものにする縄張りゲームは、それまでの彼女のイメージを考えればピッタリだった。だが、極めて真面目な学生生活を送ってきた彼女は、現在、自分自身の能力開発に夢中になっているのだ。「与えられたものを期待以上のものにして返したい」という一生懸命さが、コミカルな演技に反映されているのだった。もういちど言っておこう。彼女はあくまでもモデル出身だ。笑いのセンスを持ち合わせた美しい人なんである。

✣くるあさみ✣1974年6月23日愛知県生まれ。高校時代からモデル業、最近はドラマ、CFに忙しく、痩せていた体を変えるため体重を増やしたという。「ショムニ」（フジテレビ系）「プリティモンキー」（テレビ朝日系）、「マツモトキヨシ」などのコミカルな演技に注目。現在は「いただきストリート」で巨大バニーガールに扮し、ハイヒールで街をつぶしまくっている。ミューズエンターテイメント所属

久瑠あさ美さんのサイン入りポラロイドをプレゼント。住所・氏名・年齢と、このコーナーで取り上げてほしい人名をハガキに書いて〒102-8388 東京都[illegible]「宝島」編集部「久瑠あさ美係」まで。締切は10／14（消印有効）です。●9／2号・小久保理紗サイン入りポラ当選者＝兵庫県・大上成彦さん

1998 10.14 宝島

七変化で、CF界で話題に！

『いただきストリート』CM
堀井雄二も応援に駆けつけ

9月23日にエニックスから発売される、プレイステーション用のボードゲーム、『いただきストリート ゴージャスキング』。このソフトのテレビCM撮影が、9月4日に都内のスタジオで行なわれたぞ。

撮影はお昼からスタートし、収録は順調に進行。撮影中は、出演者であるタレントのみうらじゅんのアドリブでスタジオ中が大爆笑になる場面も。この日の撮影は、終始なごやかムードのま
了したのだ。そしてスタ
「いただきストリート」の
である堀井雄二氏も訪れ、
ようにコメントしていた
「CMは非常におもしろい
なりそうです。ゲームは
もしろいので、ぜひプレー
てください」(堀井)

ちなみに、このCMの
月中旬から。要チェック

●ミニチュアのセットなどを使用し、CM

●1カット撮るたびに、出演者

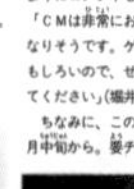

「いただきストリート ゴージャスキング」ソフトのテレビ CM 撮影（みうらじゅんさんと）

「ワコール」の CM

日立製作所「踊る大掃除」コードレス掃除機 CM 撮影風景

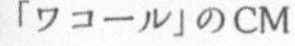

パナソニック カーナビ CF

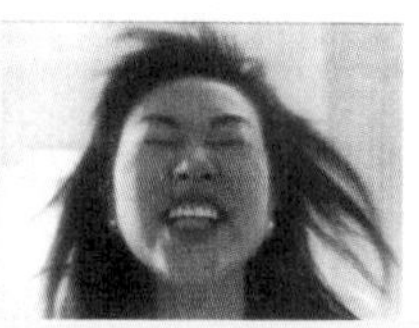

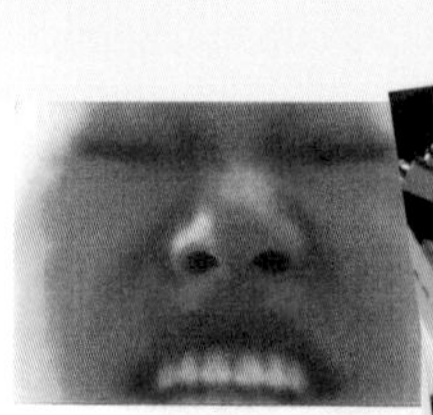

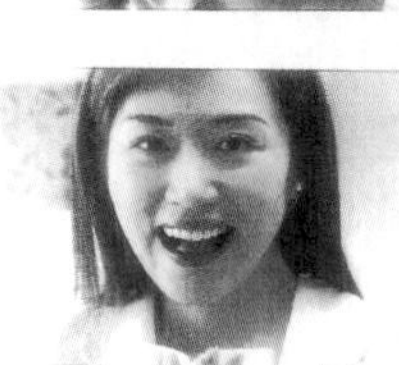

三共製薬「アルガード」CF

「ニッポンレンタカー」CF

「LIRA」のCD

人気朝ドラマ
「未来戦隊
タイムレンジャー」の
「LIRA」役に抜擢

楽しみだわ ゾクゾクしちゃう

LIRA

リラ

ドン・ドルネロと組んで悪事を働く女。その後、ギエンを仲間に加える。宝石や美しい服を身につけ、美味しい物を食べて、イイ男をはべらせられれば満足！　大それた野望はない。どこかの星の宇宙人なのか、地球人なのかは不明だが、白いヨロイを脱ぐと地球人によく似た格好で、ぜいたくを楽しむ。未来の巨匠・鳥羽賢治を20世紀で見つけて、自分の絵を描かせようともした。ビーチで肌を焼きギャルっぽくなったかと思えば、美白に一生懸命になる。思いついたまま、やりたいように行動する。

変装が得意。ロンダー刑務所ごと20世紀に逃げ込んだ際には、時間保護局のレンジャー隊長・リュウヤに化けて、作戦を成功させる。外見だけでなく、演技力もすばらしかった。射撃の腕も一流で、専用の銃を持っている。

タイムレンジャーが思わぬ障害となり、ぜいたくが全然できないことを、心底苛立っている。彼女が世界を手に入れ、ゴージャスな時を送る日々は、果たして来るのだろうか。

43

巨匠になる前の画家・鳥羽賢治を発見して、自分の肖像画を描かせた。これがとっておきの、一番いいポーズなのだ。

白いヨロイを脱いで、ぜいたくを楽しむ。世間に存在が認知された後でも、お構いなく人間社会でくつろぐ。

アヤセに怨みを持つレーサー・バロンを解凍。腕がいいだけでなくイイ男だから、いっしょに街を歩きたいっ。

「タイムレンジャー」のクランクアップ

連続 TV ドラマ「お水の花道」に出演

お水の花道に見る 華やかな舞台で客につかえるホステス

五月（一色紗英）
現No.1ホステスだけあって輝いてマス。客を喜ばせるテクはプロ中のプロって感じ

明菜（財前直見）
元No.1ホステス。指名は少ないが、お客に楽しい時間を提供する仕事はカンペキッス

まゆみ（井上晴美）
ひとり息子の勇助を女手ひとつで育てる。客にもらった金めのものは、即質屋へ行って換金！

麻弥（原沙知絵）
初々しさ100%。お客に「ありがとう」と言われただけでうれしがる新人。純真さがいいのデス

よおこ（戸田恵子）
バツイチの出戻りホステスで、明菜のよき理解者。クラブ「パラダイス」の姐御的な存在ネ

なみえ（藤崎奈々子）
思わせぶりな態度でお客に接するが、相手が本気になるとスルリと逃げる必殺テクをもつ

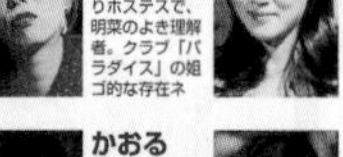

かおる（白石弓子）
昼はOL、夜はクラブ勤めという二重生活を送る。OLだけあって衣装もカチっとしてるネ

さやか（久瑠あさ美）
ダイナマイト・ボディー炸裂の色っぽさ。まゆみに客をとられたときの激情ぶりはスゴかった

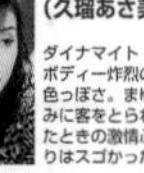

えみり（内田なお）
女子大生でもある彼女は、クラブはバイト感覚。まわりのホステスからはお気楽と思われている

あずさ（梶敦美）
かわいい顔して言うことは辛らつ。明菜に対して言うことばにもトゲが…。五月派の急先鋒

ここがSTAGE
クラブ「パラダイス」
1984年に開店。栄枯盛衰の激しい六本木で生き残る高級クラブだ。初代オーナー（藤村俊二）は死去

⬆やっと仕事で客に奉仕する喜びを覚えはじめた麻弥。第５話ではアパートを追い出されそうになり、尊敬する明菜に泣きつくが…

その道のプロに聞く ホントの話

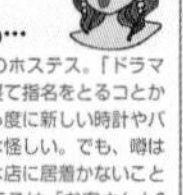

お客さんとエッチするコも…

S嬢は六本木のクラブで働く25歳のホステス。「ドラマにもありましたけど、お客さんと寝て指名をとるコとかはいますね。同伴でお客さんと来る度に新しい時計やバッグを買ってもらってたりするコは怪しい。でも、噂は広まるのも早いから、そういうコは店に居着かないことが多い」とか。S嬢の同僚のホステスは「お客さんと2人で食事をしたとき、30万円の現金をもらったんです。でも、その後、体を求められるようになって…」と告白。

⬆第４話で万年係長の客（小松政夫）の家庭事情を気遣う明菜

笑顔のウラに女のバトルが！ 水商売の世界はホントに怖い

顔で笑って心で憎んで（!?）。水商売の世界に渦巻く女のバトルは、まじコワイッス。

「お水の花道」（フジ系）の舞台は六本木のクラブ「パラダイス」。男にとっての天国は女にとって地獄の戦場と化すのだ。明菜（財前直見）は10年前のNo.１・ホステス。だが、今はすっかり指名も減り、No.１の座は五月（一色紗英）が奪い取っていた。五月ら若いホステスは、明菜をオバサン扱い。明菜も、五月らの高慢な態度が許せない。でも、さすがベテラン。第3話で、指名を取るため客と寝ていたまゆみ（井上晴美）を叱責。「いいホステスは、色気より誠意を売りにするんだよ！」と重～いひと言を。まゆみは、何もことばを返せなかったのです。

今週放送の第5話ではこんなことが。お店の前にワラ人形が置いてあった。明菜たちは、店の誰かが狙われているのではないかと気が動転。そこに、不審な人影が。ホステスたちはそれを見て絶叫する。オーナーの石崎（上川隆也）は用心のため、男性スタッフにホステスを送るよう指示。だが、明菜はよおこ（戸田恵子）と麻弥（原沙知絵）と帰るよう言われ、不満顔。五月が石崎に送られるのを見て、なぜか嫉妬してしまう。

一方、麻弥にも試練が。ホステスとして働いていることがアパートの大家にバレ、出ていってくれと言われたのだ。麻弥は明菜の家に住まわせてほしいと懇願する。

そんなある夜、明菜は何者かに尾行される。ビビった明菜は仁（阿部寛）に尾行者を捕まえてほしいと依頼。麻弥と夜の街を歩く。そこで不審人物発見！　仁が捕まえると、それは意外な人物だった。

華やかな表舞台のウラには、いろんな苦難の道があるようなのだ。

お水の花道・女30歳ガケップチ

毎週水曜　夜10.00-10.54（54分）フジ系

原作＝城戸口静、理花／脚本＝梅田みか／演出＝平野眞ほか／主題歌＝「なにしてんの」サーフィス／出演＝財前直見、上川隆也、一色紗英、原沙知絵、井上晴美、藤崎奈々子、伊藤俊人、戸田恵子、阿部寛ほか

13　イラスト＝黒澤裕美／カメラ＝阿部岳人、大塚俊一、フジテレビ

連続 TVドラマ収録の俳優仲間とスタッフの皆さんと一緒に

クランクアップ打上げにて阿部寛さんと熱唱

クランクアップ打上げにて
財前直見さん、上川隆也さんらと

初めてのゴルフ番組で海外ロケへ
舘ひろしさん、神田正輝さんと共演

俳優仲間とスタッフの皆さん
戸田恵子さん、佐野史郎さん、
本木雅弘さん、竹内結子さん…

ボイストレーニングの仲間たちと

本番前のヘアメイク中

「ショムニ」収録で、徹夜ロケで大盛り上がり

俳優仲間とスタッフの皆さん（森本レオさん、戸田恵子さん、高橋克己さん…、「ショムニ」メンバーと）

女優として、表現力を磨いた時代

雑誌コラム、
ラジオパーソナリティー、
言葉の表現の世界へ

女優からメンタルトレーナーへ

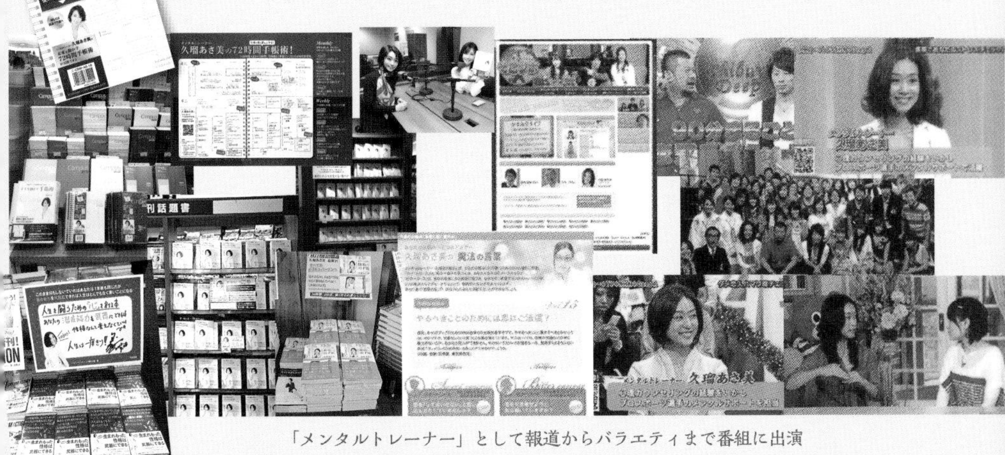

「メンタルトレーナー」として報道からバラエティまで番組に出演

多くの雑誌・新聞にも取り上げられる

企業のイベントにゲスト出演、
講演会も多数

久瑠式マインドトレーニング

マインドの法則を体得し潜在能力を引き出す６つの講座が誕生

パーソナルトレーニング

潜在意識に直にアプローチする「心のオペ」。一人ひとりの潜在能力をマンツーマンで引き出し、二人三脚で「在りたい自分」の心をオーダーメイドで創り上げる。

心を創る“マインド塾”

毎月定期開催の「心の筋トレ」ワークショップ。参加するだけで、心の視点が引き上がる本格的体感トレーニング。自らの「心の扱い方」をマスターすることで人間力を高める。

メンタルトレーナー養成塾

クライアントの潜在意識にアクセスする「心の業」を磨き上げる。目指すのは、相手の潜在能力を引き出すこと。実践で活用できる質の高い実力を創り上げる。

潜在意識に直に働きかける体感トレーニングを、目的に応じた場と空間を創り出している。

3日間“心の実学”集中セミナー

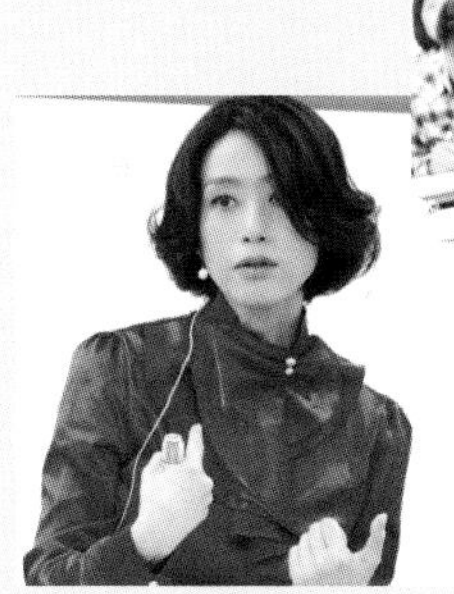

心と脳をリニューアルする【24時間×3日=72時間】。朝から夜へと連続性をもった濃密な時間と空間の中で、とことん自分自身と向き合い続け「心のサビ」を取る、感動体験プログラム。春期・秋期の年2回開催。

『鏡面感覚トレーニング』

トップアスリート向けにハイパフォーマンスを引き出してきたメソッド。メンタルブロックや心のクセを感覚的に知ることで、言語化できなかった潜在意識の正体を体得できるプログラム。

『コラージュトレーニング』

1枚の紙の上に「もうひとりの自分=無意識の自分」をあぶり出す。過去・現在・未来、言語化できない想いを「マインドの法則=潜在意識の法則」で、解き明かしていく。潜在意識を読み解く極意を伝授。

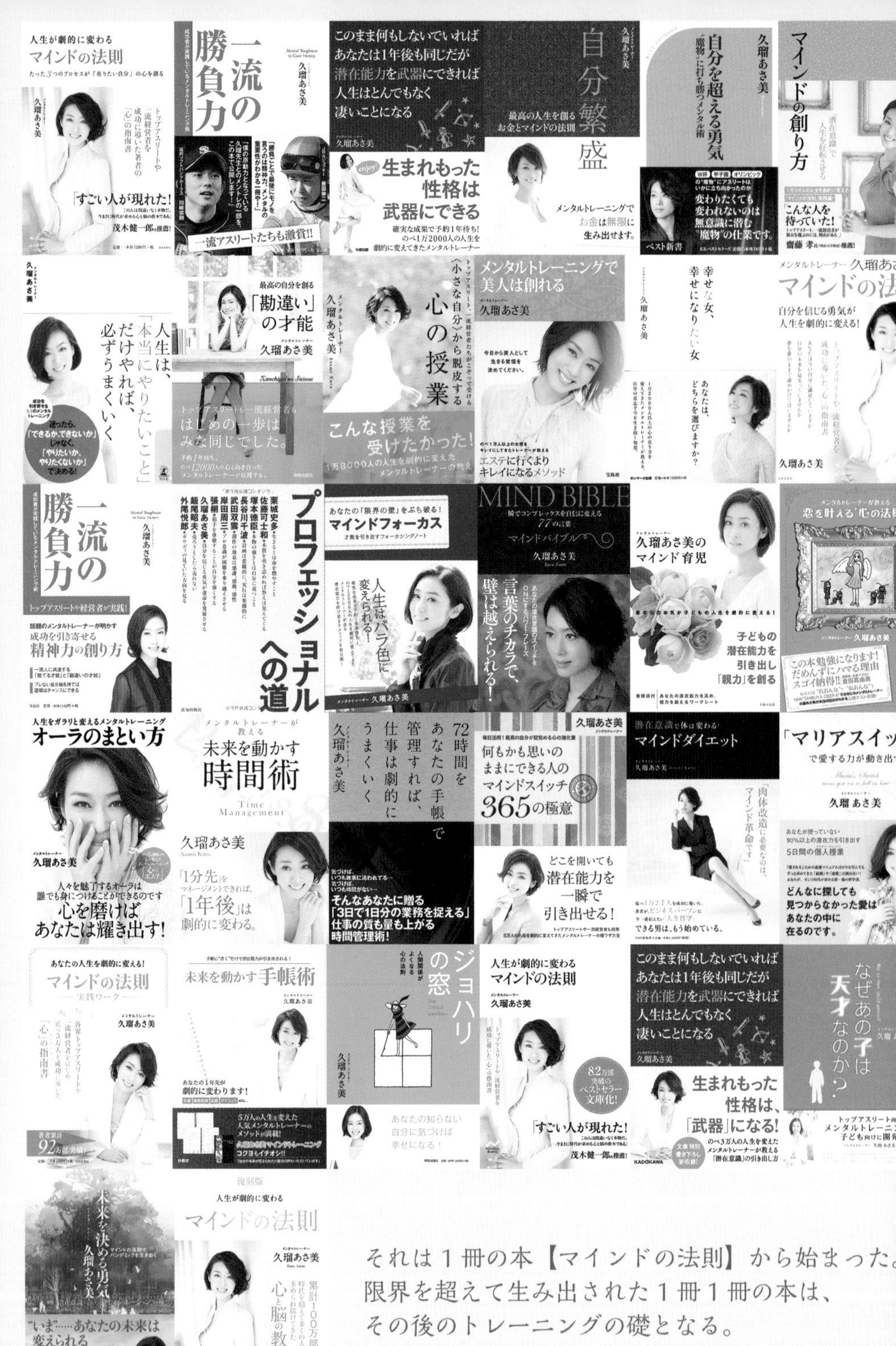

それは１冊の本【マインドの法則】から始まった。
限界を超えて生み出された１冊１冊の本は、
その後のトレーニングの礎となる。

第３幕
いまこそ！
久瑠あさ美に聞く

人生は「諦める」ためにあるのではない、
「明らめる」ためにある。

生き様に迫る

先生のご本を読ませていただき、とても感じるところがありました。
理屈っぽい理性で感じたのではなく、素直な感性で感じたのです。
それは言葉には表わしにくい感覚でしたが、あえて言葉にすれば、先生は優秀で立派だと感じたわけです。
けれども、その優秀は、教授の優秀さではなく、その立派は、大臣の立派さではありません。
逆にそういうものからは、はるかに遠い何かだと思われました。
人と人とのつながりから得られた、独自の体験が裏打ちされた、人間愛、人間主義と呼ぶべきものです。そしてそれは、天性の何かが反映されたものです。さらに、おおげさではなく、使命感、いえ〈天命感〉の自覚です。

先生のご本は、まさしく、現代をよりよく生きたいと願う人たちのための〈伝道書〉です。そのことを感受したときには、正直に白状すると、感動すら覚えました。ですから、先生の有名アスリートに対する、メンタルトレーナーとしての実力、実績にも納得がいきました。

こうした優秀さや立派さを、そういう親しみにくい言葉ではなく、あえて魅力と端的にいってみます。
とうぜん、今回、先生へのインタビュー企画を想定するとき、前提として何よりもこの魅力を、表出したものでなければなりません。
そしてその魅力は、どうしてもかっちりとした構成や、理路整然とした文章や、あまりにも図式的な図面などからは、どうしてもはみだしてしまいます。
それはまるで、星の光が、その円内にとどまるはずのない状況を想わせます。
つまり、先生には未だつきぬ泉があって、あるいは未知のパワーがあって、そういう魅力的な思想というものは、いかにも本らしい体裁を持った、その額縁に収まりようのない絵画なのです。
その思いがインタビュー形式という企画につながったということなのです。
先生が天命感の自覚を意識するあまり、ときとして、説明的、教示的傾向にならざるをえない状況も現職においてはあろうかと思われますが、今回は、あえて抑え、額縁に収まりきれないはずの魅力性を、あくまでも本という額縁に収めて、読者のみなさまに提供したいことからの発想です。
そこにこの企画の奥深さがあり、またこの本が〈画期的〉で〈永遠的〉なものとなる可能性が秘められているとも思われるわけです。
くわえて、後世に先生のマインドを残したい、残すべきだと考えるからです。
よってこの場では、先生ご自身にとって語りたくない、語りにくい現実や、先生にとって初披露となるであろう分野にまで、精一杯言及していただくつもりです。
とうぜん一般のみなさまに向けた企画ですので、ざっくばらんといいますか、できるだけ解りやすい言葉を使っていただきたいし、そうでない場合は解説を求めさせていただくつもりです。
ちなみに、このインタビューの表題の冠に〈いまこそ！〉とありますのは、いまこそ、この困難な時代、この混迷の社会に、メンタルトレーナーである先生のマインド、お力が必要であると、確信するからであります。

さて、その前段といたしまして、いままで先生が長きにわたって唱えられてきた、数多い教えのなかから、33の言葉に絞って、ここに、アフォリズム風に列記したいと考えます。
それは、これから先生のお話を聞く上で、大いに参考になると信じるとともに、それを頭の隅に置くことによって、先生のお話がスムーズに入ってくると信じるからです。
33という数には深い意味はありませんが、頭の隅に置き、その言葉を通して伝わってくる世界観を味わっていただくための数としては、好適と思われます。

1. あなたの心が、あなたの人生の価値すべてを決めています。
2. 自らの限界を超えるために、あなたは生まれてきたのです。
3. 私たちの中には、90％以上眠っている力があります。
4. 変わろうと思った時点で、人生は変わり始めています。
5. 生き様を持たない人間は、無様です。
6. 人間は人に好かれるために生きているのではありません。
7. 私たちは、自分の〈好き〉を人生で見い出すために生まれてきたのです。
8. あなたは〈わがまま〉なんかじゃありません。〈我がまま〉なだけ。自分の〈在るがまま〉にふるまっているだけなのです。
9. 〈過去〉からではなく、時間は〈未来〉からやってくる、と意識してみることです。
10. 上手くいくか、いかないかではなく、〈上手くいったらきっと最高！〉とワクワクしてみることです。
11. 限界を超えるために、あなたは生まれてきたのです。
12. まずは、だまされたと思って、〈自分はできる、自分は凄い〉と勘違いしてみてください。
13. 逆境のときこそ微笑んだらいい。今よりもっと幸せに近づく瞬間なのですから。
14. 自分を傷つけた相手さえも、赦（ゆる）せる心があれば無敵です。
15. 誰かのせいにしたり、社会のせいにしたり、そんな時間はもうどこにも残されてはいません。
16. 〈いい人〉を目指すと、自分を見失います。

⑰ やっかいな不満こそ、あなたの成長の起爆剤となります。

⑱ 人間には再生するという、心のチカラがあります。

⑲ 人生は〈諦める〉ためにあるのではなく、〈明らめる〉ためにあるのです。

⑳ 頭で考えずに〈直感〉で決めてみることです。

㉑〈なんとかバカ〉になってみることです。

㉒〈始めたい〉と思ったときが、ベストなタイミングなのです。

㉓〈理想の自分〉に、今すぐなると決めましょう。

㉔ まずは、〈自分はできる〉と思い込むことです。

㉕〈断れない人〉は、〈断わらない人〉になればいいのです。

㉖ 人生の主導権を〈自分〉に取り戻しましょう。

㉗ 心に闇はあってもいい。だからこそ、人は光り続けるのです。

㉘〈何もできない１秒〉を〈何ごとかを生み出す１秒〉に変えていくことです。

㉙ 最後のコインをポケットに入れるか、最後のコインで賭けに出るか。
―― そこが決定のポイントです。

㉚ たとえ99回失敗しても、最後に成功すれば、それまでの失敗なんていうものは、単なるプロセスとなります。

㉛〈できるか／できないか〉ではなく、〈したいか／したくないか〉。
―― それが選択のポイントです。

㉜ 難しい（難有り＝有難い）から面白いのです。

㉝ 心を創る三種の神器は、**want**（原動力）、イマジネーション（創造性）、マインドビュー・ポイント（心の視点）です。

お待たせいたしました。それではインタビューを始めたいと思います。先生、どうぞよろしくお願いします。

まずは、……個人的な興味もありますが、先生の生い立ち、それから、少女時代のご性格や、当時の夢とか希望を簡単でけっこうですから、お聞かせ願えませんか？

久瑠　そうですね、性格という面では、すごく内気で引っ込み思案……、意外というお顔をなさっていますが……想定外に内気。やっかいなくらい内側の感覚というか、感受性が人一倍強かったようで、かなりの人見知りでした。それは人を避けるというよりは、むしろ目の前にいる人が何を欲しているのか、無意識に受けとっている自分がいて……そこが起点になる。だからいつも「どうしたい」よりも、「どうしたらよい」を先に感じ取ってしまって、自分自身の想いを伝えることや、想いを言葉にして表現することが苦手だった……それはいまでも感覚として残っています。

それは、意外、といっては失礼ですが……。でもその頃から感度は鋭かったというか、様々なことを感じとれてしまうセンサーをもっていたということですね。

久瑠　ただ、自分の想いを言葉にして伝えるということに関しては内気なんですが、好奇心や冒険心みたいなものは強くて。そのせいでしょうか、お人形で遊ぶというよりは、近所の男の子と一緒に遊んでいることのほうが多かったですね、お転婆もいいところで、木に登ったり、2階から飛び下りたり。

まるで、夏目漱石の『坊っちゃん』（親譲りの無鉄砲で）の女の子版ですね。

久瑠　（笑）「親譲り」ではないでしょうが、男の子顔負けの「無鉄砲」でやんちゃなところもあったとは思います。大好きなアニメは戦隊ものでしたから、いつも冒険や旅をするようなイメージでちょっと足を伸ばして遠い場所に行ってみたり、頭の中にはテーマソングが流れていて、内なるヒーローやヒロインが様々なことに直面していく、「さぁ、そこで何をするか？」「お前ならどうする？」そんな問いかけに応えていこうとする遊び方……ロマンティックなモードで救世主になりきったり、センチメンタルなモードで果敢に挑んでみたりと、ときには大志を抱き使命を遂行するといったマインドで、暗くなるまでひとりのときもお友達と一緒のときもとことん遊びの世界に飛び込んでいたような気がします。

現在の先生の持つ独特の男気というか、エレガントなダンディズムとでもいいましょうか。そうですね、勇ましさと優雅さが共存する雰囲気というのは、そんな幼少時代にすでに育まれていたんですね。まるで武士の子供が、勇敢な美意識を自ずと身につけていくような在り方ですね。失礼ながら、優美な淑女かと思い気や、儀を重んずる騎士や侍という印象ですから。まさに、そのルーツここにありですね。

久瑠　確かに……その頃すでに「無礼者！」という言葉を発して喝を入れてましたから（笑）。気づいたらその侍スイッチは無意識に入りますから、細胞レベルであると思います。

私がマインド塾を始めた頃、書道家の生徒さんが色紙に一文字を描いて、教室に贈呈してくれたんです。そのとき「最初、先生を一文字で表わすと、ってことで“美”と書いたんですが、なんかしっくりこなくて、うーんと思い、あっ！“侍”と、この字が出てきちゃって、これが相当しっくりきたんですよ、すみません……」って（笑）。

その“侍”という書に表わされているのは、たぶん男性的ということではなくて、そもそも大儀という言葉にもありますが、先生という人は、別段、男勝りとかではなく、むしろ女性としての奥ゆかしさも秘めている、男の持ついわゆる女々しさではなく、むしろ男気と女性の持つ気高さといいましょうか……、“侍”という在り方に「護る」、「忠す」、「志す」といった凜々しさを、その方も表現されたかったのでしょうね。

久瑠　その書道家の生徒さんには「なかなか鋭い!!」と伝えました(笑)。「“美”と書いたけれど“侍”……」という表現がまさに当初の塾長としての在り方でもありましたし、その文字からは、先ほどおっしゃったように“侍”としての在り様、その根底には潜在的な“美”が表現されていると感じられて……慈しむこと、敬い願うこと、祈ること、そういった崇高な「儀」といった感覚がながれているような感じを受けました。なんとなく素をつかれたような気がして……幼少期においての、決して強くもなかった柔な自分が、強く在れる瞬間というのは、そういった尊い“何か”が沸き起こった瞬間に、その“何か”が自分を奮い立たせる……それが無自覚な「儀」というものなんだと思います。

それが侍スイッチを入れるのですね……幼少の頃の遊びの中でも「大志」を抱き、勇しく「使命」を遂行したり……子供の遊びとはいえ、すでにルーツを感じずにはいられませんね。

久瑠　当時の私には「○○ごっこ」のような空想ではあったけれど、その時間その空間での私は「強く在ろうとする」ことや、誰かのために勇ましく立ち向かうことで、それが現実であろうとなかろうと、自ずと力が沸いてくるのだという感覚を遊びの中で体得したんだと思うのです。
たとえ、遊びの中であってもチャレンジできたし、手に入れられないものに対しても諦めるんじゃなくて、なんとかしようとする！ その瞬間、どこからか勇気が湧いてきて「なんだかわからないけれど、やれちゃった！」 いえ、できてもできなくても、やってのけたらかっこいい！という体感が刻みこまれていったのだと思います。
その感覚は今でもずっといつもあって、それが私の核となっているのかもしれません。

まさにそれこそが勇気の源ですし、それ自体がとってつけたものでなく天然ものというか、インタビューははじまったばかりですが何だかものすごいことに気づいたのですが、先生はきっと「なんとかしなくちゃ、と、なんとかしよう！」が同時にくる。普通の人間は「なんとかしなきゃのあとに、なんとかできるかな」と考えて行動を制御する。だから、人生において、何かしようとするとき、ブロックをかけて拒もうとするから、気付けば他者要請で動かされてしまうのですね。けれど先生という人は、「できるかどうかではなく、やりたいかどうか」で内発的に動ける、そこに迷いなど微塵もない。それは遊びの体験ですでにお話しされてもいましたように使命として自ら動くことで、天命となって力が引き出されるという業(ワザ)を体得されていて、だから想定外のことが起きても決して逃げたりせずに、真っ向から受けて立つ、それだからその場で即興でやってのけてしまう。理屈で言えばそういうこと、でも理屈では決して真似できない、改めて思い知らされた気がしています。

久瑠　それは、決して器用な人間ではないからこその即興でもあるんです。それ以外に道はないから真っ直ぐやるんです。だから実際、何度も転ぶし、人一倍傷を負うことだって無茶苦茶あって（笑）。だからといってそれを特段避けようともしていないのかもしれない……それ自体をネガティブには捉えていなくて、それは他者から見ると強靱にさえ見えるのかもしれませんが、在るがままというか、在りのままの在り様と真っ向勝負するという感覚でしょうか。確かなのは、この世界には自分の力ではどうにもならないことってあると思うのです。
けれど、だからこそどうにもならないことを、ただ何もしないで諦める人生ではなくて、どうにもならない何かのために、何ができるかを自らの人生に問われているような気がするんです。
そのために人間には潜在能力という、とんでもない力が備わっていて……そういった意味で、いわゆる天命というのは、その人間に与えられた、そうした潜在的なとんでもなく凄い力を活かすことでしか実現できないことを、指し示してくれていて……それは苦ではなく楽を伴う……だからたとえ即興であろうと、感動の領域でやってのけることはできるのだと思います。

感動の領域といいますと。

久瑠　感動できるかできないか、感動レベルという指標は私にとって重要な意味を持っていて……。たとえばその瞬間、瞬間に目の前に起きることに対して、いつも「どっちだ……カッコイイのは」とあえて、難の有る方を選んでみる。つまり有難いこととして、潔く受け入れるようにしてみる。むろん自分の人生に起きることすべてに感謝できるかということでは、その瞬間は現実には難しいこともある。だからこそ難有ることを「自分が」といった自分視点を超え、一段引き上がった視点から、その先の未来を見渡すことができれば、“いま”という現実をどう受けとめるか、それ次第で自らの未来は変えていける、そう思えます。すると「さぁどっちだ？　どっちがカッコイイ？」を選択することに、一切の迷いは無くなります。

それが先生が伝えてきている「心の視点を変えること」でパラダイムシフトが起こるということでしょうか。

久瑠　そうですね、こういった私の内側にあった体感を言語化していくと法則が見えてくる、それらを【マインドの法則】としてお伝えしていて、たとえば、「一瞬で決める、光の速度で場を動かす」といったことを塾や講座でも教えています。こうした感覚的なことは、活字で伝えるのには限界があるんです。けれど、その体感を自らの心で体得してもらうためのワークを行うことで、一人ひとりが確実にものにしてもらうことができるんです。

そして、そこには理論を超える感覚的なトレーニングが必要になります。なぜなら正しい理屈で世の中は出来上がっているのではないからです。正しい答えは基準ではあるけれど、それがすべてではなく、もっと感覚的な基準で人や社会は動いていて、それをまた求められてもいるのだと思うのです。けれど、学校教育や働く現場においては、理論を学び、定型文で表現し合うことが一般的。そこに無自覚なムジュンがすでにおきていて、まるで、ブレーキを踏みながらアクセルを踏もうとしているのと同じで、それでは感覚以前に動きようがない。「感じる」ではなく、「考える」ことで無自覚に心の視点は引き下がってしまいます。目に見える確かな世界を捉えようとする、それが人間なんだと思います。そうすることで人間本来の変化を拒むという本能で、ブロックをかけ、それにより理屈を重んじ自らの行動に制限をかけてしまいます。この理屈抜きに動ける潜在意識に働きかけるマインドポジションというのは、一人ひとり違うのですが、その上がり方下がり方といった、無意識にある心のクセを自覚することで、自分の心を上手く扱えるようになっていくんです。トレーニングによって自分の心の扱い方をマスターすれば、自分以外の誰かの心もちゃんと扱えるようになります。

理論をいくら教わっても人生を自ら変えられるかどうかといえば、なかなかそうはいかない。その理論を人生にどう活用するかは感覚的なマスター。

そこで重要なカギとなるのが一人ひとりの「感じる力」である。それは人生において非常に意義のあることですね。目に見えない心の扱い方、そして自分と人との関係というのもまた、人生を大きく左右しますから。

久瑠　人間関係で悩んだり苦手意識を持っている人の大半が、自分自身とちゃんと向き合えていない。もちろん自覚していれば直すことも加減することだってできるけれど、多くの場合、「無自覚で悪気がない」ことが多いので、本人が頑張れば頑張るほど上手く行かず、傷つけたり傷ついたりしてしまう。やがては人間関係を避けがちになって、結果的に人と関わりを持たないという人生を送ることになりかねません。すべては潜在意識の自分が無自覚にしていることなんです。

聞けば聞くほど本質的なところをついてくる、いやはや、幼少期の体験やエピソードからも、凄いものが掘り起こされていくような感覚を得ています。さらに深めていきたいのですが、やはり幼少期から何かお稽古ごとなどはおやりになられていたのでしょうか。

久瑠　お稽古ごとといえば、バレエでしょうか。こう見えて幼少期は小児ぜんそくで、すぐに風邪をこじらせて気管支炎になったりして病院通いが絶えなかったので、医師から体操や水泳といった運動療法をすすめられ、そこで母親がバレエ教室を選んだことがきっかけでした。

引っ込み思案で自己表現が苦手なものですから、もう初めの数カ月は、ずっと泣いてばかりで……。お稽古場は壁一面が鏡張りになっていて、どこにいても誰かが鏡越しに自分を見ているような感覚になるんですね。それで始めた頃は、そのお稽古場の隅でうずくまってしまっていました。まして人前で、そんな空間で踊るということ自体、その頃の私にとっては拷問に近い（笑）母親も必死だったんだと思います。それでもなんとか通い続けていると、あるときから変わったんですね。

それは、どのように変わったのですか。

久瑠　バレエの練習というのは、壁一面に貼られた鏡を見ながらみな自分を確認しながら踊るわけです。あるときから私は、鏡に映った“自分”というのと、他人が見ている“自分”というのが鏡越しに存在して、そして、さらにはその鏡に映りこんだ空間に取り込まれるようにして存在している“自分”というのがそこには在って、その3つの“自分”が同時に体感できるようになったんです。そうすることでなぜか緊張がほどけ、心が安定していくのです。

3つの“自分”を同時にですか。とても感覚的なことではあると思われますが、非常に重要なその気づきによって変化が起きたということがうかがえます。そこをもう少しお教えください。

久瑠　はい。この3つの“自分”というのは、「心の視点と視座」についてで、これは【マインドの法則】の、体感トレーニングの核となります。先ほどのバレエの話でお伝えすると、稽古場では、「自分視点」によって、鏡に映る自分をチェックする、つまり確認する。そして、鏡越しに映る「他人視点」によって、見られる自分を感じます。そして、その緊張している自分を取り巻く世界が、壁一面に映し出されて全体を包む「空間視点」によって、さらにもうひとりの自分の存在、つまり無自覚な自分を達観的に体感することができます。それによって「心の視点」（＝マインド・ビューポイント）を高めることで、「心の視座」（＝マインド・ポジション）を大胆に変えることができるということです。それにより例えば「いま自分が出来ていないことも、その先の自らの可能性というのは無限に拡がっていく」という感覚を持つことができるということ……。このことはこれまでも著書の中でもすでにお伝えしてきていることですが、脳内にもうひとりの「自分」を創り出すことで、物理的な「自分」という存在をより明確に鮮明に捉えることができるようになれるのです。それは、自らにスポットライトをあてるという「マインドスポットのメソッド」につながっていきます。

まさにものの見方１つにおいても、ご自身のなかからいくつもの言葉が生まれていて圧倒されています。感覚の鋭さ、体感の言語化においても本質を探し当ててしまうところは凄い感性といいますか、先生は場面場面でちゃんと何かを摑む、そういう次元のところを幼い頃からすでに無意識にやっていたことを、体感から言語化され伝えられているということに何といいますか、驚いています。それらがまさに、今の先生のメソッドにやっぱり繫がっているのがわかります。
他に幼い頃の思い出とかどんなことでもお話ししていただけたらと思うのですが。

久瑠　思い出と言いますか、いつだったか母と一緒に星空を見上げていた時のことなんですが。おそらく普通ですと母親が「ほら、お星さまがいっぱいだよ」と言ったなら、「わぁ、ほんとだー」と返すのでしょうが、私は、「お星さまになりたいなぁ」と静かに言ったようなんですね。応えに困った母が顔を覗き込むと、「どうしたらお星さまになれるの？」と更に母にたずねたようです。
満月の夜空を見上げたときには、「お月さまキレイだねぇー」と母の呼びかけに、「お月さまのところに行きたいなぁ……」とやはり意味深なことを言ったようで、母は、「変な子だわね」……と思ったけれどなんとも受け止めきれずにいたようで……応えに困ったその様子が今も目に浮かびます……。

……「かぐや姫」の物語の１シーンのような世界観ですが、お母様の想定を超えてしまったといいますか、幼少期の先生の感性はすでに月や星といったモノの次元を、単に物として捉えていないという気がしますが、この世界観は、それは一体どこから生まれているのでしょうか。

久瑠　これも先ほどの鏡の話でお伝えした「心の視点と視座」と関係があると思うのですが、こちら側、つまり地上にいる自分と母、それと同時に、星や月、天空から見た自分と母、そういう、複眼的な視点を持っていたのだと、いまでは思われます……なんでしょうか、そういう距離感、星や月といった次元から自分を見るという視点が、あの頃の私にとって、必要だったのかもしれませんね。星や月から見ると、今ここにいる自分や、隣にいる母との関係において、絆や互いの想いといった日常では目に見えないものも、星や月の視点からであれば見えてくるような気がしていて、そんなイマジネーションが働いていたように思います。

これは貴重なお話ですねえ。
この感覚がマインドビュー・ポイントというものなのですね。いやいや、もともと先生の中にあったということなのですね……
我々ですと、青春時代になってようやく、そういう風な自分を見る自分、私の中のもうひとりの私みたいな感覚を持ったものですが、そういうものを子供時代から持っているというのは、いくらナイーブでナーバスといっても、これはやっぱり特殊なケースと思われます。
……それから少女となり乙女となって、いわゆる思春期あるいは青春時代に、モデルさんや女優さんとして、ご活躍なさったのですが、先ほどのお話で、かなり男の子と駆け回っていたということでしたが、いつ頃からどのようにして将来の夢とか希望を抱いておられたのか、お聞かせ願えませんか。

久瑠　ウチは女三姉妹でしたけど、さきほどお話したように、男の子と遊んでばかりいると、頭の中はいつもヒーロー物語でいっぱいなわけです。私だけは男の子が遊ぶミニカーとか超合金を集めていてかなりのコレクターでした（笑）。幼稚園を卒園する頃に「女のくせになんでそんなパンツ穿いてんだ」と近所の男児に突っ込みを入れられるくらい。「新造人間キャシャーン」知ってます？　そのキャラクターのカードやグッズを集めることの延長で、そのキャラクターの入ったパンツもお気に入りだったわけです。女の子用は当然ないわけで（笑）みんなの前で大っきな声で言われて恥ずかしかったというのもありましたが、もう穿けない!?という意味では当時の私にとってはショッキングな出来事でした（笑）。
中学生の頃からでしょうか、次第にお化粧に興味を持ちはじめると、父が妙に喜んでいましたね。父も母もおしゃれを楽しむというかシャレ込むタイプでしたから、子供にも「おめかし」をさせました。それは子供が着たいファッションではなくて、自分たちが着せたい、最先端のファッション。そのころの流行のはしりのスパッツにレッグウォーマー登校ですからね（笑）。当時の私は世間で何が流行していたかを知っていたわけではないけれど、子供ながら、斬新！　初めて着ていったときのクラスメイトの反応からしても少なくとも、地元の名古屋で、スパッツはいたのって、私が初めてかもしれません（笑）。
そもそも引っ込み思案だった私としては、目立ちたくないというのが本当の気持ちでしたが、親の観点は真逆でしたので、どうしたって注目を浴びることになる。「何？　それってスカート？とか、タイツに靴下？」って聞かれたり、不思議なものを見るような目線を感じて落ち着かない自分がいつもいました。人から見られることへの抵抗と同時に、これは自分が着たい服ではないけれど、親が「似合っている」といって買ってくれた服で、それは確かにおしゃれでカッコはいい。その狭間で私は、もう気合で着るしかない（笑）。するとだんだん、「センスいい！」「わぁ、かっこいいね」という声を聞く自分が、頑張って着こなそうとしていた自分にエールを投げかけてくれているような感覚になってくる……そこに抵抗を感じる自分と、同時にそうした賞賛してくれている人の視点から見た自分というのが生まれ始めて、着こなすというか、その視点に応えていこうとする観点が生まれたんです。そういう意味でいうと、服を魅せるという意味でもうモデルをしているようなものだったんでしょうね、きっと。

服をたんに着るのではなく、いかに着るのか、そういった着こなしの哲学が生まれているんですね……私からすれば、そのような状況でそういう視点や観点にお気づきになり、わかるということ自体が普通ではないわけですよ。

久瑠　……その時は、自然に無意識でしたけれどそんなことを感じていましたよね。いまでは、そんな親のセンスに感謝しています。あれは当時の自分じゃ選ばないし、選べないですから。

着たいものではなく、与えられたものを着る、いかにその服を自分の一部にするか、着こなすという感覚は、モデルとして大切な核になったと思います。「心の視点と視座」が入れ替わったことでパラダイムシフトが起きていて、「着たい」という主観と、「似合う」という客観を同時に持てていたのかもしれません。「えい、やってやろう!!」というエネルギーから生まれてくる、「似合って魅せる」を表現するセンスが、だんだん磨かれていくような感覚でしょうか……それこそが「達観視点」、マインドビュー・ポイントの体得へと繋がっていたのかもしれませんね。

それと同時に幼少の私としては、いわゆるみんなが着ている普通の服が着たかったというのがいつもベースにはありました。たとえば、ある日父親にコーデュロイのオーバーオールを妹とお揃いで買ってもらったときがあって、Tシャツの上にそれをそのままカジュアルな感じで着ていました。そしたら仲良しのクラスメイトが数日後、同じオーバーオールを真似してお揃いで着て、妹と3人で大はしゃぎして、それがすっごく楽しくって嬉しかったのを今でもはっきり覚えています。そういった素顔で着られる服というベースがあって、おしゃれをする、おめかしする服もあって、「素の自分」と「魅せる自分」を自分の内側に無自覚に共存させていたのだと思います。それによって2つの違う次元で表現する感覚を体得していたのかもしれませんね。

まさにそういった感覚が無意識に入り込んでいったということですね。親のセンスをものにしている、というか、こうやって、潜在能力で応えていくうちにマインドの法則を自ら実践されていった……というプロセスが見えました……、やはり幼少期のご両親の影響は大きいですね。

久瑠　はい、多大だと思います。家庭環境においても、中学までは、祖父母と一緒の2世帯住宅で同居暮らしでしたから、そこでの影響も大きいと思います。両親と祖父母との複雑な関係性は子供ながらに肌で感じていました。

祖父は発明家で、1代で会社を築きあげた実業家でもあって、世界を回るのが好きだったので旅から戻るたびに、アルバムを広げてその国で見てきたこと、その土地の印象や体験をいつも話して聞かせてくれました。大人になってからもずっと、ことあるごとにそのときの体感が、心の片すみにいまでもあって蘇ってきます。そのせいか私は、行ったことのない世界のどこかの国の、どこかの場所を想像することで、現実には行ったことがないのに、まるでその土地を旅しているかのような気分に浸ることが出来て、気持ちが和らいだり高揚したりということを楽しめています。

また、リラックスしたいときに行きたい場所、テンションを高めたいときに訪れたい場所、といった感じで、世界中にあるお気に入りの土地をイマジネーションを働かせることで、あたかもそこを訪れているような体感を創り出して、脳内で自由に旅をしています。

お祖父様のお話を聞きながら世界をイマジネーションで旅するという、これまた貴重な体験を……やはりここでも思うところ、きっとイマジネーションされたことが、まるで現実に起きているというように感じられる能力をそもそもお持ちだったというか活かされていたということがうかがえました。
またお祖父様は、科学技術分野での功績を認められ紫綬褒章、その業績においても勲四等を授与されるといった公私ともに偉業を成し遂げた方であるということで……。

久瑠　はい、世のために貢献すること、そのために努力することをいとわない、信念を貫くことで結果を導くといった志の高い人でしたから、そんな祖父にとって、息子である私の父親は、歯がゆい存在だったのでしょう。家庭においては、長男である父との関係で悩んでいたように思います。祖父にとって父は良くも悪くもお坊っちゃんです。祖父の当り前の「こう在るべきこと」が、父にとっては反発という抵抗となってしまう、やがては勘当、絶縁の関係に……。

えっ、勘当、絶縁ですか！！

久瑠　本当の本音は誰にもわからない、けれど私は祖父が亡くなってはじめて父は祖父に素直に語れている、そう思うのです。生前の祖父を、父は超えられなかった、目の前に立ちはだかる大きな鉄壁のようで、祖父が目の前にいるときには「自分は……」という自意識が邪魔をして伝えるべきことを伝えられずに、相手を打ち負かそうとして意固地になってしまっていたように思います。それはあまりにかなわない相手が故に、自分を守るために攻撃してしまう、そんな父を見ていてそれがどれほどの代償を負うものなのかということも知りました。
人間の想いは本当に深くって……矛盾の中にこそいつも真実はあります。
目の前で起きていること、つまり事実と、目には見えていないけれど確かに感じられる真実があって、そこを自分なりに探り当てたぐり寄せて、「真理」とは何かということや、自分にとっての「儀(ギ)」とは何かといったことを模索し続けること、そういったことが何より大切で、生きるうえで真に問われているのだと感じるようになったのは、たぶん今よりずっと前だったのだと思います。

なるほど、経験の中でそういったことをご自身の内面ですでに気づかれておられた……それはすでに「現実を観る視点」と「真実を観る視点」つまり、心の視点が１つも２つも上の次元から物事を観ていたということですね。ましてや父上のことをそうやって観られていたということですから驚かされました。
そうしたなかで三姉妹……他の姉妹についてはどうだったのでしょうか。

久瑠　私は三姉妹の真ん中ですから……真ん中というのは立場的に複雑でした。
次女という二番目の子、つまり「妹」という立場と、二番目の「姉」という立場、役割が常に同時にあります。その狭間で、自分をどう表現すべきかどうか、前に出るのか後ろに引くのかどちらがよいのか、いつも状況に応じて反応するということを、もうひとりの自分が無意識にやっていたような気がします。

ちょうど、真ん中なので一人二役を同時にやられていた、それを観ていた達観的な視点があったということですね。そしてそこからも何か感じ取られたことがおありだと思うのですが……

久瑠　……姉は学生時代から、いつも家にはいませんでした。その理由は部活が忙しいからだと親も皆思っていたかもしれませんが、私はそう感じていませんでした。家族と距離をとるというか、姉はあえてそうしていたのだと思います。一緒に暮らしていても遠い存在、近くにいて遠い人という感じでした。
それでも私は、いつだって姉と遊びたがっていましたね。小学校に上がるタイミングで、初めて姉と一緒に玄関を出て登校する朝に私は姉と並んで登校したくって、ひっついて追いかけると「なんでついてくるのよ、そばにこないで……鬱陶しい」この一撃は衝撃でした。「なんで……、一緒に行ったらダメなの」何かしたわけでもないのになぜ疎まれていたのか、それは今思えば理由なんてなくて、「存在自体が嫌」ということだったのだと思います。長女としての立場からすると「妹なんていらない、いない方が良かったのに……」という存在に対する拒絶感のような……、ぼんやりと体感にあるのは、それでも私は姉が恋しかった……ということなんです。それが自分の中の真実であって、大切にしたいことだったのだと思います。でもただ、だから姉との関係を……そのことを私の中で「愛される」を求めるのではなく、「愛する」を選択することで自分の内側から生み出すことは無限にできる、逆をすれば苦しくなる、そういった真理をトレーニングとしていまの私が伝えているのだと思います。この仕事を通して本当に多くの方が、地上の愛の出来事に翻弄されていると感じています。でも「目に見えない何か」を感じ取る力さえあれば、潜在的な幸せは自ら見い出すことができる……それを言葉だけではなく、体感トレーニングを通して伝えています。

マインドの次元を高めることで、愛そのものを生み出すことだってできる……それをトレーニングで可能にできれば、人生は大きく変えられる。つまりそれが、マインドの法則でもあるのですね。

もう少し三姉妹についてお聞きしてみたいと思いますが、妹さんとはどうだったのでしょうか。真ん中に挟まれることで、またお姉さんとの関係性もより複雑なものとなっていったのではないでしょうか。

久瑠　妹が生まれて逆に私はとても嬉しくって、赤ちゃんの妹は、いつもそばに無条件で居られる相手でした。姉に求めても手に入らなかった想いが、妹が誕生して、何かしてあげられる存在としての家族と出逢えたわけですから。幼少期は本当に片時も離れないほど大の仲良しで、妹になにかしてあげること、笑顔にすることが、それまで得ることのできなかった親密な関係を築いていくことで、自分自身も満たされるのだということを、体得できたような気がします。それと同時に親からの愛情というものもまた妹を可愛がることで、1つのサークルが広がっていくように、空間として護られているという感覚をもてていたと思います。そうした妹との関係によって親から褒められたりすることで、逆に姉からより一層、疎まれてしまう……いまから考えれば、姉としては、そのことで更に親を妹たちに取られてしまった、という感じがあったのかもしれません……姉がそこから抜け出すことができずにいたというか、きっとその壁のようなものが私という存在で、きっと何かを私に求めることもなく、ただ目障りだったのかもしれない。ただ私の想いは、無条件で助け合う関係でありたい、そう思っていましたし、同じ親から生まれた血を分けた姉というのはたったひとりであり、何かあれば駆けつけて力になりたい……と。そしてあるとき「お姉ちゃんが私に愛があってもなくても、私はずっと愛してるから」と思わず伝えたことがあって……そうしたら「何なの、気持ち悪い……」と睨みつけその場を立ち去ってしまって……私はただ、永遠につながらない何かで終わらせたくなかった自分がいるのだと改めて気づかされた思いがしました。
それから、本当の意味で疎遠になってしまいました。通じ合うとか通い合う関係性というのは、一方通行ではどうにもならないんだという切なさと無力感、そんな埋まらない喪失感というものがそこには入り交じってずっといつもあって……それでも私は、姉を通して、社会を知ったと思っているし、いまでも姉を追いかけている自分はいます。それは手に入らないものの１つではあっても、そこから何かを見い出していくことで、何かが動き出す、そう受けとめています。
「在ってしかるべきものとは何か、愛されることがなくとも、愛し続けることはできる」ということ……そして、そこで人は真にその愛の真価を問われるのだと感じています。

チェーホフの『三姉妹』を想い出しますね。優れたもの美しいもの、ましてそれが目に見えない心であっては、さまよいながら距離すら置けない、存在自体に対する嫉妬心をどう扱っていいかわからない、それを先生は体験を持って受け止めていこうとされていたのですねぇ……だからこその「なぜ？」そして、信じ続けることで、いまはつかめていない関係性をなおも諦めずに持ち続けているということですね。

久瑠　そうですね“諦める”はない……諦めるのではなく、明らめようとすることで、相手次第ではなく、自分次第、相手からもらえていないというベクトルではなく、自分が何を与えられるか、そう受け止めることで自分にはまだやれることが無限にある、そう思えるんです。

それこそが先生がいま伝授されている人間の潜在能力の起源、つまり【マインドの法則】ということになりますね。
幼少期から続けてこられたバレエについても、やはりそういった何か決別といいますか……相当な想いがあったのでしょうが、相当な鍛錬をされていたわけですから、お上手だったのでしょう？　その才能を惜しまれたことでしょう……、仕事の選択肢に、バレエはなかったのでしょうか。
勝手ですが、興味本位もふくめて、もうすこしバレエのことを知りたいものです。

久瑠　選択肢……そうですね、選択しなかった理由は1つではなくて、それこそ複雑にからみあっていました……略歴的、表面的にいってしまうなら、父親の会社が倒産して、取り巻く環境、状況が一変したことで、若いときから仕事を始めざるを得なかったというシンプルな話です。言い方を変えれば、仕事を始める条件が環境的に整ったということで……バレエは経済的に続けられなくなったということになります。もっとストレートに言えば、今日からできることを〈選択〉しただけなんです。本当に多分、驚かれると思いますが、私自身まったくそこにはネガティブな感情、卑屈になることはなくて、本当に「無」でした……むしろ大変なことではあったけれど、それによって早い段階で世の中を知ることができたという経験の糧にできたんじゃないかと思えています。
……そうバレエについてのお話ですね……バレエが上手だったか、先天的に上手かったかというと、そうではなかったですね。上手くないから、もっと上手くなりたくって、その自分を超えるために挑み続けていたのだと思います。
十年目の発表会で、ソロを踊りスポットが当たって、その成長を評価されたという感じでしょうか。たとえば、ジャンプをしても、飛べちゃうんです。アクロバティックになって、(うわあ、すごい、飛ぶって、こういうことなんだ、鳥が飛ぶって、こういう感覚なのかも?!）ともうひとりの自分が高揚するんです。上手くなった、というよりは、1つの統合的な「すべてが1つになる」という感覚的な発見ですかね。「肉体の限界に挑む」ことで“自由”という体感が生まれる……、限界をつくるのはマインドなんだという感覚がそこにはありました。

すごいジャンプといえば、熊川哲也さんはご存知ですか。上京後にお会いする機会があって、その時、「ああこの人、そうか……だからあのジャンプを平然とやってのけるんだ」そう感じられたことがあって、つまり、彼にとっての“凡”というのは超越した“非凡”であって、すべての努力はあの昇華したパフォーマンスの中に溶け込んじゃっているんだ、「簡単にやってのける、自然体で出来ちゃう」ってこういうことなんだと、つまり潜在意識のパフォーマンスの本質が、その在り方そのものにあって、ああなるまでの過程においてその何かをつかみとるためにどのくらい限界に挑むための努力をしたかってことが、そう感覚的に解るんです。
〈真面目〉とか〈努力〉については、いま塾生には「真面目さは武器にはならない」と常々伝えています。それは真面目や努力を否定しているのではなくて、どれだけ真面目に努力しても、何もつかめないなら、ただそれだけのものということになってしまうんです。それが現実社会においての評価となってしまうのですから……。そしてそうした社会において、どれだけの人がその評価や成果を得られずに苦しんでいるかということです。
努力をすることに悩み苦しむ人よりも、努力しても成果を得られずに苦しんでいる人が、圧倒的に多いというのが現状だと思うんです。社会というのは結果がすべてで、それがスタートラインとなってしまう……。やった人間か、やれてない人間か、やろうとしている人間のなかで、努力で終わる人と努力が実る人に二分化されていく……、努力はプロセスであって、そこで潜在能力を引き出すことができれば、必ず結果は残せるんですが……。
その手前で諦める人間が多くいればいるほど、成功者というのは希少な存在になるのだと思います。

成功という概念自体の次元が一段上がるような気がしてまいりました。先生の今のお話から、世間一般で言う真面目さとか努力という何か耳障りのいい言葉の裏にある、無意識レベルに潜んでいる甘えや、弱さが見え隠れしてきます。先生のおっしゃる「真面目さは武器にならない」は、そうした人々にとっての最高のエールになりますね。

久瑠　ええ、本当に「真面目にやっているのに、結果を出せていない」「こんなに努力しているのに報われていない」という現実にぶつかっている人々の想いに触れたとき、「どうして！　なぜ」と発奮するんです。

憤りから生まれるエールですね。そこには先ほどの熊川さんのジャンプから、潜在的・本質的な何かを感じとられたのと同じように、「なぜなのか？」に対してのその何かを感じられている、だからこその発奮なんですね。
話はさかのぼって、先生のご著書のなかに少女時代にはモデルにスカウトされたというエピソードがありましたが、やっぱり表現力そのものがバレエをやっていたことで、一瞬の身のこなしとか姿勢や表情とか、どこか普通の少女とはちがっていたのでしょうね。電車の中でスカウトされ、追いかけられて名刺を渡されるという経緯もうなずけます。

久瑠　その名刺をくださった方はモデル事務所のマネージャーの方で、何度か連絡をいただいて、「学校の勉強には影響が出ない程度で、事務所の方でも、学業優先で調整するのでぜひやってみませんか」ということで所属が決まりました。そして３カ月ほどのレッスンを経て、ええ、ポーズとか歩き方とか、「どう見られるか」そして「どう魅せていくのか」という観点においての表現の幅が試される世界なのだということを知りました。何より「魅せる」という表現を磨くことが楽しくなりました。それからオーディションに行ってみないかとなって、初めてのオーディションで選ばれるという経験をするのですが、バレエのステージに上がる、本番に向けての練習を完璧に積むという世界と、“いま”選ばれるための瞬間的な表現力というものを求められる世界の違いを強烈に感じて……これまでとは異次元の体験でまさに新境地でした。

最初のオーディションでそういったことを感じるというところも普通ではないですね。その観点が突出した何かを生み出すのでしょうね。その観点についてもお聞かせ願えますでしょうか。

久瑠　「好きにやってみて」という、たとえばCFのオーディションで今回はこういう商品であなたはこういう役でこんなシチュエーションです、という説明を受け、「はい、好きにやってみて」と言われたとします。場面＝このシーン（カット）はいかようにも捉えられる、つまり非常に曖昧な要請（ニーズ）、に対して演出家の「○○のためにこうやってほしい」の「○○のために」を自ら創造していかないと「OK！」はもちろん「そう、その感じ！！」は永遠に出せないんです。だからわかろうがわからなかろうが、とにかく演出家のオーダーに応えるために「無理だろうがなんだろうがとにかく演る！」そうした曖昧な世界観の中で正解なき探求が始まります。
「なにがOKで、何がOKでないか」が極めて明確ではない世界において、「自らの感覚で真実を追い求める」。ここからもう一段上の鍛錬がはじまります。
バレエで鍛えてきた、「ここで完璧なターンを3回キメる！」といった再現性のある技を本番で魅せるために、“いま”何をするかを先回りして明確にしていくといったマインドの在り方は、その土台にはなったと思うんです。

探求心だけではない、バレエ時代の感覚的な極め方と言いましょうか……。モデルさんや女優さんのご苦労は、部外者でもなんとなく想像できるものですが、実際に飛び込まれた世界についてもさらにご本人の体験談を交えて、紐といてお聞かせ願えれば、より鮮明に読者の方々にもお伝えできると思われます。

久瑠　モデルの世界では心構えだけではなく、演出家やカメラマンの要請を一旦、自分の中に入れ込んで、その目的を自分なりにどう表現するのかという即興性が必要でした。
そもそも、モデルへ転身をする際に、「モデルで食べていけないのなら、きっぱり辞めよう」という心づもりはありました。モデルというのは瞬発性が勝負です。初対面、初日、すべては最初が肝心。つまり“いま”この瞬間からプロとして通用するのかしないのか、“存在”がすべてだとしたら「モデルを続けるためにアルバイトをする」というのでは、本末転倒になります。何より勉強やバレエにどれだけの時間、どれだけの気持ちを注いできたか、そのことと較べてしまうと、(スカウトされたという事実もあるのでしょうが）自分のなかでは経済的理由で、幼少期から向き合ってきたバレエを諦めた時期でもありましたし、同時に、未来への架け橋となる大学への進学、その先に続く海外留学への道も閉ざされていった現実のなかにいて……この先続くと思っていたものがなくなってしまった。「この先、自分に何ができるのか」という、この身1つでできることという選択のスタートとなった……。それはある意味、挫折からのスタートでもありました。ただ同時に、この先の可能性が“絶(た)たれた”ではなく、“断(た)つ”ことから自ら見い出したものでもあって、それが私にとってモデルという職業でしたから、気合というか覚悟が自然に入っていたことで、地に足がついた選択、心意気になっていて……、その分すべてをそこにかけるマインドにセットアップされたともいえます。それゆえ、やるからにはやってみせるという「名古屋だけではなく、全国区の仕事をしたい」という大志を結果的に抱くことにもつながったのだと思います。

“絶(た)たれた”ではなく“断(た)つ”、その転換はなかなかできるものではない、頭で整理できる領域でもない、その潔さが洗練さを生むのでしょうね。
そのような先生の在り方は人間の感情云々を飛び越えて理屈じゃなく、普遍的なスケール界さえ感じて、自然界の何かの在り方のようにすら感じられます。そうしたなかで上京するにあたってのエピソードなどお聞かせいただけたらと思うのですが。

久瑠　そのときに、地元では名の通った大御所カメラマンの方に、「東京に行くことに決めました」とご挨拶に伺ったんです。「おっ、それなら宣材の写真とってやるぞ」と上京祝いに撮影をしていただけることになって……あれは今思えば「よしっ、特訓してやるぞ」だったのかもしれません（笑）。
それはこれまでの撮影現場とはまったく違って、カメラの前でいくら表情をつくっても、全然シャッターを押してもらえないんです。「表情つくらなくていい、顔つくっちゃダメ」と何度も言われて、心がぺしゃんこになりながら、自信喪失で、半泣きになって今まで自分なりにやってきたことが全部否定されてしまって、頭が真っ白になってカメラの前で何もできなくなってしまったんです。
そんな「無」の状態で、もうどうにでもなれって追いつめられて、ようやくシャッターが押されたとき、「いまのがいい、それでいい！　いい顔だ」とようやく撮影が始まって……朝から始めて夕方近くなっていたのを覚えています。のちに出来上がりを確認してみると、そこには、今まで見たことのない、私の顔がありました。

見たことのない顔と言いますと……

久瑠　「こういう顔、私するんだ……」という感じです。それまでの私は、カメラマンから見た私をイメージできていなかったということなんです。それは、表情を自分でつくってはいたけれど、「求められている何か」を表現できてはいなかったのです。
自分の目で自分がカメラに向かっていくら顔をつくったところで、それは相手の欲しい表情には決してならない。それを、「違う、ううん、違う！　そうじゃない」といわれ続けて、何も分からなくなって、上手くとか、綺麗にとか、もうなんとかしようとするのを諦めた瞬間に自意識がフッと抜けたんです。その瞬間、カメラマンが「そう、そこでカメラを見て」と言ったとき、自然にその声に反応した瞬間にカシャっとシャッター音がして「それ！」「忘れないで！」そう言われて涙が出そうになって「いい顔だ」って言ってもらえたことが、本当に何よりのプレゼントでしたし、それが上京後のカメラの前での私の在り方の原点となりました。

何か映画のワンシーンのようで、その光景が浮かんできます。

久瑠　「テクニック的な上手さ」ではなく、「言語化できない何かを表現する」そのための心の在り方……プロフェッショナルとして真に求められる在り方を体得できたこと、そこには覚悟が決まってからしか見えてこない世界というものがあると思うのですが、あのときまさにそのスイッチが入った気がしています。

まさに、先生の意識が無意識にも変わられた瞬間ですね。

久瑠　ええ、おおげさではなくて、ターニング・ポイントでした。
プロが何を求めているのか、何を表現として磨けばいいのか？それが感覚的に解ったというか、摑めたというか。言葉じゃないんですね、その感覚を私が摑むまで、そのカメラマンはとことん付き合ってくれたんです。言葉でいくら言われても動けなかった私が摑んだのは、その体感だった……それが私の潜在的な力を引き出した……、だから私は、そうですね、自分のすべてと真っ向から向き合うことができ、その先のステージに行けた……。
今の私もそのカメラマンの在り方と同じく、見えていない何かを体感として摑んでもらいたいと願い、クライアントの潜在意識と向き合い続けているのだと思います。

実は私自身、撮影現場において、カメラマンの側にいた者としても、そういうクリエーターは、なかなかいないものですから、その出会いは本当に大きかったと言えますね。

久瑠　本当に……、そのカメラマンは名古屋では大御所の方で、新人だった頃、お仕事でご一緒したときからのご縁だったのですが、そのお仕事というのは、駅のコンコース一面のすべての柱を飾る「JR東海のポスター撮影」で、そのオーディションの際に大抜擢していただいたんです。あまりに大々的な露出で学校で噂になってしまって、風紀委員会から呼び出され、尋問を受けるという事態もおこりましたが（汗）。
実はこの話にはもう1つエピソードがあって、別の仕事でご一緒させていただいていた、ヘアメイク兼スタイリストの女性がいらしたのですが、このJR東海のお仕事は、その方が新人だった私をいきなりそのカメラマンのスタジオに「スゴイ子だから」と放り込んだのが最初の出会いでした。
もちろん私も彼女も、その日がそのJR東海のオーディションの前日だったということは知らなかったのですが……結果的に目に留めていただくきっかけになったのです。
そのスタイリストの彼女のそんな粋な計らいは、「この新人の可能性をあなたなら引き出せるはず……原石を磨いてみないか」、そういう意味の挑戦状を、そのカメラマンに指し出したのではないかと改めて思います。
彼女が撮影中に私に伝えてくれた言葉が、「その場で応えられる子は稀なのよ、それは持って生まれたセンスでもあるけれど、あなたの魅力は常に真っ向から受けて立とうと挑んでくる潔さというものが根底にあるってこと、それが未来にとってスゴイ魅力なの」。

その言葉は私の背中を押したというよりは、柔らかく撫でた、そんな気がします。「いま」がどうであっても、現実というのは変えていける、それは自分自身の在り方に託されていて、その「いま」に真っ向から真っ直ぐに向き合うことで、それがその先の価値へとつながっていく……自分の未来に架けてみようと思えたのだと思います。その可能性を信じてくれる誰かがいるんだ、いまは苦しくても先が見えなくても、その先の未来ならば信じられる、それを私はやっていったらいいんだという、一筋の道のように指し示してくれた気がしています。

私はよく「いまの自分を信じられなくても、その先の未来の自分を信じてみたらいい」とクライアントに投げかけます。これはまさしく、こうした私自身の内にある指針のような言葉でもあるんです。

そうした経験からくるその言葉には本当に力強さがありますから、今聞いていても熱いものがこみ上げてきます。

またそのなかでそんな先生のまさに「魅力」というものがどこからどう生まれてくるのかについても、その本質的なところに触れさせていただいた気がします。

久瑠　たぶん、きっと魅力というものは自分自身では決して見えない潜在的なもので、その本質を見ることのできる誰かのマインドがそう感じとるもので……だからこそ、それは見つける側も見い出される側も探求し続けるに値するものとなっていくのではないか……そう感じています。あの頃の私がそうだったように、それを引き出してもらえるチャンスに無我夢中で応え続けていくことで、やがて自分のモノになっていくのだと思います。それだから“魅力”というものは、その誰かにとって希少性の高いものになっていく……。そのとき試されるのが、一瞬に訪れるそのチャンスに応えるに値する心構えであるかどうか、そのために努力をいとわず挑み続けているのか、そこに「ないものをあるに変えていく」内なる心のチカラが、その人自身を輝かせるのではないかとそう感じています。

魅力という才能……深いですね。持って生まれたものプラスアルファ（+ α）が見る者を照らすような力がそこにあふれ出す、それこそが人間が成長するエネルギーというものですね。

久瑠　「一夜にしてならず……」ですが、存在の魅力となるのですね。そこには成長する、進化していく生命力というか、たくましさのようなものが感じられて、その強い想いがあれば、“その一夜”をどう過ごすかを“いま”この瞬間から変えられるんです。その一夜一夜の連続が、人間のその先の人生を劇的なまでに変えていくことにだってなる……、だからその何もないところからの、なんの根拠もないなかで、その未来を信じてくれる人がいるのといないのとでは絶対的に違うんです。

「人間はそんなに強くもないが、それほど弱くもない」この言葉も私自身のこうした内なる体験から生まれたものなので、私が真にお伝えし、それを信じる自分で在りたいと、そう思うのです。

自分が誰かと関わるときも、自分が自分に関わるときも、何もかも信じられなくなったその瞬間においても、“いま”を超える潜在的な何かを信じ続けていくことが何より大切で……人間にはその力が在るのだから、そこに必要なのはその先を信じる勇気とすべてをただひたすらに享受するスケールの愛であって……そう在ろうとすることで何かが変わる、そこに潜在能力は宿るんです。

そうやって人間は自分を超えていく……。そこに勇気は生まれ挑むことができる、そしてその摑んだ何かが自らの内から溢れ出すことで正に愛という存在になれるんです。
言葉にするとたぶんきっとすべては伝わらないでしょうけれど、言葉を超える“何か”がそこにはあって……、こういったプロフェッショナルとは何かについて身をもって体感してきた現場でのこうした経験が、私の中に組み込まれていて、これって細胞レベルの経験で……無自覚な経験っていいますか……。それが【マインドの法則】の原点にも実はなっていて、それは人に伝えることで、さらにより強く鮮明になっていくのだと感じています。

いや、目の前で語られている先生のお話は言葉以上に凄くて、私が言葉にするのがもったいないくらい私自身にとって、今まさに貴重な体験をさせていただいていますし、いや本当に深くつながっていらっしゃって、先生の中で体系化されている。自らの体感とそれもまるでシナプスのようにですが、そういった1つひとつをモノにすることができるのが、まさに潜在意識、無意識の領域の達人業といえます。
さらに、お話をお聞きしていきますが、いよいよ上京されることをお決めになって、そこからまずはどうされたのでしょうか。

久瑠　事務所を決めなくてはと、「よしっ、まずは会いに行かなくちゃ！」東京行きの新幹線に乗り込み、知人もいないわけなのでそれこそアテもなくです（笑）。
今思えば無謀そのものですね。当時はインターネットなど、便利なものもないですから、東京駅から公衆電話のタウンページで調べて、「今から会っていただけますか」と電話をかけたんです。
「いや今からは無理なので、まずは履歴書を送ってください」と断られてしまって。だからといってそれで帰るわけにはいかない（汗）。そのときの私は、いまある限りの想いを伝えたい、自分に何ができるかはわからないけれど、とにかく“何か”やるために上京するんだ、そう心に決めていました。“いま”の自分を超えることしかなくて、そのためにできることに全力投球でいく心づもりでした。だから後にも先にもまずは会ってもらわなければ始まりません。1度や2度断られたからといって何もしないで戻るのではなく、何かできることはないのかという思いで、「履歴書とポートフォリオ（宣材写真）を持って、名古屋からすでに東京に着いていて、一目でいいから会ってもらえないか」と無理を承知でお願いしたんです。1つ目に電話をかけた事務所は、「それでは、今この時間で対応できるマネージャーでよければ、お越しになりますか」と言っていただけたんです。
後に、その電話で対応してくださった方が「なぜかわからないけどなんだか会っておかないと、なんとなく後悔するような気になったのよ」と話してくれました。
その調子で、次の候補にあげておいた事務所の番号にも公衆電話からかけたところ、なかなかつながらなかったため、そのままその事務所の最寄駅に直行しました。そして駅から電話をかけると、「すみません、外出していたのでいま戻ったところです」「お忙しいところ失礼します、実は今日、名古屋に戻らなくてはいけなくて、今から面接をしていただきたいんです。もう近くまで来ているので」と伝えると、「えっ、でも社長は外出してますから」と言われたので「何時頃お帰りでしょうか、駅前のカフェで時間まで待っていますので……」と伝えると「そうですかぁ、何時とは言えないし……それであればこちらで待ちますか」と言っていただけたので、すぐに向かいました。インターホンを押し玄関を通されたとき、その女性は思わず「すごい、この子すごい子、うちの子（モデル）たちにもここまでの想いと行動力があったらねって話していたのよ」と笑顔で迎えてくれました。応接室に通されてお茶を頂きながら、壁に飾られてあるポスターや、ファッション雑誌で見かけたことのある売れっ子モデルの宣材写真が目に飛び込んできて、全国区のスケール感をまざまざと見せつけられて何だかすごいところに来てしまったーという気持ちと、ここの事務所の人たちからみて、地方モデルの自分はどう見えるのだろうか、東京でやっていけると見込んでもらえるのだろうかと心が揺れ動いたのをいまでも覚えています。それと同時にそれを明らかにされることで、何か前進できるような気持ちもしていました。

その事務所の社長さんは戻ってくるなり、「その子はどこにいる？」と私の待つ応接室にいらして「お待たせしましたね」と1時間ほど面接をしていただいた後に、「次はいつこちらに来れますか。うちでよければ所属してやってみますか……、それからこの写真は凄くいいよ」と指差していただいたのが、先ほどお話したカメラマンに撮っていただいた宣材用の写真でした。

「この表情はなかなか君の年齢で出せないよ、すごく内面的な奥行きがあってとてもいい」。その言葉が私をさらに突き動かしてくれた気がします。

あの写真が選ばれたんですね！ 見事に合格というか、つかみとったんですね。しかも、何て言いますか、分かる人たちには通じている何かがあるのですね。

久瑠　そういう“何か”というのはやはりあるんだと思います。そして、見た目がどうとかのその先に、潜在的な何か、表現力が問われる世界がそこにはあるんだ、それを私はやりにいくんだ！ そんな感覚を得た気がしました。

「モデルの世界は所属することで、マネージメントの応援はできるけれどお仕事の保証はできない。オーディションに受かって初めてお仕事になる……ウチは歩合制の事務所で地方から出てきても、交通費も給料も出ませんが大丈夫かな……どうやって生活していくつもりでいますか」その質問には「はい大丈夫です。まずは貯金で住むところを決めます。それから先は仕事を決められるよう努力します。私は東京に仕事をしに来たいんです。モデルとして生活ができなければそれを続ける気はありません……、私はモデルになりたいのではなく、モデルの仕事で生計をたて、地方ではできない全国区の仕事をするために、この自分がどこまで通用するのかを試される覚悟で挑みます」と生意気なことを言ったんです（笑)。とんでもない子ですね。

「生活のために仕事はしません、仕事をするために上京するのだから、オーディションで仕事を決めれば生活はできる」、これは一見、当り前のことなのだけれどなかなか言えない、すべて可能性の話で、全部自分次第ということですから。
だからこそ、それをきっぱり言いきる覚悟があるから、その後の展開を自ら切り開いていけるということですね。何かする前から腹を括っているというか、何しろ生半可な気持ちじゃないということは誰にだって伝わってきます。

久瑠　なんでしょうかね、初対面で何を言おうとか考えていなかった、だからそんなとんでもないことを言い放って帰ってくる（笑)。ですから、突然現れて驚かせたって、のちに事務所では語り継がれましたね。でもその貯金ありますからといったお金は、名古屋でモデルの仕事で貯めた百万円だったんですが、上京するための引っ越し代で半分以上使い、往復の新幹線や生活必需品を揃えたところで、その残りのお金もほとんどなくなってしまって……それでもなぜか気位だけは高かったと思います。そう、多分私のマインドの在り方は、現実の身の丈に合わせようとはしていない、というよりあえて自ら外すことで、可能性の余白を創り出していくことで、無意識にも非凡をやろうとしているのかもしれません……。

それが天性のセンスというものなんでしょうね。そこには覚悟と勇ましさ、潔さが必要ではありますが、なかなか自分を護って“凡”を生きている人間には真似のできない、そんな意味のセンスです。モデルといえば、世間では華やかな仕事というイメージがありますけど、上京後、どんな生活の変化があったのでしょうか。

久瑠　モデルに限らず、多分そのくらいの年代の頃というのは、遊びたい年頃だったのだと思いますが、私は、とにかく遊ばない（笑）。遊ぶことに関心がなかったし、もともとそういう習慣もなかったというのもあって、上京後は、モデルが本業となったことで、健康管理も美容管理も大切な仕事となりました。そうなると目的が生まれて自炊とかも楽しんでやっていました。高野豆腐を煮るとか、デザートに砂糖抜きのワラビ餅をつくるとか。栄養の勉強も随分しました。肌のケアや体型管理、日焼けするとお仕事に制限が出てしまうので、どこに行くにも日傘を持参、もちろん夜遊びなんかして体調を崩してもいけない。ただ、仕事があるから何もできないではなく、仕事が来たときに何ができるか？をイメージしていました。仕事があるないに関係なく、いつも本番に向けてベストを選択していく、そうすると自然に、仕事がないということで悩むということもなくなり、あってもなくてもプロとして日々の時間を有意義に過ごす……、それがプロとしての心得で、本番までに何をしてきたかを試されるのがプロの仕事、そんな風に向き合っていました。

ああ、なるほど、プロとしての本当の在り方と言いますか、いつでもしっかり準備が出来ていらっしゃる。これは言われてみればもっともですが、なかなかそう在れるものではありません。ひたすら節制、禁欲、剣の道、まあ、モデル道ですけど。
お聞きすればするほど、なんとも武者修行を積んだ、宮本武蔵のようで。

『五輪書』にも「常の心に替る事なかれ」とありますが、そういうことを、当り前のこととしてやっておられる。これらは本当に並みのことではないですよ。

久瑠　そういったことを感動を生むために取り組むことで、いつしかそれ以外はなくなる、というところまで無意識にやれるようになるまで、日々やり続けることでが可能になると、潜在能力で楽にできるようになれるんです。

楽にですか。それがマインドの法則……潜在能力のなせる業なのですね……、まさに未来の自分のために全力投球されていらしたということがうかがえます。

久瑠　おかげで、もともと弱かった身体も丈夫になって、「モデルの鑑（かがみ）」なんて言われる反面、他からみると「真面目すぎる」「美意識、半端ない、ストイック過ぎる」なんて言われたりしていました。
その当時の私は、つかめていない理想がいつもあって、それが何なのかなど考えている時間さえ惜しくて、ひたすら目標とする自分になるために、輝かせること、日々磨き続けること、それ以外に道はない、そう自ら選んだ在り方でした。だから、選ばれるために何ができるか、不確かだけれど可能性を与えてくれるオーディションという戦場のような場に挑み続けたのだと思います。選ばれて初めてスタートライン、なおかつ選ばれた仕事においては、その期待値をはるかに超える何かを本番で魅せることを、当然ながらプロとして求められます。それに応え続けることがモデルとしての使命であり、それぞれの本番で何ができるかが、未来の自分の可能性をまた、決めていく。そうしたすべてが自らの課題となるのです。だから私にとっては、何が外側で起きようと全部自分に返ってくる、そのことが日常の生活時間においてもお話ししたような、ストイックな在り方に自ずとなっていたのかもしれませんね。
モデルとして問われるのは、現れた瞬間の“華”、存在感が勝負なんです。素がよくてあたりまえなんです。その素のままをいかに魅せられるかの表現力が問われるということで、問われるのは何かする前から何かしている人、つまり存在感ということなんですね。どれほどいろいろ真面目に努力して、時間をかけてやってきたことが、まるで報われない、通じない世界でもあって……。私はそういう世界に入って、日々努力する、できないこと足りないことを見い出し、それを課題とし練習し磨き上げていくといったバレエの世界にいた私にとっては、試練であり別次元の世界でもありました。モデルは何よりも、オーディションに受からないと仕事になりません……たった三秒で決まるときだって多々あるんです。それならどうするか、これも現場で生まれた一種の哲学でしょうか、相手が求めている「何か」つまり潜在的な《want》を与えること、それを体現できる人、つまりその潜在的な「+αの価値」を創れる人間を求めている……それならその人間になればいい……。
選ばれる前から私はそんな大それた想いで、相手の期待値を想定し、それを発揮できるようにバレエ時代に、本番に備えて練習したように、イマジネーションをフル稼働させてオーディションに挑みました。最後のふたりに残った、惜しかったなんていうことは意味がなく、そうした順位を競い合って頂点を目指すというのではなく、価値を選ばれる前からどれだけ創り上げられるかを自分に課したことで、選ばれる選ばれないという一見、他人軸の世界の中で私は、自分軸を持ち続けられたのだと思います。その世界では結局、そのひとりになることでしか本番はやってこない、役にすら立てない。だからもう圧倒的にならないと選ばれないんです。一瞬の存在感を創るために、日々何をやっているのかがどうしたって問われるのです。だからはるかに美しく在ろうと生きることで、心の在り方も自ずと高まっていく……、それが揺るぎない美意識へとつながる……。そうやって自分を比類なきレベルまでに高めていくんです。

想像を超えるというか壮絶な世界観ですね。もうそこにおいてもまさしく理想を現実にしていくために何ができるか、それを自らに問う生き様を垣間みました。努力で終わらないその先のイマジネーション力で、得られる価値も大きくなる、それが未来に繋げていくという、すでに崇高な哲学を感じますね。
オーディションを受けていく中で発揮させたそのイマジネーションですが、相手が求めているものをどのようにして「読み」というのはするでしょうか。

久瑠　そうですね、読むというよりも、もっと能動的なアプローチでしょうか、まだ決まってもいない仕事の本番を、もっと言えば撮影して、その作品が世に流れるところまで想像して、創っていくんです。
例えばCMのオーデションの前日に事務所から絵コンテが送られてきたら、その1枚からイメージを膨らませて、「明日はどんな自分で行こうか」と穴があくほどその絵コンテを見て、その世界観を体感しインプットします。これは脳内で“メンタルリハーサル”を行っていたということです。ですから自然に「どう魅せるのか」という観点は、「どうしたいのか」という観点に立つことで見えてきて、それは主観から、客観へ、出来上がりが、オンエアしてどう世の中に出るのかという視聴者目線、そしてカメラを通してみる演出家目線、つまり達観視点、それは想像の先の創造ということですが、イマジネーションをフル稼働することで「まだ起こっていないけれど、根拠もないけれど、この仕事は私にとって必然」という「いま、現状は未だないものを在るに変えていく力」つまり潜在能力が自ずとそんなプロセスを経て引き出されていたのかもしれませんね。

“自ず”というところが無意識の領域……まさしくマインドの法則の実践をなさっている……幼少期の感性にさらに磨きがかかってきたと感じられますが。

久瑠　いつも気づいたらやっていたということが多いのですが、それは余裕があってという意味ではなく、そのときそのとき無我夢中！という感じです（笑）。たとえば、仕事帰りにオーディションが2つあったとすれば、それぞれのイメージにあった衣裳をあえて持参して着替えてから行くとか、とにかくとことんイメージを強くして、限界まで創造して体感してベストを尽すということです。それしかできなかったのか、それがベストだったかなんて考えている余裕もなくて、ひたすら無我夢中でした。そのうち創意工夫することが当り前の役創りとなって、たとえば、マネージャーに、「ちょっと悪い感じで」と告げられれば、（その当時の私は上京前から清楚な清純派のイメージが強かったのですが）あえて黒っぽい服をまとって、口紅を濃いめにしたり、ハイヒールを履いてみたり。「どう見られるかではなく、どう魅せるか」といった観点で取り組むようになり、それがだんだん楽しくなってきて、すると、周りから、「振り幅がある、演じさせてみたいモデル」と評価され始めて、指命でオファーをいただく機会も増えて演じることが楽しみになり始めたんです。

いわばそれは、モデルとしての花道を歩む黄金時代でもありました。けれど私はもうその先を見始めていた時期でもあって、モデル事務所の社長に「女優の道に進みたい」とこの時期にきっぱり伝えたのです。

ええ、ちょうど全国区のオール媒体の広告のお仕事でレギュラーに選ばれたタイミングでもあったので、ただ自分で決めて自分で直談判しました。当時のマネージャーからすると、全国紙で顔を売ってせっかく「これからなのに」という思いでしたでしょうから「なぜ今？　モデルとして上手くいっているのに、意味が解らない」と相当なお叱りを受けました。同時にその反対は私の選択のすべてがタイミングを含めて、いわゆる稀な選択であったということの証でもありました。何といっても、女優としては全く未知数ですし、芸能界というのはそんなに甘くはないとも感じていましたが、だからこそ余計にモデルと女優のかけもちはしたくない、そこを断つことにしたのです。

また潔ぎがいい。何も持たずに巣立つ姿を想像します。
それで、女優を始めたのは23歳ですか。
ちょっと話は変わりますが、お年頃なので、いろいろあったのではないでしょうか。もちろんそれは相当におモテになったでしょうから……。

久瑠　え？ お年頃、それはそうですが、男の影ですか（笑）。そんな話聞いてどうするんですか（笑）。

……そう厭がらなくても（笑）、こういう流れで、ここまでお聞きしてきますと、やっぱり男性のことは、聞き逃すわけにはいきませんね。
武蔵はたしかに剣の道一筋で、お通さんがいたというのは、吉川英治が創ったらしいのですが。とはいえ、しつこいようですが、先生は剣をふりまわすわけではないし、（謙遜しようがしまいが）美人にまちがいないわけですから、周りの男性がほうっておくとは考えられませんね。

久瑠　「男の影がない……」よくそう言われましたがいわゆるモテたかどうかと言われれば、そう言われることが多かったですが、今振り返ると「無自覚にモテている」というのがしっくりくるのかもしれません。それはいわゆる「モテる、モテない」というのではなくて、「存在×存在」においての愛……言葉にするとなかなか伝わりづらいでしょうが……たとえばその年齢の大概の人は好意ある人と物理的な距離を縮めたがるでしょう？　それが恋愛関係というならば、私が求めていたのは、多くの人が長年そうしたつきあいを経て築き上げていこうとするような関係なのかもしれません。それは絆とか縁といった、目には見えないけれど感じ合うことでより強くなっていくような関係性を……すべては言語化できないけれど、そういった何かを初対面から感じ取り、自分が何を与えられるかをイメージする、それが続けば互いにとってその先もずっと続く関係なんだと思います。だから、恋愛に限らず、数回しか合っていない人と数十年の関係というのは珍しくありません。会っていない時にどれだけ無自覚な交流ができるか、それは頻繁に連絡を取るという世界とは真逆なもので、むしろ音信不通の状態におかれていても、熟するのか枯れるのか……何だか光合成みたいな話になってきましたね（笑)、こういった形でニュアンスの機微を言語化してお伝えしていけばいくほど、なんとも可笑しな話に聞こえたりしませんか（笑)。

いえそんなことはまったくない、実に哲学的でやはり愛という本質をついてくるお話で、地上の愛ではなく、天上の愛といいましょうか、非常に崇高な世界観です。
ただ、モテるという意味においては、そういった感覚がときとして物理次元においては何かと不憫（びん）もおありだったのではないでしょうか。

久瑠　いわゆる恋愛という意味では、そうですね、きっと相手にとってはやりづらい相手だったとは思います。確かにモテることへの関心も執着もないとすれば、どうやってその近視眼的な関係性から潜り抜けるかの方が先にくる……、それが別段、避けたい相手でなくとも、絶妙な距離感をとることで、無意識に遠ざけてしまったのかもしれません。その時代の私は、恋愛よりも、プロとしてより一層高めていきたいという想いが、群を抜いて占めていたので入り込む隙間すらなかったということだと思います。やはり、

20代前半の男女の関係というのは、お互いの仕事、自分が求める何かに向かっている、飛行で言えば、まだ見ぬ憧れの目的地を目指し、雲の上を目指し乱気流に突入していくイメージでしたから、その道を阻む障害となるものは差し障りがあったのです。

上京は離陸時と一緒ですので、恋愛というものに目もくれずではなくそんな余裕はなかったというのが現実で、一大決意ですべてを抛(なげう)って歩み始めた時期でしたので、全力疾走で地上から空へと飛び立った、というイメージですから。よそから見れば振り切ったという印象を持たれていたかもしれないし、「どうして落ちないのか」なんて内心思われていたでしょうから。「今、落ちたら大変」というべきタイミングで、事実仕事に集中していたし、離陸時においての命がけで機体を操縦することに集中している機長のようなイメージで、何よりの関心ごとが仕事で、そこに無我夢中だったということです。恋愛事情という意味合いでは、物理次元を飛び立つ覚悟でしたので、空高く、高次元への恋とでもいいますか、その相手というのは仕事でしたから……いつもそれにちゃんと応えられる自分で在るのかどうかを、試し試されながらの日々でしたから。

手も足も出ないとは、まさにこのことをいうのですね。見つめている先が遥かかなたのその先で、間違いなくそこに自分（男性）はいない……入り込む隙間すらない……恋愛感情もふっ飛んでしまう……ましてやそこには美学、自己哲学さえも感じられるほど真っ直ぐで純粋なわけで、純粋を通り越して純潔、勇ましさすら感じます。やはり宮本武蔵と重なってきますね。

久瑠　マインドとしては、おっしゃるように武蔵のような、もしかするとそれ以上と感じていた方はいたのかもしれませんね（笑）。言えるのは自分が1つの道を達成するまでは、精進というものが必ず必要になる……、そこでよそ見をすることなく一途にその道にのめり込んでいたということで、もちろん同志のような男性もおりましたが、異性としてではなく、最高の話し相手としての絆を結べる人とのつながりは……その次元においては、大いに誇れるまでにモテていたのではないかと思います(笑)。決して男嫌いとか男性不信とかではなく、恋愛次元ではなかっただけです。その当時の心の階層がそういった世界感で交わることがなくて、「周波数が合わなかった」という表現が一番近いかもしれません。

先生のおっしゃる高次の世界が見えてきているような気がいたします。そういう世界に生きることでしか得られることのできない貴重な何かが在る、ということで、つまりマインド次元、心の視点の違いがそこにはあって、物理次元のことは、高次にマインドが在れば、いつでもどうにかなりそうですね。その当時を物語るエピソードについてもう少しお聞かせいただければと思いますが。

久瑠　では、そんな当時の私を揺るがした“三秒の間”のエピソードについて……、その頃、ファッション雑誌のレギュラーのお仕事をいただいていたのですが、あるとき『JJ』の編集長に呼ばれて、「Kさんがあなたとぜひ食事したいといっているよ」って。その当時Kさんはトップアイドルですから当然のごとく、喜んでお受けすると編集長は思っていたとは思いますが、私はそのとき「お断りします」とそう伝えたんです。

実は私大ファンだったんですが……なのにです、普通なら理解できない言動ですね(笑)。この“三秒の間”が実はマインドの法則にも通じているんです。編集長は「えっ！ Kさんだよ、何を考えているの？」って不可解な顔をされて「……けど本気？ いや驚いた、久瑠さんかっこいいね」そう言われて……我にかえって「私、何かとんでもないことを言った？とそこで初めて考えたのですが、「何を考えてるのか？」と言われれば確かにそうなんです、考えてはいないんです。ただ、頭によぎった何かはあって、それが"三秒の間"なのですが、この三秒間で私は、どっちだ？　どっちが自分らしいか、で応えた気がします。なんというか考えるではなく、心に従ってみる。それは主義思想とかではなく、ただ感じてみたということ……それが潜在意識の自分、wantを明確にするというプロセスにつながっていったんだと思います。

編集長を介して、セッティングされて会ったところで、私は何をしたいのか？ということです。その時の私は最高の仕事をしたかったのです。だから、お見合いがしたいわけじゃなかったということです（笑）。

カッコつけちゃってとか、綺麗ごと言ってという人もいるでしょうけれど、本当に「綺麗ごと」なんです。目先のことよりも「カッコいい」方を選択する、それが私だったと思います。

ただ別のいい方をすれば、三秒悩んだわけです。つまり会いたいとか恋愛したいという考えが、Kさんにおいては、三秒はよぎったということです（笑）。そしてここでこの話をしているということは、私にとってそれ自体がレアケースだったということです。

「三秒の間」おもしろいですね、というか深いですね……、いや確かに「綺麗ごとを選択する」という言葉……何となくそれが、本来在るべき人の姿なのでは、と先生のお話をお聞きしていると、改めてなんといいますか、人としての真実や、在り方ということが問われてきます。またそういった在り方をすることで、何より研ぎ澄まされていく……、そうやって欲しいものの先に美学というか……内なる指針が宿るのだと感じました。

久瑠　この「三秒の間」の法則のお話には続きがあって……、そのKさんとはTVCFのお仕事で共演することになるんです。撮影の初日、私がカメラの前でひとりリハーサルのつもりでセリフを言ってアドリブで稽古していると、その一部始終をみられていたようで、

「仕事最高にかっこいいですね」。その言葉が初めての挨拶で、スタッフに向けても、「今日は本気でぶつかんないと、(役を) 食われちゃいます」と芝居を通してお互いの掛け合いを投じ、監督からも「今日はありがとう、久々燃えたー」。そう言ってもらえて最高の時間と空間でお仕事を終えられました。別のドラマの収録現場でも「久瑠さん、K さんとこないだ会ったんだけど、あの人すごいってあなたのこと褒めていたよ、久々本気入れられたって……」。私のいない場所で伝えてくれていた……これは私にとって最高のギフトでした。それから数年後、また偶然にも、ある報道番組でコメンテーターとして私が出演した生番組に、ゲストとして来られたんです。K さん主演の TV ドラマの番宣でしたので、CM あけ数分のタイトな時間のなかで、本気のパスを私に出してくる (笑)。その相変わらずのアドリブ、生放送中の無茶振りが互いの挨拶がわりのようで、「とれるでしょう？」といつでもギリギリのパスを投げあえるマインドが、時を経てもそこには在って、お互いが潜在的な“かっこいい”をやり続けよう、じゃないけれど、そう在りたいよねっという承認のような、そういう空間における美学を根底とする好意のやりとりというか……、なかなか理解されにくいでしょうけど。皆さんが期待するような関係にはなりようがないですね (笑)。

そこに入り込める者は相当の達観視点をもった者同士といえるでしょうね。「三秒の間」での選択からつながっているというか、たしかなのは、縁というものや、絆というのは単なる偶然なんかじゃないということは感じられました……、その後、モデルから女優への転身、メンタルトレーナーとしてのご出発のきっかけや、そのときどきのご苦労についても (もしかすると苦労だなんて感じる暇はなかったのかもしれませんが)、お聞かせ願えませんか。やはり、女優としてのご経験と無関係ではないですよね。

久瑠　そうですね、モデルはOKがある世界でしたけれど、女優はOKのない世界で……追求すること、求められるものが自他ともにまったく違っていて、俳優としての表現の幅を拡げようとするとやはり深層的な暗い部分、闇の部分、白と黒の狭間にあるグレーな世界観をいかに表現するかが問われてきます。クリアな感情だけでは表現しきれない、重層的感情で対応しなければなりません。たとえばモデルのときは、「人間味をなくせ」といわれ、無色透明で無機質で在ることを求められます。そして女優になると、「もっと人間くさくなれ」といわれ、泥臭さやときに汚れ感すら求められるんですね。ですから、私としても、そこをパッと切り替えて、映画もストーリーを追うのではなく、人間の深層心理を体感するために、日に5～6本ジャンルを問わず、とにかく暇さえあれば観る。没頭するように、物語の世界なのか、朦朧とするほどに浸る。そうすることで心を動かす感情体験をひたすらに探究しました。自分という殻から出るために、無自覚に出来上がった自分の常識の壁を越えるために様々な感情に触れて、自分の人生では体験できないことを、映画や小説の世界で疑似体験しようと努めたり、日常の中でも、とにかく人に会いました。それまで関心を持っていなかった分野の方や、年齢を問わず機会があればお話しして、その人間の人生観を追体験していきました。
そうしていくうちに、映画のコラムの仕事や、ラジオのパーソナリティーのお仕事も任されることになって、「ゲストの話を引き出すのが得意だね」と、バラエティーのMCや報道番組のレポーターと、次第に仕事の幅もそれに応じて拡がりを増していきました。実は、すべて演じる本質に結びついていて、「誰かの中に在る自分」や「自分の内に在る、もうひとりの自分」といった観点を体得することで、表現力を磨きあげていくという感覚でした。

なるほど、モデル時代とは一変したのですね。そこまでフルチェンジできるのも凄いものを感じます。そういった変化を自ら挑んでいくことで潜在的な魅力が開花していくのでしょうね。まさしく女優魂が発揮されていったといいましょうか。

久瑠　俳優という職業は、台本にある台詞から各々（役者）がイメージを膨らませ、その役の人物像、揺れ動く感情のやり取りを、様々に展開する場面、シーンにおいて脳内に創り出していきます。共演者や演出家や脚本家とは、語り合うことも仕事のうちみたいな感覚があって、多くの時間をそこに使いました。互いに役について、深め合ったりするというのは、やっぱり、人間について自らの人生を考えることにも、結果的に繋がっていったのかもしれません……とにかく、家にこもっているわけにはいかないので、モデル時代の肌を磨くとか、スタイルに気をつけるといった自意識の美学に対して、“＋αの自己哲学”といいましょうか、そういった何かを探求し極めようとしていた時期でもありました。

俳優が本番のために何をするのかといえば役創り……、そのための引き出し、インプットをどのくらい持っているのかで、本番のアウトプットが圧倒的に違ってくるんです。台本の台詞というのはそのためのリードにすぎない。

たとえば、ホステスの役でしたら、ホステスさんをまずは観察することから始めます。撮影に入る前に教わったり見学に行ったり、そう、社会見学ですね。ホステスとしての台詞をどう言うかではなく、その台詞がそのホステスのどこから生まれてくるのかをインプットし、その人間そのもの、台詞を言わないときのその人の潜在意識までを感じていく。そこまでしてはじめてその役を“自然”にこなせるようになれるんです。

言葉にすると何だかとてつもなく果てしない作業のように感じるかと思いますが、たとえば、「すごく嬉しかった」というセリフをどう言うか、そこを悩むんですね。どう嬉しかったのかがなければ、「すごく嬉しかった」を上手く表現できない、その一言がどこから生まれているのか、台本には、なぜ嬉しいのかは書いてない、それは、むしろたった一言だからこそ悩むんです。他の配役や場面と、どうつながっているのかを想像して、想定して創っていくわけです。自分なりの感情体験を脳内で行っていくことで、内側のリアリティーを強く、強くしてその役の感情をインストールしていく作業を繰り返していくんです。

役を摑むことができればそれは無限に生まれてくる、そうでなければ苦行でしかない。ただ、それができるってことは、やはり役者冥利につきる……そう思うと、私にとって、現場というのが、そういった役を摑む上で原泉のような場でしたので、そこがそのまま最高の居場所になっていって、「どうして仕事が終わったのに、帰らないんですか」なんていわれるくらい現場が好きでした。自分の登場するシーンや台詞以外にこそ、そのたった一言の答えがあふれていて、つまり、2時間のドラマがあったとして、自分の登場シーンは数分だったとして、私の台詞はその2時間の中での一部であって、それ以外のシーンがどう表現されていくのかを知ることは、自分の芝居がどうあるべきかを知れるということで、ひとりで悶々と考える時間を経て、クランクインして撮影がはじまれば、現場こそがすべてといってもいいくらい、そこで起きるすべてを知りたくなる、だから先に帰ることが惜しいとさえ感じていたんです。

関わっているスタッフも含め全体を観て、自分の役を観る、そして役に入るということですね。それを現場でやられていたというのは、まさに潜在意識の活用という意味で、マインドの法則を実践されていたということのように思います。幼少期のバレエのあの「鏡の体感」からさらに磨きがかかっており、それを自然になされている。芸を術として扱っているということですね。

久瑠　監督がどう撮りたいのか、どう観せたいのか、主演の俳優がどうその役を演じるのか、そういった本気のやり取りが行われる現場について様々な観点を多角的に感じとれることが、私にとっては何よりの習練の場だったんです。

そういった現場で積み上げてきた、「台詞をどう受け止めて、どう言葉にしていくのか」このたった一言のこだわりが、すべてを決めていく……といった世界にいたことで、今メンタルトレーナーとしての仕事をしていて、たとえばクライアントが自分自身の可能性に感動するという瞬間に、「本当にとても嬉しかったんです」という言葉を、単に言葉としてではなく、体感として内側に創り出されていく感覚で受け止める……これはまさにそうした俳優として身につけた“業”なのだと思うのです。

まさに実体験としての現場での学び方、これらは他の職業においても重要な在り方だと思いました。先生という人は今だけでなく、常に先を観ておられますね。これをやると何になる？の答えを何かする前に感覚としてお持ちでいらっしゃる、というか創り出していく能力といいましょうか、それがあるのとないのとではきっと雲泥の差が生まれますね。多くの場合、何になるの？が見い出せない人間が多い、だから動かないし損得勘定が生じてやらない。正に当時の現場においても、全体を観て、先への繋がりを観て、そこにいた先生の姿というのは、他の役者にとってもスタッフにとっても新鮮というか斬新というか、なかなかそういう在り方を自ら体現されている方などというのは、少ないのが現実でしょうから。大概、自分のパートが終われば早く帰りたがりますからね。一般の人にとっては到底わからない、華やか且つ複雑な世界ではありますから、そういった観点からみると現場においていろんなエピソードがおありでしょうね。

久瑠　……ある若い女優さんが、「今日は押すと困るわ」そう言って、ずっと控え室でそわそわされていて、当時引っぱりだこの女優さんでしたので、皆でこの後別の現場が入っているのかと心配していたら結局その理由というのが、「彼氏が待ってるのよ」だったのです。正直ショッキングでした。皆、完成に向けて寝ずに命がけでやっている空間で……その想いを共有できていないということは、むしろ居心地すら悪かったのかもしれません。「あ、この人、もう次はないな」とか、「この子は、きっと這い上がってくるな」とか、そういうのは、やはり現場にいると見えてくるんですね。恋愛すること自体は悪いことではないけれど、どちらにも現場にもその恋人に対しても無礼……要は盲目状態で何も見えていない。彼女はその発言でたくさんのものを失いました。「もったいない……」そう感じました。案の定、彼女の姿はだんだん見なくなりました。その代わりに現場に残ったのは「怠慢女優」というレッテルです。たぶんきっと彼女は誰かを怒らせるつもりなどなくて、仕事よりもその彼といる時間と空間を選んだというだけ。悪気のない“悪”というもの……そこには輝ける場や成果を求めながら、人はそれを手にしてしまうと大切なものが見えなくなり見失っていく、失って気付いて……無いものを追いかける、潜在的な“有”と“無”の狭間でそんなふうに人生には不思議な矛盾が存在する……人生の矛盾を間近で見て、その時の衝撃は今でも覚えています。足りないものや不満を現場で言う人は案外多くいます。だからこそ今ここにあるものを大切にできるかどうかは、その先の自分がどこを目指しているのか、未来に本当に何が欲しいのか、そのために何を大切にすべきかを、“いま”というこの瞬間につかみとることが……究極、問われているなのだと思うのです。その力を、潜在的な価値を見い出すそのチカラが人間にとって何より必要なのだということを、現場が教えてくれました。

そこにも本当に生きるうえで重要な何か忘却されてしまっている、大切なことがあぶり出されてくるようです。そうした現場での体験からもう少しお聞かせいただけたらと思いますが……。

久瑠　私が初めての連続ドラマの収録でご一緒させて頂いた戸田恵子さんや高橋克美さんといった舞台俳優さんとの現場経験は、演じる楽しさをたくさん教えていただいたかもしれません。「演技が好きでしょうがない、だからやめられないんだよね」そんな俳優魂を無意識に入魂されてしまって……（笑）。「カメラ回っていても、回っていなくても、関係ないんだよね」と言いながら、自分の与えられた役を極めようとする。台本に書かれてないことをお互いに話し合ったりして演技を組み立てたり……つまり、役を演じるということに、空間、カメラの中にどうストーリーを収めるかを演出家が創り出すその空間に、役としてどう溶け込むのか、その生の現場で生み出されるシーンの連続がドラマであり、だから私にとっての撮影現場は、本番もリハーサルも、待ち時間もすべてひっくるめて現場でしたし、毎回がドラマチックで刺激の絶えない習練の場となったのだと思います。

習練の場、なるほど先生のおっしゃる習練には、なんと言いますか、前向きで明るいエネルギーを感じますね。やらされているのではなく自らつかみに行く、入っていく、そう感じられます。

久瑠　ええ、そのなかで何度演っても上手くいかないその連続の中で、一段高まった芝居ができる瞬間があるんです。でも、その次の瞬間、いやもっとこうしたら、もっとこうやってみたら……と、無数のパターンが生まれ、その中でベストという芝居を演ってみる、OK ！がでたとしても、それは本当のベストなのか？という答えのない世界でした。それはもちろん、私だけに限らず他の先輩方を含め、現場すべてに溢れていました。俳優にとどまらず監督から照明さん含めすべての関わる人たちの中には、より良いものへの“葛藤”があったと思います。だからクリエイティブなシーンの連続で、カメラの中に収まった世界が飛びきり輝くんですね。それが生み出される空間は、この上なく“本気”が溢れていて、私にとって何にもかえがたい重要な時間となったのです。
私がそんな現場でもう１つ気付かされたのは、上手くなるために邪魔になるのは自意識なのだということでした。「自分が」ではなく、「その人は」として、この役は、あの役は、この場面では、と全体で統合していくスポットライトのような視点が必要になるのです。無自覚にもたぶんあの頃から私、この今の仕事に通じる何かをすでにやっていたのかもしれませんね。

お話を伺っていて、まさに今のお仕事を、ご自身の現場での実体験を通じて既に構築され、同時に実践もされていたと感じました。
ですから、自然に次の世界へ繋がっていったのですね。

久瑠　そうなのかもしれませんね。やはり、脚本を読み解く役者という仕事は、大事なのは潜在意識、無意識を読むことなんだとこの仕事を極めていくなかで気付かされました。そして、その感情をどう創るか、そうした話をひとりの精神科医師とある雑誌の対談でお話する機会があり、そのときに非常に強く関心を持たれ、「あなたの言葉には力がある。今話していて僕自身が変わる瞬間がありました。カウンセラー以上ですよ……。ぜひウチの病院に来て心が傷ついてしまったうつを患った人たちに話してもらえないだろうか」。もちろん、私自身の経験の中では精神科がどんな所なのか、うつ病がどんなものなのかも、そのカウンセラーというのがどういった職業なのかなども、その時はわかっていませんでした。だから私に何ができるかはわからないけれど、何かすることで力になれる場が在るというのなら、まだ見ぬその“チカラ”というものと出逢ってみよう。それを見にいこう、そう思い引き受けたのです。

想定外のオファーに即答だったのですか、そこがなんというかなかなか真似できない。普通は自分にできるかどうかといいながら自分の身を守る。しかし先生は何かする前からすでに立ち向かっておられる。すでにまだ来ぬ何かを守ろうとしている。だから潜在能力が引き出される。そういうことなのですね。だから経験もしたことのないことを、初めからそんな偉業をやってのけてしまう。なるほど、実存主義というのがありますが、先生の場合は、実感をもった実践によって実存が生まれる、それが実態を生み革新的なものとなる「実践主義」でしょうか。

久瑠　……そうですね、私の場合は潜在的な感覚的な表出から生まれてくる……そういった何か……改めて言葉にすると内なる感覚といいますか、それ以外に信頼性の高いものってあるだろうか……何がなくても自分がいる、存在する真実というのは、自分が在るということで成立する……この体感がすべてではないでしょうか。

それは深いですね。内なる感覚を実践に移し、体感として落し込む。それを今また、生の言葉でお伝えになられる……これほどのことを今まさにこの目の前で、瞬間にすごい情報量を集約して繋げてはお話になられている。それこそが先生の感性の凄さなのだと改めて感じた次第です。古典的な哲学をマスターするために何十年と学んだとしても、到底そこの次元にはたどりつけない。けれど先生がおどろくほどに短期間、もっといえば瞬間に変化を起こせるというのは、聞いてすぐに言葉として理解できなくとも、なんでしょう、体感にくる。これが潜在意識に働きかけるということでしょうか。

久瑠　それを「言葉のカプセル」として伝えているのかもしれません。いくら言葉で伝えても伝えきれない何かがあります。言葉の真意を効かせたいところへ届けるそのためのカプセルです。それは潜在意識に届けるためのもので、耳で聞こえる言葉では到底、届かない領域……つまり、頭で理解される言語では、顕在意識＝１割未満の領域に働きかけることになり、結果的に9割の潜在意識には届くことはないのです。

潜在意識とは無意識ですから、自覚されてしまえばその人の解釈が入り、判断されるのです。これは、自ら「何かをやろう」とする能動的な動機を削ぐことにもつながってしまい、「やろうと思っていても、なかなか動けない」という状況をつくりかねないのです。だから自意識に麻酔をかけるようにして、意識されない無意識の領域に直にアプローチする必要があるのです。そのためには、私は現実の目の前にいるその人の話を聞きつつも、私自身のアプローチとしてはその人の言葉そのものを耳で聞くのではなく、心で感じる何か、つまり言語化されていない無自覚な無意識レベルを感知するのです。

だから常に、私の発した言葉のカプセルが溶け始めるまでの時差が起こります。「聞いた瞬間は分からない」、それが狙いです。もっと言えば、そのカプセルが溶け出した時に、その自覚さえもないレベルの、深い潜在意識の中に溶け込ませたいのです。

私が大切にしているのは、その人の明日が変わることで、そのためには行動が変わらなければならない、それゆえに潜在意識へのアプローチが必然となるんです。

それができるというか、それを最初からやってのけてしまうわけですから、それだからこその実績なのでしょうが、先生の著書にある「劇的にしか変わらない、劇的にしか変わりようがない」という言葉はまさにここからくるのですね。人間の無意識は計り知れないけれど、先生のお話を聞いていると、ゴッドハンドの外科医が崇高なまでに完璧なオペを行うかのように、まさに心のオペが目の前に展開していくようです。

それから、多くの有名人やアスリートを導いてこられたわけですが、あくまでも仕事の上での、成功例、いやそれは多すぎて、選択に困るでしょうから、逆に、苦労話の方をお聞かせ願えませんか。今までのお話ですと、モデルから女優、そしてメンタルトレーナーへと転身を遂げられるなかでの失敗や挫折といった経験などをさらに掘り下げてお聞きしたいです。実際のところはどうなんでしょうか。

久瑠　ええ、失敗なんてことをいったら、失敗しまくりですよ。でも、その失敗の概念自体が少し違っていたと思います。それは、多くの人が失敗を怖がり、避けようとする中で、私は失敗に対して“間違いを学べる機会”と捉えていたかもしれません。「失敗＝恐れ」ではなかったということが大きく違っていたと思います。たとえ失敗しても、それは自分がベストを尽した結果だったり、自らの「選択」によるものであれば、それは成功への通過点と捉えることができます。その視点を持つことができれば、何かする前から不安で動けないということも起こらなくなり、ましてや、後悔という概念自体もなくなるわけです。そのとき、自分の中で、できるかできないかはさておいて、究極したいかしたくないか、ということが何より重要……。したいことをして、後悔があるはずはありません。未来に起こりうる不確かなものをどう受け止めるか、すでに起きてしまった失敗においては、次への課題をそこからどう導き出せるかにかかってくるのだということ、そんな風に受け止めています。

なるほど、考え方そのものがひっくり返っていくような感覚で聞かせていただきました。
当初カウンセラーとして、心療内科ではどのようにスタートを切られたのでしょうか。

久瑠　初めは、女優としての活動をしていたので、「週１回だけでもよいので担当になってもらえないか」ということでスタートしました。

心療内科ともなれば、相当なお話をお聞きするわけでしょうけれど、当初のご苦労などはなかったのでしょうか。

久瑠　人によっては耐えられない世界かもしれません。眠れない、死にたいと口にする人々が次から次へ何十人と来られるのですから。明るい現場ではないです……でも、眠れない人は、むろん眠りたいし、死にたいという人は、生きたい……「生きる」を強烈に求めてくる。それだからこそときに「生きる」から強烈に逃げたがる。潜在意識の内で起こる、言葉にできずにいる何かがそこにはあって、その何かに触れられた時、その人は生きたいと真っ直ぐに「生きる」ことに向かうことができるのだと思います。限界を超える瞬間に普通に生きる多くの人が、「自分には無理！」「出来ない」と躊躇してしまうのに近いし……。
はじめて私が訪れた日に、私は院長室に通され、医師の後ろに座って患者さんとのそこでおこるやりとりをみていました。暗い表情をした東大の女子大生が部屋に入ってくるなり泣き始めて、「毎日苦しくて、つらい……眠りたい……」と小さな声で訴えていました。どうして、こんなに溢れんばかりの未来がある人間が……何だってやれるはず……何があったの……どうして？と、医師の後ろで聞いていて、憤りを感じていました。すると医師が「お部屋を用意しますので久瑠さん、この方とお話していただけますか」。そう言われて「わかりました。お話させていただきます」と応えていました。そのとき私には「かわいそう」というような同情はありませんでした。ただ、彼女を笑顔にしたい、今夜ぐっすり眠らせてあげたい、それで明日から別人のように元気に大学に通うイメージを描いて、無我夢中で話したんです。
後で、先生が、「彼女、元気になって、私、病気ですか？って聞くから、もう良くなったよって伝えたら、笑顔で帰っていきましたよ、やっぱり久瑠さん、すごいよ、まるで別人でしたよ。何を話したらあんな笑顔になるんだろう……それが天職ということですよ」と言ってくださったのですが、その言葉自体には肯定も否定もできることではないので、(ああ、そうなんだ) と受けとめましたが、その彼女との時間と空間は、間違いなく潜在的なチカラが生み出したものでしたし、その体感が私のメンタルトレーナーとしての在り方を創り出したのだと思います。

初日から……天賦の才能ですね。どれだけ学んだとしても、誰もがそうはなれないですから……。
何がではなく、理屈を超えた世界、それは美しいほどに完璧で、上手いとか下手とか経験とかそんな尺度じゃない、別格というやつです。カウンセラーとして心療内科で勤務されていた時のエピソードなど、もう少しお聞かせいただけませんでしょうか。

久瑠　すべてが初めての世界でしたから、素手でたたかうような丸腰感はありました。ましてや人間の心という見えないものを扱うという現場で、そこで見たのは、怯えと不安で動けなくなっている心でした。
あるとき何年も鬱を患った方に、私がカウンセリングで入ったとき、その方に「頑張ってください」という言葉を伝えたことがあって、その方はもちろん鬱について人一倍勉強もしているんですね。それでそのとき、(わー、先生、鬱の人に、頑張ってっていっちゃいけないんですよ) と思ったらしいです。私は丸腰でこの世界に飛び込んだようなものでしたので、そういったいわゆるマニュアル的な指標があったわけではなかったので、自分の心に従い真っ向勝負で感じたことを伝えたんです。「正直、驚きました。先生は、なんの躊躇もなく飛び込んできて、そこで溺れていないで、一緒に脱出しようと腕をグッと掴まれた感覚だった……だけどそのとき涙が溢れて、あっ私まだ生きてるんだ……生きたい……そう思えた……」その方はそうおっしゃっていました。たとえば、川で溺れている人がいたとします。そこで問われているのは「自分がどうしたいのか」ということなのだと思うのです。次に自分が「助けたい」と思うのか、自分には無理だと今すぐはできないと思うのか。できるかどうかをはかりにかける。「救助隊を呼ぶから、しばらく待ってくれ」とか、「ロープを探してみるから、少し待ってくれ」とか、そんなこといってる間に、その人間は溺れ死んでしまう。川岸で「大丈夫ですか」と問いかけ、「今向かいますので」と言いながら、決して飛び込まない。

まさに先生は丸腰で飛び込んだ……そこに恐怖心のようなものはなかったのでしょうか。

久瑠　とくに恐怖心はなかったです。他人事を自分事にできるか、と考えたら人間はそこで動けなくなってしまいます。上手くいくかと考えたら、直ちに「できない」という考えでロックされてしまいます。相手が誰であろうと同じですね。恐怖心は失敗を意識するものなんです。つまり自分が失敗することで、自分の能力、存在価値がないこと、自己喪失に向かう＝生きる意味を見失ってしまうのです。だから何もする前から怯える、何もしないを選択してしまう……まだ起きていない分からない未来に対し、自分には何かできると、その力があると確信できたとき、人間は強く在れるのだと思います。

そこにあるのは、その自分を信じる勇気だけなんです。その勇気が自らの内側に輝きを生みます。それがそこに、向かう希望になるんです。だからこそ私は、迷うことなく飛び込んだのだと思います。そこに希望を見い出せていなければ私はそうしてはいなかったはずです。

その私とは、日常次元とは別次元の私なんです。それは私という人間でありながら、もうひとりの“私”という存在、それがマインドビュー・ポイントの視点です。だから、川岸から「頑張れ」といくら叫んだって、人は救えない。それこそ三秒も考えないで、えいっと自分が飛び込んで、沈みそうで溺れかけている人間に対して、「頑張れ、私も頑張るから」というのは、もうこうなったら、「運命共同体」みたいなものですから、頑張って一緒に泳ごうと体現して伝えてみせること、それが「助ける」という本質につながるのだと。それは実は、人間の「本質」ではないかと……鬱の人も、溺れ死にかけている人と同じで、生き死にがかかってる……本人の視点で受け止めていくとそれが見えてくるし、そうでなければ絶対に、見えてこない。本当の意味で「助ける」をやらなければ、相手を救うどころか自分を見失うことへとつながってしまい、やがてはその恐怖心から助けるといいながら「逃げる」をやってしまいます。そこに必要なのは知識や手法ではなく、在り方でありその先の可能性を信じる勇気なんです。心構えなんです。

初日からそこに気付いたということは、悟ったということで……。
その在り方自体が、真理であり、善意の本質的な在り方だと感じます。また、感性が豊かということは、最初につかみ取れるということなのですね。うかがったのは本質的な哲学だと感じました。

久瑠　まさに初日に感じたこと、体感が私のベースになり、今もなお生きずいています。「やると決めた瞬間」覚悟が入る……まさに潜在能力が引き出されたということなのだと思います。
だからこそ、その力の価値を、可能性をどんな人の人生においても発揮できるマインドの在り方、潜在意識の在り方について伝え続けているのだと思います。
ひとりの人間が、その力に気付いた瞬間から内側すべてが引っくり返るような奇跡が起きます。そこには、希望があふれています。

だから、どんな瞬間も「助ける」という場面において、中途半端に関わってはいけないと思うのです。そうした観点から私は、人の心に真に向き合い、助けたいと願うトレーナーを育成し、高い志を持つ人のために、【マインドの法則】の３つのプロセスである、《マインドビュー・ポイント》《want》《イマジネーション》によって個々の潜在的な力の引き出し方を教えているのだと思います。

天賦の才能で導き出した法則、それをそのようにして実践的にプロセスとして体感的に教えられているということがまた凄いことです。
『論語』ですら、それは書物を読み解くことまでしかなかったわけで、どれだけの人間が一生をかけて論語を学び、どれほど人生を変えてきたかは知り得ませんが、明らかなのは、先生は教えることを目的としているのではなく、人生を劇的なまでに変えるということを目的としているということ。それを実践で現実にやってのけてしまう気宇壮大な人であるということです。
患者さんの問題は、ひいては先生の課題とし、先生の言葉をまたお借りすれば、そこでバーンと「難有り」の状況を逆転させ、「有難い」の世界に変えてしまったという……。
さて、そのお話と関連があるかもしれませんが、また、先ほどの溺れている人のお話のところでも感じたのですが、先生の【マインドの法則】は、実に希有というか、特別な感じがして、そこには何か、烈しいものすら覚えます。授業や講演では聞かれないような真をつく言葉、つまり理屈ではなく、冷静で平坦なものではなく、人間的で立体的、とてつもなく「真剣勝負」、今まで百ぺんも話されているでしょうが、そのあたりの機微といいますか、あるいは逸話でもあれば、ひとつお聞かせ願えないでしょうか。

久瑠　そうですね。……先ほど、『論語』についてのお話がありましたが、以前からよく、孔子や孟子、空海といった古典的な書物をよく読まれていたり、大学で勉強なさって来た方々から、「どうやってそのマインドの法則というあなたの中にあるものを人に教えていこうとしているのですか？」「久瑠先生がやろうとしてらっしゃることは、孔子が伝えていたことと非常に重なっています」「私が大学で学んできたのは古典的仏教の世界ですが、先生は自らの言葉を実践として、体感で教えようとしていらっしゃいますが、非常に空海の教えと重なるんです……」とそんなことを言われたことがあります。当時は仏教や論語にそれほどの興味を持つこともなく、すごくスケール感や、私が生まれる前の時代にも通じる何かがあるのだろうと、という思いでした……あるとき、上野の博物館に行ったのですが、空海の立体マンダラ展が開催されていて、そこには、「言葉にはできない世界があって、だから立体にしたとのことが説明されていて、「あっ！ これって【マインドの法則】に通じている」……言葉にできない何かを表現するという何か……なのだと感じました。

まさに【マインドの法則】を体感として伝えたいとおっしゃる先生の観点、それがマインド塾だったわけですから、それは何かそこで感じられたということは、これまで先生のやられていることを、古典に通ずると論じた学者の方々が、おっしゃっていたことの証だと感じますね。自分も含めてですが多くの人は経典を読み、説法を聞きに行ったりする。そこに様々な解釈を求め、自分の頭で理解しようとして、その本質的な何かに到達できずにいる、それによって、非常に多くの時間を費やしているように思います。

久瑠　大切なことは、自らの内側にまるで稲妻が走るような、感覚的な体感を内に生み出すことではないでしょうか、少なくとも私は、その衝撃的な感動こそがモノや人、自分の外側にある何かと、自分の内側をつなぐことで、自分自身の人生の糧（かて）となると感じています。だからこそ、体感を生み出すトレーニングを通じて、そうした言語化できない世界をお伝えしているのだと思います。

いやぁ、先生は実際にそうした真理を体得できる、時間と空間をご自身で創られ、今まさにおやりになっている、今ここにそういう学べる場があること、そのこと自体が希少で価値あることです。中には相当に深い学びを求めていらっしゃる方もおられるのではないでしょうか。

久瑠　そうですね、そういった意味においては、相当な修行をされてきた方、お寺のお坊さまや、神主といった方々もいらっしゃいます。相当な学問を学び抜いてこられた方、名だたるいわゆるエリート大学を卒業され、MBAを取得し世界を渡り歩いてこられた方、スポーツの世界などで言えば、トップチームに在籍し活躍される方々まで……すべて私がお伝えするのはマインドの創り方です。職業やポジションの違いはあっても、それは変わりません。あるときまだ始めて間もない頃、最初に出版された『一流の勝負力』（宝島社）という本が出版されたタイミングで、そのタイトルでしたので、ビジネスパーソン向けに書いたのですが、プロレスや格闘技のコーナーに置かれたんですね。
そうしましたら、大山倍達という空手の達人のお弟子さんがその本を読まれて、「師匠！」って、私のところに袴を穿いて来られたんです。
大山先生の書かれたずっしりとしたご本を机に並べて、「久瑠先生は、まさに大山先生のお言葉を体現なされている、だから今の自分の師匠はあなたです」とおっしゃる。「この方です」と熊と闘っている大山さんの写真を私の方にずずっと差し出してくるので、私は思わず「違う！　と思います……熊とは闘わない……」って叫んだのですが、そのお弟子さんは何かを感じていらして、熱心に通って来られていました。

……はい、失礼ながら、大山さんは素手で瓦割ったり、熊と戦ったりしていますが、先生もいわば、素手で、気合で、叩き割ってやるという口ですから、大山先生のお弟子さんは、それを察知していたんだと思われます。ですから、大山さんに似てるのは表層的なことではなくて、精神性のところが似てらっしゃる。ですから、「体現なされている」というセリフは、当たらずとも遠からず、少なくとも、先生の在り方というかオーラみたいなものを、そのお弟子さんが感じたというのは事実ですから、「違っていない！」……。

久瑠　ええ、その目というか、そう迫り来るその方は、私に託すかのように、「先生のおっしゃる言葉には、勇気が、人の潜在的な勇気を引き出す力があるんです。真面目にひたすらにやってきた人間のその先にある何か……希望といった曖昧ではない、確固たる何かへと導いてくれる……、『それでいいのか？』の自問自答に、『それでいいんだ！……それしかない』、と自ら鼓舞する勇気を与えてくれるんです。理屈ではなく、ただ心がそう感じる……。そこが大山先生から教わってきた心の構えと重なるんです」そんなふうにおっしゃていましたが、そう、内に在る「何か」を観た目は、凄みさえ感じました。

その光景がうかびますね。先生はこれまで、沢山の本を出されていますから、大山先生のお弟子さんの話みたいなことは、いくつもあるんでしょうね。それ以上に、出版というものは、特に低成長の時代というのもあって大変でしょうし、あれこれ苦労も苦心もされたと思われますが。

久瑠　ええ、詳細をお話すれば、キリがないということになってしまいます……私としては、私のすべてで書き上げていくもので、だからこそかけがえのないものになっています。ですから、編集者さんを、同胞というか、運命共同体として捉えることになるのですが、自分事として共有ビジョンを掲げて取り組まれる方もあれば、そうではないという方もいる。私としての第一義は、そうして生み出していく本を残したいということです。その「残す」という意味は、繋いでいくという意味でもあって……私の思想をというよりも、私の潜在意識が感じ取った人間本来の【マインドの法則】と、それによって目の前の世界が変わっていく一人ひとりの在り様(さま)を伝えていくこと、つないでいくという意味です。その結びになるものが活字に落とし込んだ書物としての本なのかもしれません。答えは一人ひとりの人生の中に存在していてその答えを導くための指南書になればいいと感じています。おそらく芸術家が作品に込めた想いや魂、そういった何かを「残したい」というのと結構同じか、かなり似た領域だと思います。

本というものは不思議なもので、はじめは想いを封じ込めるようにして向き合うことで言葉を紡いでいくのですが、あるところから、その１冊は、まさに自分と一心同体になっていくんです。でもいざ出版されてその１冊は人格をもって一人立ちして自分から巣立っていくというイメージで……先ほどの大山先生のお弟子さんのようなことも、１つの反響の例証としてあるわけなんですけど、その人の織りなす人生の一部になっていくというか、過去も未来も含めた現実と別次元で繋がっていくという、ある意味、それが本としての使命というか、そこまで活字を通して、伝えきれるかどうかの真剣勝負でもあって、制作過程で、ときには編集者の企画意図をマインドポジションも思想も生き様も超えていってしまうことになることもある。そうなることで出版されずにお蔵入りしてしまうことだってある。そういったギリギリのところまで挑むことができたからこそ、どの１冊においても、どの一行においても、誇れるものとなっていることは間違いありません……。そうして生み出した本をずっと読み続けてくれている方が自らの人生で活用し、その人生を変えていくこと……そうしたすべてが、１冊の本という“存在の意味”を創るのではないでしょうか。だからその本の命を生んだのは私で、それを育て育んでいくのは、読者の方一人ひとりなのだと感じています。そういった意味で、運命共同体なんです。それだから出会う前から、意識の内側ではすでに出逢っているような気がいつもしています。

まさに潜在意識の業、マインドの法則ですね。なるほど、突き詰めていくとそのようなスケール感で捉えていかれたからこその……お話をお聞きしながら、まさに本という1冊の価値を、もう一段上から捉えていくことができますね。

実は、お母様のことで詳しいことは知らないのですが、突然倒れられて、入院、リハビリへの付き添いから現在は介護をなさっているとのことですが……そういうときに、先生はご自身でどうマインドを確立なさったのか。要するに、そのときの起きたこと、感じられたことを吐露(とろ)していただくだけで、そのなかに先生の神髄みたいなものが、垣間見られるはずだと考えます。興味本位でお聞きしてはいけない問題とは思われますが、よろしければお聞かせ願えませんか。

久瑠　母が倒れてちょうど3年になります。突然、本当に突然のことでした。今まで持病があったとか通院したこともほとんどなかったものですから。突然倒れて、それが、結果、脳硬塞ということだったんです。その日は、仕事先からウチに電話をしたのですが、(今日はまた機嫌が悪いわね) くらいに思っていたわけです。そんなときはいつも、喋り方が突慳貪(つっけんどん)になるんです。今思えば、そういえばたしかに電話の最中に「脳がおかしいの……ほっといて……」と言っていたんですね、母が。それを私は、(何か面倒なことがその日あって、そのことを話題にすると頭が変になる) という意味合いで平然と聞いていたわけです。それで、ウチに帰ったら母がソファーで不機嫌に寝転がっていて、「晩ごはんは私はいらないから今晩はひとりで食べてちょうだい」と背を向けたまま言うので、(ずいぶん虫の居所が悪いな) と思いながら、食事を軽くすませて、その後心配だったのでのぞきにいくと、「大丈夫、寝てればよくなるから」と言いながら、トイレに行くと言ってベッドから起き上がるととにかく疲れているといった様子で母が、足を引きずっているんです。(何か変だなあ、そんなに疲れるようなこと何をしたんだろう）と思いながらもその時は母の言葉どおり疲れからくるものだと思ってしまったのです。その日は夕方から大きな雷が鳴っていて、「具合が悪いのは、低気圧のせい、いつもそうでしょう」と、普段から母はそういうのですが、それでも「そんなに具合悪いなら病院に連れていこうか」って聞いたのですが、母は「しつこい、こんな時間にやってない」と。たしかに、夜8時くらいだったんですね。30分くらい経って、様子を見に行ったら、まだソファーに横たわっていて、「寝てれば大丈夫だから、ほっといて」とやっぱりいうので、「じゃあ、あと30分してよくならなければ、救急車呼ぶからね」と言ったら、「おおげさなことしないで」と言うんです。まだそのときは不機嫌ではあったものの普通に喋っていたのですが、しばらくして、「ごはん、ご（は）あんが（ご）お（は）あん（が）あ……」と、ブツブツいう言葉を何度か繰り返していて、「何かいった？」と声をかけにいくと、小さな声で「手が冷たい……」と。その瞬間さーっと血の気が引くような感覚に襲われ（絶対おかしい）これはまずいと思い救急車を呼びました。救急車を待つあいだ、(なんで、もっと早く……どうして気づけなかった、いや、気づいていたのになぜ躊躇した……あのときおかしいと気づいたとき無理にでも連れていくべきだった、なぜ母の言葉じゃなくどうしてこんなときに限って私は……）そんな風に自分を責めたてていました。そのときの私は、母が大変なことになっているという現実よりも、母が「大丈夫」と言っている言葉を聞いてどこかで母の言うように「大丈夫」であることを願いそれを選択してしまったのかもしれません。

救急車を待っているときに、左腕だけがだんだん冷たくなってきて、状況をネットで検索してみたら、こわいことばかり書かれていて、それから40分ほどして救急車が到着し、そこから救急隊の方が病院を探し運ばれるまでにすでに1時間半近く、検査に30分と、2時間くらいが過ぎていました。その後、倒れて3時間以内だったら、血栓を溶かす薬で対処できるってことでしたから、とことん自分を責めましたね。私が帰宅後に母の様子を見たとき、すぐに対応していたらそれに間に合ったんじゃないかって、ベストができなかったのではと、頭が変になるほど落胆し、誰もいない深夜の救急の待ち合い室で、うずくまっていましたね。ただそこから私にできることは今、何が起きているかを把握してそこから何ができるか、いかにしてベストをやるか、なのだと鼓舞してくるもうひとりの私もいて……。

それから入院生活へと入られたわけですが、どのようにしてリハビリの日々が始まっていったのでしょうか。慣れない状況のなかで様々なことが起きたと思われますが、何よりお聞きしたいのは、つらいとされるリハビリ生活をどのようにして取り組まれたのかについてです。

久瑠　1つの大きなきっかけになった出来事があって、それがリハビリ専門病院に移動できた初日のことなのですが、フロア長が「はじめまして」と、部屋に入ってきまして、ご挨拶すると、いったん戻って、また再びやってきたんですね。ちょっといいにくそうに、「あのー」という感じでお話されたんです。すぐに始まるリハビリにおける説明かと思っていますと、「実は、いまウチの院長がテレビ番組の取材を受けていまして、それに協力していただける患者さんがいなくて困っているんです。早速の話で恐縮なのですが、リハビリのシーンを撮影させていただくのは可能でしょうか？」
私的には、母に、落ち着いてリハビリに専念してほしいと思っていたところではありましたが、お話を聞くと、テレビ番組の側では、「みなさん、自分の病気の姿を見せたくないということでお断りされてしまって……」もう2、3カ月はずっと待っているということでした。「解りました、ご協力できるよう母に話してみますね。ただ、取材に慣れていないのと、体が自由に動かないので、とりあえず母に聞いてみます……」と答えました。それから、母に伝えたのですが、母は普段、「NO」一点張りの人なんですけど、そのときは（おそらくすべてのことを私に委ねていたためでしょう）、2つ返事で、「あなたが付いていてくれるのなら、いいよ」ということで速答。うちの母って、案外そういうところのある人で、一点張りといっても、そこには素直という意味で直球なんだと思います。

すぐにフロア長に了解の旨を話すと、「ありがとうございます」と、ほぼ同時に番組のディレクターが病室にいらしたのですが、その番組は村上龍さんがMCをやっている『カンブリア宮殿』という報道番組の取材でした。私はその番組ディレクターの方とのお話のなかで、「母の取材を通して、この病院が何をしているのかという『事実』とともに、リハビリの『現実』を視聴者にそのまま伝えてほしい……」というようなことを伝えたんです。

やはりこれは母と私という限られた世界ではなく、同じ体験、同じ境遇にある人たちにとって、可能性を広げてくれるような、そういう人たちとつながって、共有していけるような、そういう姿勢で臨みたいし、そういう番組になってくれれば……そう話している瞬間に、私の視点は娘であるという視点から、この病院でリハビリに励む方々と、そこに付き添う家族たちという1つ引き上がった視点に、そして未だそれを体験してはいないけれど、この先同じような思いをする人々の視点、そんなふうに階層が高まっていくのを感じました。そうなんです、そこにもマインドの法則がちゃんとあって、私自身、全くわからないことだらけで、疲弊しながらも必死だった“娘”という視点から、一気に社会的視点へとパラダイムシフトが起きたきっかけにもなったんです。

入院初日にそれがやってくるというのも、先生の役割はそういった意味での白羽の矢的なものも感じますが、それが「三秒の間」の法則、考えることなく瞬間に劇的に変わるという……そのときはメディアの方々は、先生のご職業なども知り得ていないわけですよね……お話しされて驚かれたのではないでしょうか。

久瑠　はい、もちろん……これは本当にご縁だったと思いますし、偶然だったとしても深い意味を感じずにいられません。私は娘としてというよりは、母のマネージャー兼務の役まわりで、撮影の現場に次の日から同行しました。そんななかで、「久瑠さんてあのメンタルのお仕事をされている久瑠あさ美先生ですか？」と数日後に尋ねられたので、そうですと答えると「やっぱり！ 言葉にすごく力があってなんだか昨日お話していて、なんというかこちらの気持ちが上がっていくというか、メモとっちゃいましたよ……」とおっしゃっていたので全く気づかれていなかったと思います。

それはすごいことに！ なにしろ、リハビリや介護は、現代において、すこぶる大きなテーマですから、オンエア後の反響は、相当なものだったのではないですか？
お母さまとしても、先生としても……、おふたりで身をもって体験なさっているんですから。

久瑠　母はまるで素人ですから、テレビカメラが回っていると、頑張ってしまう。でもそれがよかったんです。初日からカメラが回るという違和感のある体験が、逆に母にとっては、「ちゃんとしないと」という自意識、"自分視点"を引き上げることへとつながって、「見られている」という"他人視点"が入ることになったわけですので、当然、規則だからやらなければいけないではなく、カメラが入るからちゃんとするという在り方で、能動的に身なりを整えたりするという習慣は、取り戻せたと思います。これは「マイカメラ」のワークになる、そう思い、できるだけ母には、脳内に自分がどう映っているかという想像をすることができるように、撮影隊のカメラがどう動くか、何を撮っているのか、といったカメラワークを説明したりということを、積極的に働きかけるようにしました。それにより母は主体的に動くという、体はいうことを聞かないけれど、こうしていきたい、という本来の自尊感情や、日々良くなっていく姿を誰かに見せていく、という観点がベースになっていったのではないかと思います。

「マイカメラ」、なるほどそういう視点があるのとないのでは、まったく日々の向き合い方が違ってきますものね。

久瑠　うちの母は脳梗塞で左半身が麻痺してしまいましたが、人前に出ることや、そういった自分を誰かに見られたくない、とリハビリ自体を拒む方も多いなかで、私はむしろ何も恥じることはない、最善のために、なにができるかの挑戦の連続だと捉えていきました。できないことを、できることにするだけがすべてではない、動かないその手で何かを摑みたい、と日々その希望を絶やさずに持ち続けていくことのできるマインドの在り方が、その人の人生の価値をまた創り出していく、そう感じています。そして、いつしか気づくとひとまわりもふたまわりも、人としてたくましく勇ましく、その体で生きていく、という覚悟というものが真に根づいていく……それが何よりの、リハビリの潜在的な在り方なのではないかと感じています。

実体験から生まれてくるそういった先生の言葉は、真実味とまた一層の重みがあります。オンエア後の反響というのはどういったものだったのでしょうか。

久瑠　番組がオンエアされると、視聴者の方々から、「前を向く姿に勇気をもらいました」、「自分の母親も70代で同じ病気で苦しんでいますが、諦めてはいけないと改めて感じられて……頑張ってください」といったコメントをいただいたんです。やっぱり、同じ体験、同じ境遇の方々は、きっと想像以上に不安を感じ、また希望を求めているのだろうと改めて感じました。
そのオンエアの日、みんなで、入院患者全員で観るってことになって、すると思いの外、母は病院内で大有名人になってしまって、それで母はようやく「恥ずかしい」なんていいはじめたんですが、その後も院内で「頑張ってください」といった言葉をかけられることが続いて、それもあってちゃんとやるという習慣自体、励みになっていったのではないでしょうか。

正直いいますと、お母さまのリハビリの話って、大変苦しい、とても辛いことが中心だと思いました。もちろん、お話しされていないことも多々あると推測しますが、しかし、明るさといいますか、希望ですね。それに、ここまで含蓄（がんちく）のある話とはおもってもみなかったです。勝手ながら、この体験のなかには、人間の「本性」とか「本能」とか、そういうものが垣間見られて、自分事から、他人視点、達観視点へと階層を上げていくことで捉え方そのもが変化するということを知りました。普通ならば病気になった母を看る介護生活のお話で始まり、そのようなことを抱えながらどうそれと向き合うかでまた苦しんでいく、もちろん大変なことは変わらないけれど、その大変さを先生はマインドで変えていかれている、そのことがお話を聞いていて希望というか勇気になるというか、失礼ながら、ある意味エンターテインメントの本質がありますね。誰かの勇気と感動を生み出すことだってできていて、あるいはそこには「本質」「本気」が宿っていたということの証でもあります。

やはり「リハビリはマインド」ということなのでしょうが、となると、これは、先生の生涯のテーマにつながるということになりますね。

久瑠　その流れですこし話をしますとね、村上龍さんが番組を通して伝えていたことは、「病気は救えても寝たきりまでは救えない。それをなんとかしたいと奮起されたのが、この院長の偉業なのだ。『思い』があるだけでは『幸福』にはつながらない。院長は、『思い』と『幸福』をつなげるシステムを創った、それが大いなる貢献度なのだ」と。私が人の心と向き合うなかで感じていたことを、村上さんの視点でこう語られているのを耳にして、まさにそれがマインド次元においての課題でもあると感じたのです。リハビリは体を動かす場所ではなく、意志を持つ人々がもう１度再起するための場所、そこに共感をしてこの病院を選んだ、そのときに何が必要なのか、思いはあってもそれができずに終わる人々が、やはりいるということ、それが現状なのだと思います。思いや意志を形にするマインドのシステム、それがテーマでしょうか。つまり、人間はやろうとしてもやれないことの方が多いということ、その壁を越えさせてくれるのが潜在能力なのだから、それを活用するためのマインドシステムを創り出すということです。

やはりそこがプロフェッショナルを教え導く者の観点ということなのでしょう。非常に深いというか真実から見い出される真理ですね。実際のリハビリの現場で感じられたことはどんなことでしたでしょうか。よろしければぜひお聞かせいただければと思うのですが。

久瑠　はい、母のリハビリに付き添い、私も学ぶことが多くありました。とにかく初めてのことで知りえていないことばかりでしたので、勉強のためできる限り現場に足を運び、真近で体感させていただいていました。その際にたとえば、理学療法士の先生に「右足を動かしてください」と言われたら、母は当然、右足を動かすんですが、「左足を動かしてください」と言われたら、母は「どうやって？」と。
これが答えなんですね。彼女は理学療法士としての仕事を、たぶん彼女なりにマニュアル通りに実行してくれているけれど、母には左半身の麻痺があって左足は動かせない。運動機能として動かないのではなく、脳が指令を送れていない……、左足を動かそうとしたところで逆に、「左足は動かないんだ」という事実を、認識させられてしまう。ですから逆に、あなたの左足は動きません。でも今やっていることは、脳内を繋ぐという作業です。左足を動かすイメージは持てますか？ まだ最初は解らないでしょうけど、その作業を一緒にやっていきましょうね、というところがスタートなんだと感じました。動かないものを動かすのではなく、動くというイメージを脳内に創り出すこと、そのイメージがなければ、動かそうと思っても動かない、“無理”が先に来て、リハビリ自体に意味を見い出せない。価値を見い出せないものに人は熱くなれません。やる気がないからではないのだということ……本人次第というこの不確かな可能性をどう引き出せるかは「やる気」、やっぱり**want**で、マインドの在り方は、非常に重要であると捉えています。まずはリハビリを担当する療法士の方がそのクライアントの脳内をイメージすることで、その人の視点に立つことが自然と生まれるのではないか、そこが起点なのだと感じました。

脳内をイメージすることですか？　凄い！ 現場でそういった観点に気づかれたということですか。
リハビリの世界においてもそのようなことに気づかれるとは、驚きです！
私自身、インタビューをさせていただいているのですが、ついつい引き込まれ、先生の体感された世界に何度も入り込んで聞き入ってしまいます。すでに先生から“いま”この瞬間にも学んでいます。何というか専門家の話以上に入ってくるといいますか……

久瑠　“体感をともなう感性”と“経験をともなう知識”どちらも重要ですが、どちらかが強烈にあれば、どちらかがどちらかを補完できる。これもまたマインドの法則ですね。先ほどお伝えしましたように母の病気は筋肉や骨の病気ではない。「動かない＝動かせない」と脳がその信号を送ってしまう。けれどそこではない新たな回路をつくるために、リハビリがあるのだということを、しっかりと本人に伝えていくことで、自らの潜在的な力を引き出せるのかどうかは、その可能性はとてつもなく拡がっていくと感じられました。
たとえば脳にイメージを持たせるという観点で、「鏡を使うトレーニングってできないんでしょうか？」と担当の作業療法士に聞くと、「鏡ですか、たしかウチの倉庫に埃かぶって置いてありますけど、あれは効果ないんですよねえ……、良かったら持ってきましょうか」ということで、とりあえず持ってきてもらえることになったので、「よろしければ明日は、鏡を使ってトレーニングを行ってもらえませんか」とお願いしてみました。次の日、母親にその器具を前にして、「鏡の中の右手を動かすと、脳内は反転しているので、左手が動いたような感覚になるでしょう。錯覚を起こすようにして、脳を騙すトレーニングなのよ」と話していたら、その作業療法士は、「あ！　なるほど、そういうことなんですね。授業では習ったのですが、立証できる症例が少ないので、たぶん皆も分かっていないんだと思います。その効果もアプローチの方法も知ろうとさえしていなかった。僕らがそうした潜在的な可能性を信じられなければ、この鏡のトレーニングの効果を出せないのは当然ですね。鏡の使い方ではなくて、脳のイメージの創り方を体感で教えていく。それって足の使い方、手の動かし方にも通じていて、脳のイメージ、体感のトレーニングが大切なんだと改めて痛感しました」と改めてやってみましょうと母に言ってくれました。

さて、これは個人的にも、どうしてもお聞きしたいことなんですが、高齢者（60代から90代の方々）のために、教室に行かずにできるメンタルトレーニングの方法（あるいはメンタルブロックの外し方）などを、先生の【マインドの法則】の将来に向けた展開とからめて、お聞かせ願えませんか。

久瑠　まず、ひとりで学べる今まさに全く新しいカタチで、マインドの法則を体感で伝えられるトレーニング……それは教えるというのではなく感じてもらう、「知」から「感」へ……要は、潜在意識へのアプローチなのですが、いくつもアイデアがあります。その中には人間の潜在的な力を磨くことに共感を持っていただける、企業とのコラボのようなものまでありますので、お楽しみというところです。そのなかで“遠隔”というのはずっとテーマではあって、ただ物理的な意味合いではなく、離れていても目には見えなくても感じられること、むしろ目に見えない、耳では聞こえない、というものを人は内側で聴くことができる……だからこそ、それは何十年も通してその人に語りかけていく……まさに生き様を揺るがし続ける……。

ええ、先日、先生の「生き様テスト」を、試しに自分でもやってみましたけれど、60になっても70になっても、生き様というものは改めてちゃんと向きあって、その体感を持てることで生き甲斐というものも改めて感じられて、それには我ながら驚いた部分もあるわけでして。改めて高齢化する社会においても、またそれを支える社会においても、この先生のトレーニングの必要性を強く感じておりますが。

久瑠　高齢化社会って、言葉だけの世界で捉えている方も多いのではないか、そう感じることも多くあります。高齢化は刻一刻と進んでいく現象ではある……ですから、もう若さへの執着なんてものは要らないし、そういうことよりもそうですね……、「伝えることの多い人生がいい」そう感じています。

この先はますます、人それぞれの在り方が問われていく時代なんだと思います。結論を先にいってしまったような気がしますが、高齢化社会について云々する前に、今の時代、誰かに何かをしてもらうってことよりも、自分が自分のために何ができるかを、いよいよやっていかなければいけない。年金問題にかぎらず、時代的にそうした「ざわつき」は、この先も次々に勃発してくると思うんですね。みんなそれほど器用じゃないし、かといってそれほど無力でもないし、別の言葉でいうなら、人間はそれほど強くもなく、それほど弱くもないということ……だとしたらその潜在的な力を、その価値を、再認識する時代なのかと思われます。そしてそういう人たちが、活躍するために必要なマインドのトレーニングであるのならば、ドンドン活用していってほしいと願っているし、すでに、個々の時代というのは、とっくに始まっていますから。

私のパーソナルトレーニングにおいても、たったひとりで、たったひとりにできること、たったひとりから発進していくもの、そこが核となり根っ子になる。なぜって、ひとりができなければ、絶対に十人はできない。逆にいうなら、そのひとりができれば、百人にも千人にも引き上げていけます。そこを、私は私の志として、【マインドの法則】として伝え、最初の本に書いたわけです。

そして、私が目に見えないそうした人間の潜在的な力について伝えたことから無意識の反応が起きて、「心の業（ワザ）を磨いてみたい」という方々に向けて、塾も始まり、次々と出版にもつながっていったのも、たったひとりから、私の場合はそのひとりのその心から始まったんです。

やっぱり人間というものは、過去からの延長線上で現在を見てしまうので、どうしても脳内にズレが生じてきてしまうんですね。よかった昔を追い求めて、今もそうなってほしいと求めるあまり、現実から目を背け、過去に留まろうとしたり、自分都合のフィルターをかけたりして、無自覚にも“いま”という大切な瞬間を台無しにしてしまう。大切なのは未来をどう動かすのか、1分先、1秒先のその先を読んでいく力……、頼りになるのは自らの感性であって、自分の心にマインドにフォーカスすることで、自らの世界は変えられる、そう信じています。

過去からの延長線上の未来や、よかった昔を追い求めてしまったりという未来は、先生のおっしゃる未来とは、全く別のものとなりますね。まさに人間の限りのない可能性が、先生のおっしゃる未来には在ると思われてきます。この感覚こそが、自らの明日を信じる勇気といいますか、その源になっていくということ……。

久瑠　実際、私のトレーニングを体験した人たちは、その感覚をちゃんと摑んでいかれます。とすれば、自らの未来の可能性を信じられるひとりの人間が、目の前の別の誰かの未来の可能性を拡げていける。何か特別な人でなくとも、そうした未来を誰もが手にできるはず。そのことを二人三脚でできたとするならば、どんな状況でもそれを活用できる社会、潜在的なものを信じて、そうしたマインドを創りあげていくということを、人生の課題にしてほしいと願っています。けれどそのときに、人間にとって誤りがちなのは、無自覚に自分の“いま”を否定したり、言い訳をしてしまうということです。人間は、つい怠けたり、諦めたり、逃げ出したりする。知らないうちに無自覚に、そのスパイラルの中に入ってしまいがちです。やっぱり自分の生き様が大切ですね。自分の生き様というものを、いかに高めていくか。それは、天命としてなのか、生まれながらに誰もが持っているはずなんです。ただそれを知るチャンスと、むろん心構えがなければ、無様な生き方を選択してしまいます。「人間はすべてを選択して生きていける」ということは、思考レベル論理レベルでは、たぶん昔からいわれていることだと思うのですが、本当の意味で本気の姿勢で、それを実践していくためには、感性レベルの生き様というものが必要不可欠なのだと感じています。

生き様というものが、いかに人間力を高めていくうえで重要なのかということで、先生の言葉をお借りするなら、感性の領域で感じないと、潜在意識に入ってこない、自らの人生につながっていかないということですね。

久瑠　はい、ですから感性を磨くということは、とても重要な課題になっていくと思います。先日ひとりのクライアントが「先生ついに来ました」と私にみせてくれたのが、世界を代表する投資家、ウォーレン・ヴァフェットが、「僕の時代は良かったが、数字を読む時代は終わった。君たちがこれから立ち向かう世界は、数字ではなく、感性だ」と断言している映像でした。

Amazonの社長ジェフ・ベゾスも最近、「僕がやっているのは、過去のデータは一切関係ないんです。感覚です」とキッパリこたえてますね。これら現代の天才が言及したことはもちろん、ニューヨークでは「感性、感性」と連呼し、大手新聞社とか大手出版社が、あちらの翻訳本を掲げては、「感性の時代」だと追いかけています。
こういう最先端を走っている事業家の方たちの感じている世界と、先生のおっしゃっている感性の世界がきっと次の時代に求められているのだと思います。
先生のインタビューをさせていただくにあたり、研究生の方のレポートも読ませていただきました。その中に先生のいろいろな本当に様々な観点によるイマジネーションや、企画案がメモされていたのですが、まさに伸び悩んでいる業界を変えていくようなお話もありました。これには脱帽で具体的な内容は割愛しますが、「マインドの法則は、業界の未来の在り方を変えていく」そう言っても過言ではないということです。今の最先端の事業家の方々は、いわゆるMBA出身のコンサルタントとかではなく、アーティストやデザイナーを参謀に据え始めています。それは、今までの延長線上やデータ分析が欲しいのではなく、（それはそれで使うとして）未来の全体のイメージがほしいというニュアンスのようです。私には先生はさらにその先に行ってらっしゃるとさえ思えるのです。要するに、久瑠先生はマインドの法則、感性・心のアプローチで全く別の観点でいろいろな事業、業界に新しい風を送り込み、その業界の在り方さえも変えてしまうことができると感じました。だから今も多くの経営者が先生のところに来られているのも腑に落ちます。先生の発想はそもそも単なる情報収集からではなく、人類の限りない進化創造という観点から生まれているように感じます。
要するにマインドの法則です。高次の視点で世に必要とされる《want》を感じて、それを《イマジネーション》する、想像して創ってしまわれるわけです。
こういう感性の領域は、数字等ではなかなか資料化出来ないので、本当に感じる人にしかわからない。ですから、企業も会議に取り上げられないのが現状のようですが、もうそうは言ってられない次の時代が世界では動き出していると思います。真善美の境地にフォーカシングされ生み出され、実践していかれる。まさに地球のために、地球の未来とつながっている想定外のビジョン、（我々にはありっこないという世界ですけれど）その在るを創りだし、リードしていかれる。新しい概念を生み出す役割を、先生は果たされると予感します。
すみません、ちょっと夢中で話してしまいましたが、読者の方にも是非お伝えしたい大事なことと思いましたので、お許しください。
さて、流れを戻させていただきます。温暖化の影響もあるんでしょう、最近ますます天災が多くなってきて、被災して、たとえば、家族がみんな亡くなってしまって、（知り合いにもいるんですが）ひとり残された人たちが結構います。そういう人たちというのは、また高齢者とは違った意味かもしれませんが、生き様、生き甲斐を見失いつつあると思われます。そういう人たちに向けて、先生から何かメッセージをいただければ幸甚です。

久瑠　……人間というものは、やっぱり心の階層が地上つまり物理次元に引き下がると、目の前にあるものも見えなくなる、見失ってしまいます。

要するに、スポットライトがドンドン高まると、自分が見えてきて、低くなると、自分の足下すらも真っ暗になります。「お先真っ暗」という状態は、マインドスポット（心を照らすスポットライト）が、消滅しているわけです。そうなると、真っ暗闇のなかで、「希望を抱きなさい」といったところで、そもそも何も見えるはずもないのです。見たくないと目を閉じている人には、まだそこに選択の余地はあるけれど、光を感じられない世界のなかで見えなくなった人には、「希望を抱きなさい」という言葉は机上の空論となってしまうんです。これは、私の人生に起きた小さくて大きな体験でもあるのですが、（個人の話を改めていま、自分のなかで大きな意味として捉えると）被災というには大げさすぎますが、住んでいた家が火事に遭って……。

先生が火事に……！

久瑠　命を亡くすとかそういうものではなくとも、（身に起きたことと、そこで感じられたこと）そうしたものを汲み上げてみる……ということでお話しします。

もう10年以上も前のことですが、私の住んでいたマンションが火事になり、焼け出されてしまったんです。幸い、ケガはなかったものの……部屋はすすだらけで水浸しで、どうにもならず避難するよう救命士に告げられ、実質私の避難生活がその日の夜から始まりました。

朝目が覚めて、天井を見上げ、「ここは何処……あっ……私、火事にあったんだ……」。それが現実で、どんなに前を向こうと思っても、朝目が覚めれば私の部屋ではない、という現実に引き戻されて１日が始まる。その繰り返しでした。私は毎日、その焼け出された部屋に戻り、自分の大切な物を拾いにいっていました。そうやって、やはり過去のものを探ったりする。人間というのは、物理次元において、喪失感に大きく左右されるから、住む場所がないってことは、心の居場所を失っているってことなのだと……。
そんなある日、外国人の友人のひとりが、「元気？ 今日はどうしてますか？」と連絡をくれて「火事の焼跡のなかで、探さないといけないものがあって……」と私がいうと、「大変でしょ、手伝いに行くよ」って、それから何日も何もいわずに迎えにきてくれたのです。私はといえば、避難場所に仮住まいしていたんですけれど、頭が朦朧（もうろう）としていたんですね、なんでもかんでも引っ張り出して、運んでいるんですね。これ、どうするんだろうなんて意識はなく、とにかくこれ大事なものだからって気持ち、それだけですね……。そのうち、すすで汚れた茶色いものや黒ずんだもので、部屋がいっぱいになっていました。あるとき、保険会社の人が、現場を観にきまして、「あー、これは、全焼、もう全滅ですね」と言って調査が終了したとき、私の様子を見て、「ところで彼女、いったいあそこで何をしているんですか？」と玄関先でその友人に問いかけているのが耳に入って、それに対して、「彼女はね、ここで自分の大事なものを１つひとつ探しているんです。それが使えるかどうかは関係ない、彼女にとって重要なんだ……」と答えていたんです。保険会社の人は、「え？　何？」といった空気でしたが、私はハッと我にかえり、私、何をしてるんだろう……その瞬間、私が探してるもの、何もないこの部屋のこの空間で……、たくさんの時間を過ごしてきた私の“心”だった……私はそれを取り戻しにきたんだと……。その瞬感、思いっきり涙があふれて、声を上げて大声で泣いたんです。自分が自分を取り戻して１つになった気がしました。これが私の生身の「感情」なんだって、どん底に落ち込むと人はつらさや痛みを越えて、心を失くしたら人間は何も感じなくなるんだということを経験しました。
その友人はかつては「SHOGUN」というバンドのギターリストで、ケーシー・ランキンというアーティストでしたが、もう亡くなってしまったのですが……。

魂は、国境を超えるというか、ことばや理屈ではなく、潜在意識の領域で通じあえていたのですね。だからその人は先生の力になれた。

久瑠　短い私の歴史のなかでも、まさに将軍という名にふさわしい魂でした。

『ラストサムライ』……。

久瑠　そうですね……本当に力になるってそういうことなんだと……私の意識を変えたのは……まさにそういう在り方で、存在でした。
私はそのときまだ女優で、心の仕事をする前の話だったけれど、こういうとき、本当の意味で優しさって何なのか、考えさせられました。それは「優しい人になりたい人」と「真に優しい人」とは違うということ。「大丈夫？ 何かあったら連絡してね」と言ってくれる優しくしてくれる人たちは多くいたけれど、もちろんそう言われることでその気持ちは伝わってくる……けれど、既に何かあって大丈夫じゃないときにそう言われてしまうと、もうすでに大丈夫じゃない……、それはちゃんと心配している自分はいるよという合図みたいなものなのかな。事故が起こる前の安心の約束というか……でも、そういうときは助けてほしいとお願いするエネルギーすらなくって。自分が困っているときに、他人まで困らせたくはない、そこに気を使う余裕すらない……朦朧とした心に、スッと入り込める言葉って何だろうと改めて考えさせられましたし、自分を通して人としての在り方というものを、自らに問うきっかけにもなって……、そういった次元で自分と向き合うことで見ていた景色がガラリと変わって……。自分が大切にしてきたもの、この先大切にしていきたいもの、探していたもの、探し当てたいものが見えてきたんです。それは形あるものではなく、目にはみえない「何か」だったんです。そして、それは、言葉にすらならない「何か」で、心という在り方、私が勇気づけられたのは耳に聞こえる優しい言葉ではなく、自分を見失ってさまよっているもうひとりの自分を見つけ出してくれる存在……在り方でした。

先生はこのような体験の中からも、しっかりと自らの心で感じていることをつかまれていたのですね。感性の繊細さというのか、しなやかな強さ、“しなり”の成せる業だと思います。

久瑠　心というのは、人生にとって人間にとって大きなテーマなのだと……心は目には見えないけれど、伝え合うということ、感じ合うということはできる……。
何かしてほしいとか、何かしてあげたいとか、人間は求め合うけれど、それも愛の入り口には在るのだと思います。ただ、それを超えた、希望とか、勇気とか、そういったものを与えあえる関係性や絆が私にとっては、闇の中で重要な光の指針となった。それが「愛」そのものになるということなのだと、ただそう感じられました。だから私はそれになりたいと思ったし、それを自分もやればいいと思ったんです。ほしくないもの、ほしいもの……、必要な何かと、必要でない何かが分かる……。自分にとっての本質、本物がよりいっそう鮮明に受けとめられるようになれました。生き様という意味でいいますと、たとえば先に話した友人のケーシーは亡くなっても、後世に残るような在り方を示してくれました。それは今でも、潜在的に息づいています。生前、彼がこんなことを言ったんです。「君からはたくさんのことを教わっている……存在自体がミューズなんだよ……だからいつも感謝しているんだ」。前述した「存在×存在」による何かとは、目には見えないつながりとして……、本当の意味で永遠になるという１つの私の真実です。

そのミューズという意味合いは、おそらく詩神、詩才、芸術、学問を司るギリシャ神話の女神を意味しているんですね。アーティストゆえの表現で、その方が求めていた世界観に、先生という人が確実に入りこんでいて、まったくもって、そのつながりは物理次元からは超越している、ということですね。

久瑠　そういった在り方が、私にとっても常だったのかもしれません。いまだに彼の話は仲間内で出ますが、同志というか、「なんか、やっぱり……カッコよかったよねー」って。

……涙出てきますね。その話を聞きますと、「カッコいい」という言葉の新しい解釈といいますか、「カッコいい」を再認識したいなって思いますね。
彼がミューズととらえたのもうなずける。高次元でのつながり……侍という言葉に置き換えれば、互いの生き様で繋がっていたのかもしれません、私にはそうとれますが……。それこそが高次元の「愛」なのだと。

久瑠　そういった意味では「カッコいい」というのは１つの美意識から生まれてくるもので、そこに向かうエネルギーが、美しく在るために何をしているか！　だからそこに一段上の階層の「愛」というのが宿る……「カッコいい」をやるために何ができるのかということです。そこに無我夢中で在る、その存在が誰かの何かになっていく、それが、愛なのかと。
この高次元の「愛」について、常に試される瞬間があって……私、実は通り魔に遭ったこともあって……。

えっ！　通り魔とは、これはまた……。（絶句）

久瑠　……ああ、こういう感じで人は死んでいくんだ……という体験をしたが、それは現実的というよりはたとえるなら、スピルバーグの『ジュラシック・パーク』とか、むしろそれに近いです。恐竜がバーンと暴れたら、人間なんて一瞬にしてひねりつぶされてしまう……相手は、虎や熊、そういう猛獣が憑依（ひょうい）している感じで、突然、別次元に連れて行かれたような……その場所は、暗い道でもないし、都会の真ん中で、最初、何が起きたのか解らなかったのですが、気づいたら路上に叩きつけられたというか、ドスンと落とされたんですね。痛みより恐怖心の方が大きくてしばらく茫然として、ハッと我にかえると……その相手は「ごめんなさい、すみません」と、急に土下座状態で……とにかく平謝りなので、「もういいです……」と言うと、一緒に居た人は、絶対警察に叩き込んだほうがいいって興奮していたんですが、私はなぜか「正気でなかった……反省している……」と本人が言うのだから、背中の痛みよりもむしろその状況において、恐怖心というよりは衝撃で、一刻も早く異次元から引き上げたいというような感覚で、そのときはもう、「大丈夫だからもういい、反省してるっていうんだから」と気付くと、こちらの精神的なダメージの方が大きかったということもあったのだとは思いますが、相手の過ちに対しては何の感情もない……感情次元ではなく何というか受けとめていたというか。でも、体の方はそうはいかなくて、背骨が一晩たってもやっぱり痛み出して、次の日病院に行きました。心配して一緒に付き添ってくれた友人が「何かあったら連絡してほしい」と昨夜渡された名刺にあるその加害者に連絡してくれたんですね。そしたら、「何のことですかぁ、変ないいがかりつけてくるな！バーカめ……」と電話を切られたらしいんです。まさに、世界がゆがむという感覚を味わった瞬間でした。昨日の痛みとは全くちがう、得体の知れない無情観が心をえぐるような……ちょうど昨日たたきつけられた私の体の痛みと同じ、いえそれ以上の何かが、襲ってくるかのような……、信じていた世界が崩壊するような感覚を覚えました。

その事件は、ちょうどカウンセリングを始めた時期にまさに遭遇したので、どんな人の人生も変えられる、変えてみせる！という使命感に燃えていた時期でもあり、衝撃も大きかったです。
当時、メンタルルームのあった渋谷には、様々な問題を抱え、帰る場所さえ失くした若者で溢れていました。
そういう闇を見つめたすべての人の心と向きあってこそ世界は変えられると、新たな活動を始めようとしていた私に、「それは君がやる仕事ではない、全く別次元の人間が世の中にはいるんだ……そういう連中は人の命なんてどうにでも扱える心が無い連中なんだ。言うことに耳をかさないなら、勝手にすればいいけど、本当に死ぬよ」と……。「心が無い……」私には「改心」という言葉が浮かびました。その事件がなければ、私はたぶん忠告してくれたその親友と仲違いをしてでも、「やってみせる！」と憤り立ってしまっていたかもしれませんが、通り魔のその体験をしたことで、自分として1つ知ったのは、心が無いものは改心しようがない、ということ……。自分の前に座った人の、その心が目の前に在るのならば……、そうだ、私はその心と向き合っていく……、それでいいんだ。そのために自分自身を大切にすることはその心を必要とする人のために使う、それが大切なこと……そう悟った何かがあったのです。

壮絶なお話で……ある意味、心が決まったといいますか、凄味すら感じられて……「ストレイシープ」、みんな自分の心が見えなくなっている……。それとも心のなかが、ゼロになっているのか……。そんな現代の病（やまい）ともいえる、そうした心に対し、そこからどのように向き合われていったのでしょうか。

久瑠　そうですね、そのゼロをイチにするのが、なんというかスイッチが自動的に入ってしまう……。

「どうしたいの？」と聞いたときに、「死にたい」と、けれども、死にたいという人は、生きたいんです。悩むということは、生きることに繋がっているので、死にたいけれど死ねないというのも、生きたいからだと理屈ではなく、ただそう感じられるんです。どんなに幸せに見える人でも、幼少期に、1度や2度、世界がゆがむような体験をしたことってあると思うんです。

ただ幸せになりたいといっている人って、幸せじゃない状態に慣れてしまっているから、実際、幸せになると、困惑するんです、落ち着かないんです。例えば本を読んで「自分の人生を変えたい」と私が主宰するマインド塾にやってくる、一瞬にしてマインドを自ら引き上げられた瞬間に、（え、この感じ、自分じゃないみたい）と、その変化に戸惑うわけなんです。今日は塾に来たからこうなっているけれども、明日になったら元に戻ってしまうんじゃないかという、恐怖心みたいなものを味わうからです。そうした違和感があるから変化を創れるのであって、本当に変わろうとした瞬間に、この違和感がないということ自体、それは変化ではないのです。とにかく役に立ちたい力になりたいと願う心を創り上げ、さらには人の役に立てる、社会の潜在的な力となる人材を、人財として大切に育成していく、社会的なシステムが必要とされていると感じています。

人財育成システムですか……いやはや、マイナスをプラスにするというか、ネガティブをポジティブにするというか。先生がよく、「本気」とか「命がけ」とかおっしゃることが、絵に描いた餅なんかでないことが、具体例として実感させれました。

最後にもう1つだけ、先生の代表作となった『人生が劇的に変わるマインドの法則』についてお聞きしたいと思っておりますが、いや正直驚きました。

ひとつは、こんな本があったのだということ、このようなことを書ける人間がいるのだということ。2つ目は、それを書いた人間がこの時代に、現代に存在しているのだということ。つまりあの本は何千年も前の古典であり、真理であり、それを現代の事例を通して、誰もが自らの潜在的な心の力で、自らの人生を劇的に変えていくことができる真実を伝えているということ、言わせていただきますが、これまで数千冊の本を読み、それなりの学識を持つ人間としては、感動というよりは脱帽といいましょうか、要は知識や経験、ましてや気合や情熱だけで、書き上げることのできない本だからです。そこには、大学やスクールで、教科書やカリキュラムで教わるといった、誰かから学んだレベルの積み上げの情報では到底およばないスケールと、繊細な感性で鮮明に描かれるマインドの機微を、ダイナミックな願いに近い言葉で綴られているとの感銘を受けました。改めて、どのようにしてというか、先生にいたってはあの本をどう受けとめていらっしゃるのか、そこをお聞かせいただけたらと思います。

久瑠　あれは私自身そのもので、それを書く前も書いている間も、書き終えた後も、そして1冊の本として世に出てもなお、私自身の人生を劇的に変えたということは変わらない。それはとても自然なことで例えば太陽がいつも東から昇り、西に沈むということや、月の満ち欠けが、何千年も変わらないのと同じように、私が言葉にして書き綴って生まれた本ではあるけれど、今はすでにその【マインドの法則】は普遍的で、私は変化する生き物であり、それは私の結晶でもあります。言葉とは不思議なもので、韻を踏み、間やテンポといったリズムがある。それによって表現のニュアンスが絶妙に変化する。「てにをは」を変えたり、繰り返し別の言い方で表現することで、意図的に意味合いを変えていくことで、同じことを同じだと認識されずに、無意識レベルに響かせることだってできます。あの本、【マインドの法則】を書くにあたり、原稿をまるで譜面のようにして、クレッセンド、デクレッセンド、ここは半音上げたい、転調させたい、短調、長調、スタッカート、気づくとそんな音楽に用いる記号を、原稿に記入しはじめていました。

原稿というより譜面として、文章を、そこまで音楽的な書き方をされた……文字で書くというより、音として響かせたという方が近いですね。なるほど読むではなく、感動させる！
今まで何十年と編集の仕事にも携わってきましたが、このような話は、これまた初めて聞きました！

久瑠　言語として理解されるだけでは、この本の本当に伝えたいものは伝わらない、言語を和音のようにして“響き”として伝えること……パーソナルトレーニングで私が行っている体感のイメージで、赤字を入れていこう、そうすることで、潜在意識という無意識に働きかける言葉にする、あえてその領域になるようにすべての文章を統一したとき、原稿はすべて真っ赤に染まりました。
そして、その原稿は見事に編集者を憤慨させました。「理解できない、久瑠さんは同じところを何度も何度も直している、もうとっくに言いたいことは言えているのになぜですか？」
私はその編集者が困惑しているのだということは、頭ではもちろん理解できてはいましたが、ただこの本の目的は、私のトレーニングの本質は、潜在意識という９割に働きかけること、だからそういった事例が次々と起きて、劇的な変化を起こせている、とするならば、その真髄である【マインドの法則】を伝える本であるならば同じように、いえ、それ以上に、まだ見ぬ人々の心の無意識に届けるために、私という自意識を持つ生身の人間が書いた言葉を、その言葉をもう一段引き上げて伝えなくてはそれは伝えられなくて……だから、言語を心に響く音、リズムとして体感させられるように赤字を入れていく行程がどうしてもあって……それは私が言いたいことを書く本ではなく、読み手の人生を変えるための本にしたかったから、その作業を繰り返す……それは私自身の視点を一段引き上げる、イマジネーションをフル稼働していくという……それは読む人の潜在意識をイマジネーションしていくという同時進行の作業でもあって……多分、きっとその感覚的な作業は、私がパーソナルトレーニングを行うときに、なぜ言葉だけのやりとりであそこまでの変化を初回から創れるのか、という問いと同じくらいに、言葉では説明しきれない超感覚的な領域の話なんです。それ故、すべては理解できっこない世界の物理次元の作業と捉えれば、その編集者が音をあげてもおかしくもない、途方もない作業に感じられたのだと思います。

私にはその違いがわかっても、それは目に見えない……決して顕在意識ではその違いについては語りきれない領域であり、それは不確かで曖昧な違いを「てにをは」で表現していく世界で、私が私の感じているそうした「何か」を、どこまで言語化していけるかを託されているかのように赤い文字を、何度も何度も重ねていくことで生まれた１冊なんだと改めて思います。

潜在意識に伝わる本、ほんとにこのような本はどうやって生み出されたのだろうか、そんな風に思う本は正直、現代の書物のなかではそうはないのですが、お話をきいていて納得というか、なるほど闘い抜いた内側の作業が計り知れぬほど血のにじむような作業、ほとんど命がけということばも軽々しいような、頭の下がる感覚が正直しています。詳細というか実際それはどのような作業なのか、感性で生み出されていったのか……直にお聞きできる機会としてさらにお聞かせいただければと思うのですが。

久瑠　とても感覚的なことで、その作業を言葉でお伝えするときっと論理的ではない表現になる……と前置きをお伝えしようとしましたが（笑）……すでにこのインタビューでは、もうそうなっていますね……。

ええ、それがお聞きしたくているのですから……その感性トークが、潜在意識にアクセスされるという非常に感覚的なもうそれは神業を伝授していただいてるようなもの、解読不可能ではなく、だからこそのインタビュー企画なんです。

久瑠　そういう意味があったとは……それでは、恐れずに続けていきます……まずは最初に伝えたいことを書くんです。そのあと、読み返します。ここで視点を変えて、そこからすでに【マインドの法則】なのですが、自分視点ではなく、読み手の視点をイメージして、観点を変えて読むんですね。すると、1つ引き上げた自分が伝えたいとして書いた文章は、すでにもう誰かに伝わるための役割を持つので、自分で入れた赤字を、さらにもう1つ上の視点が捉えていく、その言葉の真意を探りながら読みほどいていくことで、その言葉が重なりあって響き合っていくんです。

言葉というのは、常に過去から生まれがち、記憶をたどったり、知識で書こうとすると単なる文字にしかならない。だから響かない……。もちろん読み返すことで、理解はされるけれど、それではダメで、頭で理解ではなく、心で感じてもらう回路につながなくては、潜在意識には入らないのです。9割の潜在意識に届くことで、その言葉はその瞬間からその人のものです。これが「言葉のカプセル」となって、その人の中でその人のタイミングで溶け始め……そうすることでその人のための言葉となり、本当の意味で伝わるのです。私にはその言葉を紡ぎだして、それが意識に入りやすく伝える必要性があるんです。それが私なりの表現でいうと、この本にある言葉は音のようであり、文字は音符であり記号の役割ということです。

言葉そのものに意味があるだけではなく、旋律やリズムを生み出すために必要不可欠ではあるけれど、決して一語一語ではなく、和音、音階、テンポによって譜面は生まれ、何度聞いても、そこで心が動くという瞬間のためにあります。同じく何度読んでもそこで心が動く、無意識に涙が出る、音に音感があるように心にも領域がある……どこにどう入るのか精密で崇高な法則があって、それこそが【マインドの法則】の価値になる……そう捉えていました。

ご自身で書かれたことを、達観視点で、手に取られた読者の潜在意識までイメージされて、赤を入れてみえるとは……。この本はまさに先生ご自身の、潜在的な力、感性で書かれた本、【マインドの法則】で書かれた本であり、久瑠あさ美そのものと感じます。だから、読んだ後、それこそ数年後に動き出される人も多くいらっしゃるのがうなずけます。何かまさに音符のような教本啓蒙書の誕生秘話をお聞かせいただいて、その赤字はもはや修正のための赤字ではないですね。楽曲に魂を入れこむのと同じで、先生の赤字はその神聖な息吹のようなものなのでしょう。

久瑠　当時その本は、【マインドの法則】を理解してもらうための本で終わっては意味がない……、それが真の価値ではない。それを心に響き渡らせる何かになれることで、その人の明日が変わることで、その人生は劇的に変わり始める、それが真理であって……本の使命としての役割だと捉えていました。だから、その赤字を入れる行為は私にとって入れないことは「偽」に等しくて……そうなると、どうしても入れないわけにはいかなくて……。人間というのはまず書こうとすると、自分という自意識で「言いたいこと」を当然書きます。私においてもそれは同じです。「書く」という行為は段階的に上げて書くという作業を超えていくイメージでしょうか……だから最初から他人と自分のラポール（信頼）の視点を引き上げるためには当然、１つ上の階層へ引き上げます。そして、それをさらに、もう１つ上の階層に引き上げることは、音楽でいう五線譜の音階をつくりだしているよう作業なんです。ですから音階が変われば、当然リズムも変化しますし、同じ「ドの音」でも転調させれば、前半で伝えた意味合いとは違う世界観を伝えられる。そうやって、音階を一音下げたり、#で半音上げたりすることで音色を調音しながら、人間の心の階層である「情動」から、「感情」、「思考」、「感性」へと、次元をあげることでより普遍的な響きになり、下げることで我に近い自意識に響く音が生まれます。そこには、リズムやテンポ、強弱を含め、より立体的で空間的なものとして伝えることで、人の意識の深い所、つまり潜在意識に入り込める、そうした感覚で書き上げた本なのです。言葉に落とし込むまでに、膨大な赤字を入れることで、より通常の逆のアプローチ、言いたいことや伝えたいことを書き出して、そこから一段引き上げて、その一手先を読みとって、それを聞く人は何を思うか、どう伝わるか。そしてその言葉はどう受け止められ、無意識に入り込むのか、一文字一文字の記号を、人間は言葉を通してしか、自分に気づくことができません。それは言葉を発するという、表層的な意味合いだけではなく、言葉が入りこむという、深層的な意味合いを、むしろ丁寧にイマジネーションしていくことで、その体感にマインドフォーカスしながら、間合いのいい響きとなるように調律するような作業です。精密に繊細に、時に曖昧に大胆に、すべては潜在意識に働きかけることのためにあります。そのため赤字の意味そのものが、【マインドの法則】と、他の1冊1冊の本は違っていました。本に宿った命を守るための、オペのような、調律のようなそんな一心不乱な作業でした……だからそれ以上もないし、それ以下もないんです。

心の階層を音階にたとえられているところなども、非常に言葉で感動させるということのこだわりを感じています。潜在意識に響かせる本。そもそも書こうと思っても書けるものではありませんし、出版業界ではあり得ないような緻密で繊細な作業をされていて……、この世に出された奇跡の本ですね。

まさに、よくぞ生まれてくれたという本です。時代を超えて読み継がれていくべき本の１つだと、数千冊の本を読んできた自負もありますが、それがいかほどのものかを思い知らされる感覚がしています。

久瑠　私が感じるすべてで無我夢中で書き上げた原稿でしたが……、私の潜在意識への自他共へのチャレンジでした。いいか悪いかとか、正しいのかどうかではなく、ただ「生きる意味」とは「人間が存在する意味」とは、そういった言葉が降りてくるように私の中でつながっていった、ということが確かな証で、私は【マインドの法則】を書くまで、人前で脳についてや人生についてを、自ら語るような人ではなかったし、ましてや、それを仕事にしたいとさえ思っていなかった。気づいたらこの仕事を続けていてもう15年も経っていて……。

いえ、もしかしたら、いままた気付かされているのかもしれない……そう思うのです。生まれながらにして私たち人間はそういった何か、大きな意義のような役割を持っていて、そして背中を押されるというよりも、上に引き上げられるような感覚で、すっとその何かをやってのけてしまう瞬間に、もうひとりの自分が、それでいいではなく、それがいいと自らYesを言うのでしょう。「あなたはそれをやったらいい、心に従うのがいい」と……。私は何の抵抗もなく、目の前のひとりの人間の心に入りこんでいたようです。これが真実であり、リアリティーです。外のどこの世界にいてもやれた！という感覚ではなく、やらなくちゃ！でした。私は、人の心と向き合っているとき、そこに迷いは１ミリもありません。これは、最初の１回目から同じでした。俳優時代やモデル時代の私はいつも本番でも、自己ベストを更新するために必死でした。でもこの仕事は、私にとっては超えるのが前提のマインドポジションで、最高の笑顔のために真っ直ぐに向き合うことができる、そこに迷いや曇りはないのです。私は人生において常に正しいお話をお伝えすることがすべてではない……そう感じています。「1＋1は2にはならない」その世界を紐といていくように……、上手くいくと思っていても人間は下手をやる……どうにかしたいのにどうにもならない……。そうした心に向き合うのが、いえ向き合いたいのが私なのだと思います。

今日ここでお話したことはすべて今はもう昔のことです。けれどこうした機会にあえてこうして言葉にしていくことで、なんでしょうか……自分という物理次元においての存在を通して、人間を観るという視点で、改めて「心の視点＝マインドビュー・ポイント」の体感を、感覚的にお伝えできました。書物には文字としては書くことが難しかったことも、無意識にフォーカスを向けながら、なぞるような表現でお伝えできたことで、私という人間が語っている部分と、もうひとりの私がその私を通して導き出した法則である、【マインドの法則】が浮き上がってきたように感じています。それは、その真理をただ経験として語るのではなく、1つ次元を上げ、また1つ高めてお伝えすることで、「個」の話ではなく、人間の心の法則になるのだということが、誰の人生をも変えることのできる、普遍的なものであることを、真にお伝えできたのではないかと思います。非常に感覚的な領域のことで、すべては本当に語りつくせなくて、何度か繰り返してしまったり、説明のもどかしいところもあったと思いますがどうぞお許しください。

先生、ほんとうに胸が熱くなりました。先生の生き様が【マインドの法則】そのものであると改めて強く感じました。
そして、【マインドの法則】はまさに先生の生命の泉から湧き出してきたものであると強く確信いたしました。今も心が震え続けていて、この感動はすぐにおさまりそうもございません。長い時間、本当にありがとうございました。

この場所に、先生の生徒さんたちがおられるので、このインタビューの感想とか印象とか、一言ずつ語っていただこうと思いますが、いかがでしょうか？

N　今日はインタビューということで、非常に詳しく、また深いところが聴けて、感動しました。【マインドの法則】を実践していらっしゃるんだなというか、先生の中にはもともと在ったんだということを改めてリアルに知れた。本物という言葉がうそくさくさえ感じるすごい先生についたと感じています。いま先生があるのは、幼少の頃があって、バレエがあって、モデルがあって、女優があってと、どれが欠けても、たぶんいまは無い。ということは、すべての体験が、すごく活かされているというか、たとえば逆境になっても挫折せず、それを楽しむところがあって、つまり、ネガティブをポジティブにしてしまう。「かっこいいな」と思いました。何よりすでに幼少期からそうした、人間として人としての積み重ねが全部活かされている。さらにメンタルトレーナーになられてからは、今のワークが活きていて、【マインドの法則】がちゃんとベースにあって、それを実践でやられておられる。そういう先生と本を通して出会えたことで、それを実践したいとみんなが集まっている。その空間を、自分はいまとても大事にしています。ありがとうございました。

T　先生の壮大なお話を聴いて、圧倒される思いでいます。先生のところに相談に来たのは、まず自分が幸せになりたい、ということだったんですけれども、今日、自分のなかに入って来たのは、「使命感」ということで、おそらくその言葉は、自分のこれからの人生のなかで、たびたび浮かんでくる言葉だと思われます。
自分はどっちを向いて行くのか、ということを意識しながら、生きていきたいと強く思いました。これからもますます、先生のマインドを学んでいきます。ありがとうございました。

O　いままで聴いたことのない先生のお話がたくさんありまして、ふだん自分が学んでいることが、こんなにも奥深いものなんだと、改めて感じました。
「思考よりも感性」、というお話がありましたが、自分はどうしても考えてしまって。でも、先生のお話を聴いて、思考と感性の間にあるもの、考える先に感じる、ということはどういうことなのか、そのことを直に体感できたような気がします。また、先生の覚悟だったり、生き様だったり、美学というものを生の言葉を通じて感じられたということは、とてもすごい機会だったなあと……、深く感動しています。ありがとうございました。

F　もう悩んで悩んで悩んできた自分が、これだけ変われてきたというのは、先生のワークショップに出ることによって、「視点を上げる」ということ、そのことが少しずつわかってきまして、今ではもう自分の力になっているんです。
そこに誇りを持って、これからも頑張っていこうと思います。さらに、今日のお話で、改めて先生が、自分の家族も（夫・息子も現在受講中）言うように、先生はいつだってどんな状況においても自分たちのことを諦めていない、自分たちのことを信じてくれている。母親である私自身が息子を信じていないと気付かされるときにおいても、先生はなぜ信じることができるのか、その違いは何なのか。その真実と真相が解り、またいろんな勇気と励ましをいただいた気がしております。目の前で語られる言葉は、言霊と言えますが本当に生の声で、有り難い機会をいただきました。ありがとうございました。

B　本日ずっと、じっくりと聴かせていただいて……、自分も幼少の頃から内気な性格でした。それで先生と重ね合わせて聴かせてもらったのですが、それではどこが違うのかというと、先生はそれでも「ポジティブに」どんどん行動されて、自分はあくまでもネガティブにどんどん諦める側、そこに大きな開きを感じました。
たしかに、前向きにいかなければいけないとわかってはいるんですが。
それでも、先生の塾に通い始めて、けっこういろんな感覚を味わったり思い出したりして、(初めはまったく表情がないっていわれたんですけど) いつのまにか気が付くと笑顔になっていて、自分でもビックリというか。別人みたいだと言われることもあって……、すごいことだと思ってます。そう思うところが自分の性格なのだとも今は思えていて、もちろんまだ、無意識でできないところがあって……。
ですから、今日の先生のお話のなかに、そんな自分にとって痛いところがいっぱいありました。
反省と学びで、これからも「自然と」できるように、行動をしていきたいなと思う自分が今ここにいます。後ろ向きだった自分がそんなふうに気づいたらいつも前向きになっていて……。
今日もまた先生が話す空間に居合わせたことで、すでに何か動き出している、そんな感覚です。ありがとうございました。

M　インタビューをお聞きしていて、そういうことなんだ！と改めて納得しています。
太陽は、東から昇って西に沈む、って当り前に思っています。もちろん、地球が太陽の周りを自転しながら公転しているというのは、学校で習っていますが、そうは地球の地面にへばりついていては感じられません。
先生は、空間でいつも捉えられてみえる。
幼少のころから。
しかも、月や星からみたら……という感覚。
こういう観点の世界は、まったく見える世界が違うということがよくわかりました。
まさに感性、イマジネーションの力で、見えないものが見え、感じ取ることが出来るということ、だからわかる、わかってしまう。

我々には見えない盲点を簡単に見つけられるわけです。

多くの人は、狭い視野で見て、しかも理屈で考えて、思う癖、考える癖を知らないうちに身につけてしまっている、そしてさらにそれを基準して考える。先生は、真逆の大きな視界、たくさんの視点視座を自然に体得された。だから、「世の中、逆だよ……」、とよく言われていたのが、いまさらながらよくわかりました。地上で右往左往している我々を、天空から声をかけて導いてくれている。ときに本気で喝も入れてくれる。

以前の私は、地面から、ちょっと高いところへ梯子をかけるように、視野を広くしていろいろ考えてみようという感じでしたが、最近は、意識せずにふわっと全体をとらえて感じられるようになってきました。おかげで、周りの人達に少しはプラスのエネルギーを届けられることもあると思っています。自分も含め周りの人たちが笑顔になっていくことが、事業や知人関係で大事な中心に感じられるようになってきました。考えてみれば当り前のことですが、みんなの笑顔で儲かるか、という人も多いと思いますが、そうすることで、いい循環で回りだしています。特に何かをすると身構えたり考えたりしないで、ふと感じたことを感じた時にただやってみる、久瑠先生に教えていただいたことが、気づいたら自然に行動に出るようになってきました。まさに潜在意識9割のなせる心の業を体感しています。

【マインドの法則】、感性を活かすことは、人間が本来持っていることなのでしょうが、なかなかこの目に見えるものに振り回されている世の中では生まれないと思います。それが現代に生まれたということ。そして多くの人が先生に会って、人生を変えていっているというのは、本当に時代が求めているものと感じています。次の時代へシフトしていくためにも、【マインドの法則】が必要なものとしていま、ここに在るのだとまざまざと感じました。

先生がこの感性の力、【マインドの法則】で次の時代創造に一役かわれる時が、もうすぐそこまで来ている、時代が先生を呼んでいるのだと感じています。心で創る時代ですね。
今日はありがとうございました。

M　普段聞けないようなお話でした。
諦めるのではなく、明らめる。そして、1％の可能性、希望の光を見つけたら、先生は本気でそこに向かう。自分は問題にぶつかると、可能性が低いと選択肢から省いてしまいます。問題どころか、自分のやりたいことがあっても、大変だと尻込みしたりするときもあります。ついどうせ駄目だからとか、それは無理とほぼ自動的に決めつけてしまうところがあると、改めて感じました。これも自意識過剰ということですね。実は、お話を聞いていて気が付いたのですが、こういう自分を実は無意識に、惰性的な自分がつくっていたと。ヒーローものごっこのお話もありましたが、お前ならどうする、と別の自分が自分に問いかけ、ヒーロー的観点で感じ取っていらっしゃった。私は、幼稚園時代の先生にも歯が立たないということですね（笑）。視点を上げて、観点を変えればいい、っていうことだ、というのが今しっくりきました。先生は性格は変えなくていいといつも言われます。性格はそのままでも、視点を上げて観える世界が広がれば、同じ自分だけど、今までの自分よりも広い世界を観ることができ、そして感じられました。成長し続けていけばいいと感じられました。ふっと、自分の中身というか、器が変わったような体感です。同じ空間で今日はワークショップでもないのに潜在意識に働きかけてしまう神業トークで、どんなことにも1％の希望、可能性があるなら、自分が信じたことを本気でやってみようと思えています。参加させていただき本当に有難く感謝いたします。

インタビュー＝陽羅

協力＝B、F、M、N、O、T（塾生）

第４幕

見た・聞いた・学んだ・変わった！
久瑠あさ美を語る【12の証言】

人生は劇的に変わる。
少しずつ変わる人生などない。

証言1

マインドトレーニングに出会うまでに、私は、過去10年以上、ありとあらゆる本を、むさぼるように読んできました。10代のころから、生きる意味や、女性の生き方、といった事柄に、とても敏感でした。

そして、常に、自分はどうしたらいいのか、ということを考え続けてきました。とりわけ当時は、自分自身の挫折、両親との関係や、父母の問題など、自分の身近に巻き起こる問題の、その原因を探し求めていました。また、20代のとき、父を亡くし、〈魂〉のことも考え始めました。スピリチュアルから始まり、自己啓発系、美輪明宏さん、船井幸雄さんの本を読み漁ったりして、まだ学問では解き明かされていない、人間の力を超える世界のことを学びました。でも、自分ひとりの力では、何も変わらなかった。一瞬気分が上向く、何日かやってみようと思うような、多くの学びがあったことも事実で、そこから、人間的な成長に繋げられたとは思うのですが、「自分が劇的に変化する」には、遠く及びませんでした。いつも、なんだかんだと、うまくいかない何かに引きずられながら、30代半ばまできました。あるとき、いつものように、仕事帰りに書店に立ち寄り、何か惹かれる本はないかなと、書棚を探して発見したのが、久瑠先生の『マインドの創り方』という本でした。〈「潜在意識」で人生を好転させる〉と、カバーに記載されていたので、(あ、こないだから理解したいと思っていた、潜在意識に関する本だな)と、何となく手に取り、中身をパラパラ読んでみて、顕在意識と潜在意識など、私が理解している事柄の説明もあり、購入してすぐに読んでみました。今まで知りたかったことが書かれてあったこと、そして、何か変われそうな気配を感じ取れたことに、ワクワクしました。先生ご自身が、初めて行ったカウンセリングで、しかもその1回目で、メンタル不全で苦しんでいた女性を、なんと治してしまったという事実に、強烈なインパクトを感じました。(とにかく、スゴそう！　もっと知りたい!)私の心が珍しくざわつきました。そのあとは、いつもの私のパターンで、先生の本を、手当たり次第買い漁り、読みまくりました。すべて読んだあと、今度は、先生が行っているという、〈マインド塾〉に興味を持ちました。本だけではたぶん変われない。というのは、今まで何百冊何千冊と読んだものの、核心を摑み切っていない、その感覚は自分なりにわかっていて、それが原因で、(自分は一生変われないのだろう)と、何となく感じていたからです。〈パーソナルトレーニング〉を受けてみたらどうだろうか、〈マインド塾〉に行ってみたらどうだろうかと、ムクムクと私の中から欲求が湧いてきました。

でも当時、私が住んでいたのは四国。東京までは飛行機での移動距離です。そこまでしてする価値のあるものなのか、果たして行くべきものなのか。正直、躊躇(ちゅうちょ)はしましたが、決めるのにそう時間はかかりませんでした。

もう今を逃したら変われない、ともかく行ってみて確かめるしかない。そういった焦りに近い感覚がありました。本を読むだけでは変われないことに、何となく気付いていたからです。本を読んだだけでは、わかった気になって満足はするけど、結局のところ具体的に何をすればいいのか、それに自分のやり方が合っているのかどうか、答え合わせもできない。それではこれまでの10年間と同じで、いつまで経っても堂々巡りの自分のままだろうと。

それを打ち破りたかったというのが、動機です。〈マインド塾〉はホームページから気軽に申し込めるのですが、〈パーソナルトレーニング〉については、詳細は電話での問い合わせでしたから、1日ずいぶん迷いました。

マンツーマンということに、尻込みをしていたからだと思います。先生と先生のお弟子さんとのトレーニングの2種類あることも知りましたが、とにかく私は先生にしてほしい。四国から東京に通うための、飛行機代や宿泊費は、けっこうな痛手でした。それでも、ひとりでそれなりに稼げるまで、手を抜かずに働いてきました。洋服やブランド品、海外旅行など、一瞬のモノ・コトにお金を費やすことには、もう魅力は感じていません。海外旅行は経験として、自分の財産にはなったけれども、心底、魂が満足できるかというと、そうではありません。残るは、自分の内面への最大の投資という気分で、突っ込んでいった感じです。さて、初回トレーニングでは、10年以上乗り越えられなくて囚われていた過去のトラウマについて話をしました。このときのトレーニングを想い出すと、ただひたすら（救われた！）という記憶が残っています。想像をそれまでの半生、つらい経験が多かったけれど、感情として初回で消化し切った感じですね。想定外の驚きでした。想像を遥かに超えて、その感覚になったことで、日常が好転しはじめ、初回トレーニングからわずか数カ月くらいで、過去のトラウマは完全に抜けたと記憶しています。私の中では、何十年間も囚われ続けるほどの大きな問題が気づくとなくなっていました。

はじめのころ、「トレーニングは飛行機の離陸に似ています」と教えてもらいました。「トレーニングを続けることで、自分自身が上昇してゆく。時として不安が訪れ揺れるのは、上昇する飛行機と同様に、引き上がっている証拠。高度を上げれば上げるほど、ガタガタと不安定になるけれども、高度が完全に上がり切れば安定します。これは、レベルが上の次元に向かっているからこそ出てくる不安定で、離陸前には絶対に得られない感覚ですよ」と。

先生の喩え話は、とびっきり的を射ていて、ズバッと心に刺さるのです。それはたぶん、私に対してオーダーメイドに向けられた言葉だから！　ちなみに、上司にめちゃくちゃ喩え話が好きな人がいたのですが、同じ喩え話でも、それはチンプンカンプンで心に刺さりませんでした。その違いは一体何なのだろうか？　先生に聞いてみると、答えは、「それは、私は私の自意識を消して、あなたの感覚で話をしているからよ」ということでした。これこそ、〈久瑠式トレーニング〉の醍醐味（だいごみ）です。〈メンタルトレーニング〉を受けていくにつれて、私が抱えているマインドのブロックは、思いのほか複雑に絡み合っていて、しかも相当に根深かったことがわかってきました。私の場合、母親の価値観が強烈に私を支配していて、ひとりでは太刀打ちできないほど、思考回路に多大な影響を及ぼしていました。どこからという記憶を辿ることもできないほど、母親が私に向けた〈こう在るべき姿〉に、がんじがらめになっていて、30代半ばまで私の思考を拘束していました。たとえば、重大な選択をする際に、いつも母親の意見が頭をよぎり、そして対立を避けようとする。

今思い返すと、私の心の中に居座っていた、モンスターに近い存在でした。もしかしたら、母親をモンスター化させたのは、私自身が関係しているのかもしれませんが。いつからか、人間関係が絡むと相手がだれであろうと、相手の顔色を伺い、摩擦(まさつ)を避けるよう立ち回り始めていたのです。特に母親と対峙(たいじ)するのは、(自分自身を否定される!)というリスクが伴うので、向き合うということをせずに、ずっと逃げてばかりいました。でもそれは、母親の支配(つまりマインドブロック)の外側へ出たからこそわかったことで、内側にいる間は、こんなことに気付きようもありません。先生とのトレーニングで、二人三脚で再構築した私が、私自身にかけていた呪縛(じゅばく)を解きほぐしていきました。先生が私を信じてくれて、変われることを信じてくれて、投げかけてくれた言葉によって、私が私の世界を変えたのだと思います。しかも、どうやったら変われるのか、私が解る言葉で!投げかけてくれるのです。モヤモヤとわからないままの感情を抱えるのは、とてもストレスになるけれど、先生のフィルターで余計な不純物が取りのぞかれて、自分にとって核となる大事な何かが言語化されて、客観視できるようになると、メンタルブロックは、「どう乗り越えるか」という、乗り越えるべき対象に変わる。そうすると、勇ましい自分が出てきて、チャレンジしていく自分を感じ取ることが出来る。何より自分の過去を、こんなふうに振り返れることは、1回1回のトレーニングが重なり合って(毎回の気づきや情報量が回を重ねる度に増していく)今だからこそ!の醍醐味なのです。また、初回トレーニングのことに戻りますが、とにかく私がいいたいことを、先生がスッと理解してくれたことに、とっても安心感がありました。さらに、(これから、どんな自分に出会うことになるんだろう)という期待感があふれました。たった1時間で、自分が変われることを実体験してしまうから、自分の未来を追いかけたくなってしまう。毎回、1時間のトレーニングの濃度は、濃すぎて、やみつきになってしまいます。ときには、トレーニング中やその直後には、その変化にすら気づけないことがありますが、それこそが潜在意識への深い働きかけの証。無自覚な変化を起こす、それが先生の凄さです。すこし時間が経つと、いつのまにか自分のメンタルブロックを乗り越え始めています。そしてまた、先生との二人三脚のトレーニングを重ねて、次のステーンへと、自分を押し上げてゆくのです。先生の、メンタルトレーニングの、次元の高さ、奥の深さに、いつもいつも感動しております。

（34歳／管理職／女性）

証言2

2015年9月、久瑠先生の3日間の集中セミナーにはじめて参加いたしました。「心の在り方が変わるだけで、見える世界が変わる」――今まで先生の本を何度読んでも、この言葉が意味するところを、なかなか理解することができませんでした。ただその言葉はなぜだか私に「何かを変えたい」そう思わせるのでした。本のなかの、先生の言葉の凄さ、素晴らしさに触れることで何か、ダメな自分を自覚させられるようで、口惜しいというか、もどかしいというか、初めて読んだとき私の能力のなさ、弱さがどこからやってくるのかを日々知るのですが、〈実学セミナー〉に参加して、初めてこの言葉が、ストレートに体感でき自分のものにできた気がしました。鳥肌が立ったというか、世界がひっくり返ったような感動でした。人に話すと、それこそ目玉がひっくり返ったような顔をしますが、私はなにも人を驚かすように話したわけではありません。そのまま正直に、在りのままを話しただけなのです。わずか3分で、自分の生き方や人生観が180度変わる……参加する前には、とても想像ができなかったことです。それまではネガティブでマイナーで、そしてどこかでいつも自分をごまかしてきた曖昧（あいまい）な私でした。

本当に驚いたのは、先生が一人ひとりに向き合い、その人に合った方法で、全身全霊を傾けて実施してくれていることで、どうしたらこのような念力というか集中力というか、そういうものが発揮されるのか、先生の細い身体を観ていると、まったく謎でした。ですから、大勢の参加者でのセミナーなのに、まるでパーソナルのような空間でした。何がどうなのか、1つだけ選ぶなら、感性、感覚の喚起、覚醒です。いつごろからか、まったく使われなくなった私自身の感性のエンジン、それが心の隅っこでホコリをかぶっていたのです。それを、「ホラ、あなたの感性のエンジン、こんなにすごい性能なんですよ」って、先生は見事に気づかせてくれました。それでも、このセミナーで体感したこと、脅威（きょうい）の体験を、じっさい言葉で他人に伝えるのは、ホントに大変なことなのです。

先生の言葉は、いつも無駄がなく、とても透明感があります。すーっと心に入って、響いてきたり、暖められたり励まされたり、そして、次へジャンプできるように後押ししてくれます。言葉に力があるということは、こういうことなのだといつも実感いたします。苦しい状況にあっても、先生の言葉を頼りに生活していると、それを希望として、心の模様を変えることができます。先生のおっしゃるように、「自分は価値ある人間であり、それは自分が決めることだ」ということを、私と同じような悩み苦しむ人たちに教えてあげたい。先生が持っているのは、強い強い愛。その人の力を信じ、その人に力があると信じるから、本気で接し、諦めない。「打たれようが、スランプであろうが、心の次元がそこまで高まっていれば、人間は決して諦めないんです」と、先生は断言してくれます。先生のおっしゃる、「潜在意識のスイッチを入れる」ことを、自分も身につけたい。私が正直に心底、伝えられるとしたら、このセミナーをご自分でぜひ体感してほしい、その一言です。

（52歳／教師／女性）

証言3

若いころから、「殻を破りなさい」といわれてきました。「頑固（がんこ）な性格ですね」ともいわれてきました。でも、言うは易し、と思っていましたが、そう思うことが、そもそも頑固なのかもしれません。殻とは、これはきっと社会にでてから、善かれと思って身につけた、いわば「社会的にいい人でいるための、身を守るルール」のようなものかもしれません。じっさい、窮屈でもそれを正しいと思い、自分は正しいことをしているのだから、頑張ればいつかスッキリするにちがいないと、窮屈に窮屈を重ね、無理に無理を重ねてしまう……そんな自分が、久瑠先生の本に接したのは偶然かもしれませんが、おそらく自分のなかに何か求めるものがあったのでしょう。先生の『マインドの法則』を手にしたのは、2017年3月だったと記憶しています。きっと、「人生が劇的に変わる」というキャッチフレーズに、感じるところがあったのだと思います。なにしろ、劇的に変わるなんてことが、まったくなかった半生でしたし、それでもやはり、変わりたいという気持ちがあったものですから。それからは、次々に出版される先生の本を、片っ端からむさぼるように読んできました。長〜いタイトルの本、『このまま何もしないでいれば、あなたは1年後も同じだが、潜在能力を武器にできれば、人生はとんでもなく凄いことになる』は、そのまま自分自身にいわれている言葉のように受け取れました。そして、先生にどうしても、直接会いたくなりました。概念や知識のレベルでは、到底及びもしない何かがある、今の自分のままではイマイチ理解できそうにない、【マインドの法則】の神髄を知りたかったし、〈潜在能力〉という言葉がとても気になったのです。思いのほか、先生が気さくな人だったので、（何しろ自分には、美人はとっつきにくいという、先入観があったものですから）自分は遠慮なく、先生に向かって、良くいえば素朴な、悪くいえばバカバカしい質問を、ぶつけたものです。ところが先生は真正面に受けとめて、真剣に答えてくれました。先生の眼は、世間的なところ、表層的なところを、決して観てはいない。在りのままを受けとめ、私自身がどうなのか、どうしたいのか、どう在りたいのか、自分のなかにきっとあるはずの〈軸〉を、〈自分軸〉を観る。何を感じて、何をしたいのか、こちらが気づかないうちに、先生はリードしてくれます。「感じてから、考えればいいわけで、それは人間本来のもの」という、先生の信条が共感となって、自分の心を震わせます。もちろんそれは嬉しいことで、有り難いことなのですが、そう感じるのはすこし後で、そのときは自分は自分のことで、いっぱいいっぱいになっていたのです。何気なく当り前だと思ってきたことや、内心変だ妙だと思っていたことなどを、先生に聞いてみると驚いたことに自分自身にとって当り前じゃない答えや、自分が想っていたことと正反対の答えが、先生からは返ってくるのです。そして、その答えは本質を見ていると思わせられました。頑固に凝り固まった、内側にあった何かが、あとかたもなく消えてゆきます。これが、先生のいうところの〈潜在能力〉なのか、とにかく、自分のどこかにあった頑固が消えただけでなく、何かが塗り替えられた感覚がしました。先生は、「今やろうとしていることが、なぜ面白くないのか、面白くすることで、今やることで、次のステップにいけます」といいました。また、先生は、「自分の心の状態を知ることだけで、景色が変わりはじめる、そのきっかけが摑めます」といいました。さらに先生は、「いい時もあれば、わるい時もあります、いろんな自分がいていい。そこで何が起こったかではなく、何を感じられたかが大切なのです」といいました。そうして、「自分の心と正面から向き合う」ことを、示唆してくれました。たしかに自分の心と正面から向き合うことで、ぐんぐん心の扉が開くようになり、あれこれチャンスが舞い込んできました。おそらく先生は、感じたことからその先の景色を観てくれる、その景色を話してくれる。だから自分自身も、その景色をすこしずつ感じはじめ、やがて、観たり、感じたりすることが、できるようになれたのだなあ、と今は思われます。これこそ先生の、マインド・フォーカスの凄さなのだと、有難さとともに込み上げてきました。それからの自分は、《**want**》探しです。「ちいさな**want**でいいから、まずはそれを思いっきりやってみることです」と先生はいいます。「子供のときみたいに、無邪気に楽しんでみる、その無我夢中の体験が大事なのです」といいます。ふつうなら、もっと世のため人のためという部分が入ってきて、いきなりハードルが高くなるものですが、先生は自分の好きなことでいい、はじめは利己的でいい、といってくれているんです。これは自分にとって、肩の荷が降りたというか、壁が外されるというか、〈救い〉に似た体験でしたね。実際、自分にとって先生は、スーパー級の〈伴走者〉であると、初回から実感できました。そこがすでに達人であり神業なのだと言わざるをえない。そうして、そこから先生は、その先、「利己的から利他的な在り方へとシフトする」と導いてくれる。

そこには自分を大切にしていない人間は他人を大切にすることはできない……だからまずは自分、その自分でいい、そのままの自分でいいから、いまここからやっていこう……何かを恐れてごまかしたり偽ったりしてきた自分が見失っていたものは、本当の自分だった……その自分を取り戻すことができた。そして、「利己がやがて利他になる」世界へと導いてくれる、臆病で自分さえも信じられずにいた自分に対して、何ら否定もせずに無意識の第一歩を踏みださせてくれるのです。

(43歳／自営業／男性)

証言4

私だけではないかもしれませんが、人間はやっぱり、「いい子」になりたい。家族に対しても、近所に対しても、会社に対しても。ですから、家族にプレゼントするのも、近所の掃除などをするのも、会社にだれよりも早く行くのも、全部「いい子」になりたいからなんです。それがエスカレートして、家族一人ひとりのスケジュールを管理して厭がられたり、近所の〈お世話〉が〈お節介〉になったり、会社の同僚からは点取り虫だと、白い眼で見られたりしてきました。当然、いつの間にか、つらく切なく身動きできなくなってしまって……。そういうときに、久瑠先生の講義を聴いて、ああ、こういうのを、「目から鱗が落ちる」っていうんだなと、思いました(鱗だけでなく、涙が落ちました)。先生は、「良いことだから、やるんですか。喜んでもらえるから、やるんですか?」と、疑問を呈し、それから、「ホントは、自分がしたいから、するんです。そう感じたから、するんです。まずはそこから始まっているはずなんです」とおっしゃったのです。ああ、私は、自分をとても恥ずかしく、あさましく思いました。きっと私は、「いい子」になって、その見返りを、それは物でなくても言葉でなくても何でもいいから、見返りを心のどこかで願っていたのです。そうなんだ、自分がしたいから、やる。はじめは、初心はそういう気持ちだったのです。プレゼントして、喜ばれたり驚かれたりするのは快い、掃除をしてきれいになるのは気持ちがいい、早起きして会社に行くのは爽やか。確かにそうだったのですが、その感情を、いつのまにか忘れてしまっていたのです。理屈ではなく、そういう感性、心の根っ子にある感性、それを先生は私に気づかせてくれました。そうして、2016年10月から、先生のパーソナルトレーニングを受け始めることになりました。これは先生のパーソナルトレーニングを、体感した人なら、誰もがおっしゃることなんですが、目の前の人の〈潜在意識〉に入って行き深層心理に触れる、そこに眠っている、(本人も気づいていない) その人の本来の感性を揺さぶる。その向き合い方は、大袈裟（おおげさ）ではなく、脅威ですらあります。そうして、その人の未来を想像し、その人の未来に対して言葉を投げかける。しかも先生は常に自然で、先生の言葉は、いつもニュートラルなのです。先生のその言葉には、〈愛〉とか〈慈悲〉とかいわれるものが、にじみでてくる。先生のその言葉は、未来を掴むためのエネルギーを生みだしてくれるからです。

こういうことはきっと、先生にとって、〈真剣勝負〉というか、命懸けでないと、絶対にできないと思われます。何といったらよいのでしょう、「使命感の発露（はつろ）」というのが、結構近い言い方かもしれません。とにかく、それを体験した人で、変わらなかった人を私は知りません。

(39歳／医師／女性)

証言5

アスリートとして、中学生のときからやってきて、その時々の小さな記録も作ってきました。けれども、ここ3年ばかり、スランプというのか、もしかすると限界なのか、簡単に言いますと、「お先真っ暗」の状態になっていました。そんなとき、2018年5月、久瑠先生にお会いすることができたのです。それは、自分にとって、奇蹟でした。トレーニング初日、先生は、「今やるべきことを、今やっていてはダメで、課題というものは、半年前にもうクリアしているから、今完璧にできるのです」とおっしゃいました。「たとえば、半年先にクリアしたい課題があったとして、半年先に練習を始めたら、もう遅いですよね」。私は、〈目標設定〉だけは決めていても、それなら、いま何をやるかということが、見えていなかったのです。たとえば野球選手で、打率3割のバッターが、来年は3割5分を打ちたいといったときは、3割というベースがあるからいえる話で、打率1割のバッターが「次は3割だ」といって急にできるそんな魔法はないということです。魔法が唯一働くとしたなら、先にビジョンを設定したところから逆算して、いま何をやるかということが見えている人だけということです。

「アスリートにかぎらず、多くの人たちが、夢が夢のままで終わってしまうのは、この〈目標設定〉をしたところで、もう満足してしまうからです」とそう先生に言われたのは、まさに〈目標設定〉のみの人間である自分そのものにでした。そればかりか、ああでもないこうでもないと考え続け、〈目標設定〉ができたら、それで安心して、もう今は何もしない。想えば、私よりも大きな記録を出し続けている人は、半年先の〈目標設定〉が決まったら、今この瞬間から、動きだす。練習方法も、自分の身体についても、すべてが見えているから、すぐシフトチェンジができている。

先生は、「そこが、非凡と平凡とを分けるポイントです」と教えてくれました。「半年先に、どういう自分になりたいか、それが明確にあるからこそ、“いま”が、半年先を変える1日になるんです」とおっしゃる。先生の言葉は、常に体感につなげやすく、優しく、気取りがない。いわんとすることは、グサリと私を刺してきます。先生が常々、「劇的に変わる」とおっしゃっていることは、こういうことなんだなと試合や本番を迎えるたびに得心できました。つまり机上の空論ではなく、本当に僕らが必要とする教えなんだと思います。

（23歳／アスリート／男性）

証言6

【マインドの法則】を学び、体感して、2年近くなります。そのなかで、最近よく思うことがあります。マインドの法則を実践していくことで、わたしと関わっている人びとの発言や、行動が変わっていくのです。自分でも信じられないのですが、「頼りにしてます」とか、「一緒に仕事をしたい」とか、「楽しませてもらっている」とか、そういう言葉をかけられるようになったのです。そういう様子を見ていると、「ああ、これはもう、自分だけのものではないんだ」とよく思うのです。

たとえば、幼稚園年長の娘が、自分の壁を、母親の想像以上のカタチで、飛び越えるのを見たとき、心が大きな感動でいっぱいになります。でも、それは、感動のままで終わらないで、その波動は夫へと繋がっていくんですね。そして、そこからまた、新たな成長への喜びや楽しみ、チャレンジや絆が生まれて行く、そんな〈ハッピー・ループ〉が出来上がって行くのです。日々、人災や天災が続出している世の中で、いつ何が起こるか分りません。個人的には、夫とぶつかることもあるし、娘とケンカすることもあります。その結果、無理に、安易に、不安解消を求めて、時には求めすぎて、何ものかに翻弄(ほんろう)され、不安になることも、少なからずあります。でも、そんな時にこそ、マインドの法則を思い出すように心掛けています。というより、心掛けなくても自然にスイッチが入るようになっているのだと思います。1度体感するとそれは一生もので何かあるたび、またきっと体感できる、体感したいって、わたし自身のマインドが、自然と動き出すイメージです。そして、これはもう、わたしだけでなく、体感した人たちみんなにもいえることで、きっと同じことを思って、その空間でまた、生み出される〈ハッピー・ループ〉を楽しみに進んでいけるのじゃないかと、そんなことを感じる今日この頃です。これからも、今ここにある、娘や夫との時間、わたしの仕事の時間等を深めて向き合っていきたいと思っております。

今思い出しましたが、私はこれだけ頑張っているのに、どうして夫はわかってくれないのか。夫に対する恨みつらみを話したときに、先生にこういわれました。「自分にベクトルを向けなさい」。たしかに、ベクトルを夫ばかりに向けて、自分に向けていないから、傷ついてばかりいるのではないかと、夫に求めてばかりいて何もしていないのは自分も同じ……どうにもならない状況で被害者意識を生み出して無力な弱者になろうとしている……相手のせいばかりにして逃げている自分がそこにはいました。すると、いつのまにか、というよりも、あるとき一瞬にして、夫が別人のように感じられる瞬間があって、すると夫への感情が、不思議なことに180度変わってしまったんです。説明しようにも、説明できません。間違いなく、先生の教えが私の中の何かを掘り起こしてくれたのだと思います。

また、いつだったか娘が立ち直れるかどうかを心配する私に、先生がかけてくれた言葉。「娘さんの未来を信じることです、信じてくれる人がいれば、それがその存在がその人の力になります」。ああ、そうだったと目を開かされた思いでした。母親である私が信じてやらなくてどうする、私が信じるからこそ、娘の支えになるんだ。今は穏やかな気持ちです。春風の中にいるような気分です。

それともう1つ、これは最近になって気づけたことなのですが、先日友人からいただいたマーガレットの花を、半分ほど枯らしてしまい、それでも、どうにかして、ここから咲いてほしいと、こまめに手入れをしていました。(娘が大好きなマーガレットを咲かせて、玄関に飾ってお友達を迎えてほしい)そんな思いで慌てて仕事に出かける朝もしっかりと水をやり、静かな夜には疲れを癒すようにして、今日をふりかえらずただ未来を信じて咲いてほしいと思いながら、丁寧に手入れをしていました。この私の想い、この私の行動はすべてパーソナルや塾のトレーニングを通して、先生から受けている感覚、そのものなのです。

(29歳/主婦/女性)

証言7

私は、久瑠先生の塾生です。先生が自ら、〈生き様診断テスト〉を創られたときの話をきいて、早速やってみました。時間はかかりません。5分くらいで私はやりましたが、もっと早くやる人もいるでしょう。時間のことはさておき、私は、自分のタイプを知って、おもわず「あーっ！」と声をあげてしまいました。「他人のことはよく見えるけど、自分のことはよくわからない」とよくいわれますが、まったくその通り。〈生き様診断テスト〉をやると、〈自分のベース〉を知ることができるので、そこから自分自身を紐解くことができます。〈生き様診断テスト〉は、単なる性格診断ではありません。どこが違うかというと、自分の美学を知るテストというのでしょうか。実は、人間だれしも、自分の美学に基づいて、考えたり行動したりしていて、その自分の美学が何か、それを知ることができるという、そういう感じです。結構、これが楽しい。もちろん、それなりに解っていた部分もあるけど、無自覚な部分もあって、新たな発見をしたり、それに、まったく違うタイプの人と自分との比較も面白い。この人はこうなんだ、あの人はあんな感じなんだ、そんなふうに、自在に読み解けるようになると、どんな人でも、あっという間に信頼関係が築きあげられると思われます。

さて、私にはいつも、1つの疑問がありました。それは、(正解は1つなのか？）ということでした。組織を動かす、人材を育てる……こういうことに対する正解は1つなのか。そんなはずはないと思いながら、モヤモヤした気分でおりました。

トレーニングを受けるなか、先生のこの言葉で、私のモヤモヤが解消されました。先生はこういわれました。「コーチングとか、いろんなスキルはあるけれど、だいたい1つの考え方に当てはめるやり方が多いですね。しかし、マインドをオープンにするこのマインド・トレーニングは、それとは真逆です」。なるほど、【マインドの法則】がダントツに凄いところは、考え方が1つではないというところ。1つの正解に当てはめていくわけではなく、その人に応じた、つまりオーダーメイドに仕上がるところが、他にはないメソッドなのです。マインドをトレーニングしていくことで、性格は変わらないのに、自分自身の人生が変わっていく。

考えも広がり、視野も広がる。先生のこの一言は、私が20年間働いてきて、ずっと溜め込んできたモヤモヤが、スッキリと吹き飛んだ言葉でした。前の職場もそう、今の職場もそう、みんな、「これが正しいものだから」と、1つの正解を押し付けてくる。経営者や上司からすれば、自分が思い込んでいる範疇のなかで、部下に正解を出してほしいと望んでいるのでしょう。自分が思い込んでいる範疇のなかで正解が出ないと、管理している自分が、〈できない管理者〉という烙印を押されるという、一種の恐怖から、無理矢理管理したがっているのでしょう。でもそれって、ただ自意識を可愛がっているにすぎない、低次元のことだということに気づくことができました。マインドの法則は、高次元で物事を考えますから、世の中に数あるメソッドと、決定的にそこが違うのです。マインドの法則を知れば、この自意識が、どんなふうに自分の人生を阻んでいるのか、痛いほど突きつけられます。

よく、「人の印象は、第一印象で決まる」といわれますが、その印象は、ごくわずかな自分の経験則から判断されているものでしかありません。要するに、自分が理解できる範疇でしか、相手を見られない、他人を理解できない。これが、自意識のなせる技なのです。

例えば、政治家や社長、プロのアスリートの思考回路を知ることができるかと問われれば、経験もなければ想像もできない、曖昧な推測すら働かない。自分が知らないことは、自意識しか働いていない、低次元のレベルで生きていたら、ゼッタイ理解不能なのです。けれども、自意識を外し、意識を高次元に引き上げて、物事を見渡すと、自分が体験したことのない世界であっても、解るようになるのです。これがマインドの法則です。

又よく、「物事は、自分の物差しでしか測れない」といわれますが、では、その「自分の物差し」とは、いったい何なのでしょうか、何から出来上がったものなのでしょうか？　その根幹はまず、両親や周りの人たちの価値観です。生まれたときから触れてきた、身近な人たちの思考回路には、とうぜん影響を受けます。子供は、大人の在り方から学ぶからです。そして次に、学校教育ですね。小・中・高と、12年間にわたる学校教育では、均質化、均一化を求められます。

オリジナリティよりも、協調性を良しとしますから、だれかが用意したフレームに当てはめる作業が、みんな得意になります。この2つの柱から出来上がった「自分の物差し」とは、イコール「自分の周りの大人たちが使っていた物差し」でしかありませんから、この「自分の物差し」は、本当は「他人の物差し」ということになります。マインドの法則を学ぶということは、こういった当り前のこととして、自分のなかに埋め込まれた思考回路を、1つずつ紐解く作業です。あるいは、感じている違和感を言語化し、目の前にさらけ出す作業です。ときには苦痛が伴い、ときには大きな喜びが沸き起こります。

以上は、先生の言葉であり、その先生の教えを自分なりに言葉として記したものです。今や私の中でそれらの言葉は必要なタイミングで語りかけてくれます。

先生とのトレーニングは、一歩先の未来に、言葉のボールが投げられます。そのボールを取りに行くかどうかは、自分次第、それを取りに行くと決めた人だけが、見ることができる世界なのです。そして、乗り越えると、乗り越えた先には、必ず新しい自分がいます。その新しい自分を発見したときの喜びは、何ものにも替えられません。

これまでの私は、世界の文化哲学、ビジネス成功哲学、古典から、書店に並ぶ自己啓発本やスピリチュアルや風水と、様々なことを試してきました。あらゆる方法を試して、それでも私は変われなかった。今思えば、それらに頼って、自分の外側を変えようと、躍起（やっき）になってきたのです。けれども、本当に、劇的に人生を変えたいなら、自分の外側ではなく、自分の内側と向き合わなければそれは実現できない。私が変化したのは、変化のきっかけとなったのは、（最後の砦）と思って、手に取った、先生の本でした。その証拠に、先生と出会ってから2年、トレーニングを始めて1年半、正直に言えば3年間は本を読みながら、他の何かを探す必要は、まったく無くなりました。

最後に一言。〈マインド・トレーニング〉というと、知らない人には、いささか怖い感じがするかもしれません。心を乗っ取られそう、というような不安を覚える人もいるかもしれません。しかし、全然違います。久瑠式トレーニングは、そんな低次元のものではありません。たとえば、そうですね、ハッとするほどの美しい景観や、圧倒的なスケールの眺望に接したとき、すべてがひっくり返ってしまうほどの衝動や、途轍（とてつ）もない感動が、心の底に生まれたりするような感覚に近い。それに限り無く近いものです。経験者は語る、です。

（60歳／会社役員／男性）

証言8

これは、3年前の、ある日ある時、久瑠先生が私に対して話されたことを、テープとメモと記憶を頼りに、私なりに拙いながらも記したものです。

何しろ、（失礼ながら）先生のトークは、頭で考えて話されるのではなく、感じるままに感性をフル稼働させて言葉を生み出すような感覚ですから、記すといっても、そう簡単ではありません。おそらく、先生は女優をなさっていたから、言葉を非常に繊細に大胆にまるで音楽を奏でるように表現される。まさに譜面を見ながら弾くのではなく、感じた世界を即興で音にし、聴く者の潜在意識に響かせる。その音はどんな時も生まれたてであって、思考次元ではなく、感性次元から降ってくる。だから耳で聴いて理解できるようなものではない。我々がクラシック音楽を聴いて心地よく感動したとしても、それを理解できているか、譜面に落とせるかといったらそれはむつかしい。それに似ている。先生の言葉は音楽を聴くようにして体感すると、時間差でそれが何を意味しているのかが、鮮明に強烈に浮かび上がってくるように感じられてくる。これらの先生のお話を、私は、「無意識トーク」とか「感性トーク」と呼んでいます。

先生が語られた「感性トーク」の一部をここに記します（この「感性トーク」は、ホワイトボードに様々な図やイメージを描かれながら話された言語ですので、ここに活字だけ記すと少々ハードルの高いものにはなるかと思いますが、ここでは、その世界感をお伝えすることを目的といたします）。

……たとえば、モーツァルトですが、当然のことに、誰もがその音を耳で聴いているわけです。けれど私は、「この音はどこからくるのだろう」というふうに、そう捉える観点があるのだと思うのです。そうすると、その人の生き様とか、在り方とか、マインド・ポジションにやはり気づくと入っていて、それは、たとえば目の前にいる人と、話をしていくなかで、その相手に対して、「この言葉って、どこからくるのだろう」と思うのとおそらく近くて……、さらに、「この人の行動は、どこからくるのだろう」というところで、その脳内に入り込んで行ったときに、相手の無意識、行動を起す前段階、つまり、情動がわき起こる、衝動的になる前段階のその潜在意識を読み解くということを、自然にこんどは同時進行で私の潜在意識がやっていて……、理屈抜きに、そう感じるのですね。そこで、そう感じるということを、言葉にすると、〈マインド・フォーカス〉という言い方をしているのですが、その言葉を通して、自分のなかに情報をインプットしたときに、マインドで感じるものが絶対的にあるから、それをこんどは確かなものにするために、いろいろな言葉を充てていく……。それが前回から教えている、〈マインド・フォーカス〉です。それは、16ワードのフォーカシングですが、それをぜんぶ、自分が無意識に自らやってきたことを逆算していくと、いろんなトレーニング法が生まれてくるのです。それで、たとえば、何か1つのものを見たときに、16個のキーワードをつくっていくということをやってもらうのです。その16ワードのフォーカシングは、つまり、同じ〈赤〉でも、私はその〈赤〉を16個に分散して捉える、という観点を創り出していく。そうすると、トマトの赤や情熱の赤や太陽の赤や、温度差があるものとか体感が起こるものとか、視覚的赤や味覚的赤と、いろんな赤が無限にあるんですね。1つのモノに対する情報の捉え方が、1個しか捉えられない人と、1つのものから2個3個、じゃあ30個、もっと300個、それなら3,000個はどうか、というふうに、本当に入ってくるものも表出できる情報量も格段に違ってくるのです。それが、インプット力とアウトプット力……。

それで先に伝えたモーツァルトの場合ですが、自然界から無限の情報を取ることができて、空や風から享受したあの重層的和音として出てくるわけで……1つの音から、二音三音と重ね合わせていくのが和音だとすると、そこに響き合いというものが出てきて、表情豊かに音が揺らめき輝きを放っていく。モーツアルトが表現しているのは、自然界の響き、たとえば、水の音、流れる滝の音、水面を揺らす風の音を聴いても、そのように聴こえていると思うんです。1音に対する情報量が圧倒的に違うということ……それは自分のなかに強烈なインプットがあって、それで、その和音で表現して重ねていく、つまりそれを、バイオリンでどう表現するのか、打楽器でどう表現するのか、そこに音の競演、共存によるオーケストラ協奏曲というものが生まれてくる。音符で考えている人たちとまったく次元が違うので、聴いたときに体感が変わる……つまり、「アルファ波が生まれる」とか、「癒しの効果がある」とか、学者はそれを研究し解明しようとする。けれどもそれは当り前のことで、日光浴とか森林浴とか自然界を音にしてくれているわけなのだから……つまり、“自然”を超える“超自然”とでもいいますか、モーツァルトの感性＝インプット力で、自然を体現していて、その表現力＝アウトプット力が半端でないのですから。他に画家でたとえるなら、ピカソでしょうか。もう少年時代から、驚愕するほどの描写力がありますものね。光、影の捉え方1つとってもその1つの情景をキャンバスに、現実以上の情報量で「そこに在る」を再現してしまう。つまりピカソの感性の望遠鏡で観たその光を、絵の具と筆を持つその手が、我々にその光の真の姿を魅せてくれている……たとえた人が超人的人物だからという話ではなくて、インプット力が強ければ強いほど、自分の世界観の方が本物で、リアリティーが強くなる……ということです。そこに加えそういった自らの内側に生み出される体感を音や色にしていく技術という“業（ワザ）”があれば。モーツァルトにしてもピカソにしても、やはり英才教育で小さいときから、そういったものはマスターしていますから、そうした環境があったということはとても大きいとは思います。ただ別の観点でいうとアンリ・ルソーという画家。彼は絵描きとして世に出たのも遅いですが、「下手くそな絵だ」といわれながらも描きたいからひたすら描き続けた人で、税関の門番として働いていた。凄いところは、彼がキャンバスに描くのは目で見ている現実そのものではなく、内側に見える世界。つまり想像の世界。その世界は遠近法で描かない。だから、「変な絵だ、変な構図だ」といわれるものを、自分の頭のなかのイマジネーションで創り出す。画家というよりデザイナー……。世界を渡り歩くことはできなくても、自分が見たいものを、インスピレーションで生み出した世界を、バーンとキャンパスに描いたんですね。だから圧倒的なその異次元の空間がそこには在って、要するに、いつもお伝えしていますが、潜在能力って1つではないし、無限に引き出せるのです。みんながみんな芸術家を目指す必要はもちろんありませんが、人間の潜在能力が発揮されたときに、どうなるのかということは、先人たちが身をもってやってきてくれている。そこは、1つの起点になると思います……。そういった意味において、アスリートというのも、まったく芸術から離れているようですが、芸術の凄さである美しさは、アスリートの世界にも充分通ずるものがあって、やはり本質的に美しいなという選手と、沼地に咲く蓮の華のような泥臭さからのしあがってきた選手がいて、それぞれの美学が見え隠れする……芸の術であって、それこそが潜在能力そのものだと思うのです。……そう、スキーのジャンプ競技、あんな高い急斜面から滑り出す瞬間に、それこそ、〈鳥のようにはばたく〉という美学でもなければ、「この翼で飛ぶ」という無意識の覚悟、つまりそうした潜在意識が働かなければ、飛べません。「不可能を可能にする！」がなければ、それ自体、自虐行為ですから。だから、自分を超えられる。やはり、その姿、在り様(さま)は見ていて美しいなと感動できるものというのは、自分を超えることでしか生まれてこないのです。例えばイチロー選手が現役時代、毎打席バッターボックスに立って、打率10割を理想としていたということ。現実は、どんなスーパープレイヤーであっても、四割は打てない。残り六割以上は打てていない。だとしても、10割を目指す。実現不可能を明らかにして諦めない。その数字をはるかに超える数字を見ている、つまり逆境においてもプラスを見るという在り方。それはマイナスを、足りないところを受け入れていく在り方でもあって……その人なりに、美意識が違うんですね。ですからやはり、何をもって生きるか、そこにその人の生き様、在り方があって……それを垣間見せてくれるものが、芸術だったりスポーツだったりするわけです。たとえたらきりがないけれど潜在能力という、自分を超えるための力をいかに引き出すのか……現代のこの日本の社会を生きる人々だって同じなわけで、たしかに、自分の人生からは遠い世界の人たちだと思うでしょうし、自分にはあんな環境も資質も身体能力もないから……というあらかじめの諦めもあるでしょうが、それって本当でしょうか。実はそんなことはなくって、日常のなかで、感動させてもらえるシーンって、幾らでもあると思うのですね。たとえば、ドラマや映画で、それもとても日常的なシーンで、感動して涙するということがあるでしょう？　他人の人生を見ながら、涙することができるということは、自分だって他人に感動を与えることができるということなんですよ。でもそれを、芸術家やアスリートくらい、本気でやっている人間って、少ないと思うんです。それは俳優の世界で言えば、“非凡”の役よりも、“凡”の役の方が圧倒的に多いけれど、その非凡というのを職業の特異性では表現しきれない。たとえば、ドクターの役を演る、アーティストの役を演る、といったって、魅せているところは、“人間”なんです。どんな肩書きが付こうが、まずは人間としてどう在るのか、人間としてどう生きるのか、つまり生き様で醍醐味すね。そこがやっぱり、人生の本当の醍醐味だと思うのです。その一番大切な生き様とは、「心の在り方」で、潜在意識にある「こう在りたい自分」の在り方を見い出す、そのためのきっかけを生み出す１つの指標となるもの……それが〈生き様診断テスト〉だったんです……。私は心理テストといった類の、人を診断するだけの数値表にむしろ違和感を抱くので、結果をもらってだから何だ？と終わる診断テストではなく、自分をもっと知りたくなる、根っ子を掘り当て自分を掘り起こす、つまり潜在意識に在る自分と出逢えるテストならやってみたい……そう想って創りあげたのがこの生き様診断テストなんです。そんな想いもあって、医者や社会や組織のためのテストではなく、人間のための潜在的な力を引き出すためのテストを創りたかった……だからその名の通りですが……私はそこを伝えたくて〈生き様診断テスト〉と名付けました。生き様＝在りたい姿。はじめ「古臭い」なんていわれましたけれど、人間というのは何千年経っても変わることがない、心の魂の姿があるのだと思います。それでも、そう在りたいのだけれど、そうさせてもらえない環境とか、時代背景とか、あるいはタイミングが合わなかったり、色々な困難があって、模索しながら葛藤しながら生きている。混沌、まったく、混沌の世界なんですよね。ですから、混沌としてひらきそうで開かない、あきそうで開かない、そういう瞬間、幕があがる瞬間とか、幕がおりる瞬間とか。ひらき切ったところで、すべてが完成されているのではなくて、ひらく前のその段階とか、ひらいた瞬間とかで、その人がどういうマインドなのかという、そこですね。そこが、ジャンプ台に立つ前にぜ〜んぶ決まっていて、飛び終わった瞬間に、次のセカンド・ステージでどういう気持ちになるのか。そういうふうに、もう巡り巡っているわけです。自然界のなかで、人間というものの心を通じて、世界が回っている。それは、『日はまた昇る』（The Sun Also Rises）と一緒で……

この自分でこの自分だけの人生を、素晴らしいものに変えたいのだ、ということにいつも先生は気付かさせてくる。それはつまり、「人は変わりたいと言いながら変わろうとしていない」という心のしくみについてや、いかにしてそれを拒んでいて……自分を変えたいのではなく、たぶんきっと凄い人になりたいわけでもない。だけれども、我々の人生にとってそうした凄い人が見い出す世界を、自分自身の心で直に感じていける感性を手にし、自らの人生を歩むことが、いかに未来の糧になるのか、ということに先生の感性に導かれ、今もまだ現在進行形でまさに先生の感性のトークやワーク……。“心の業”とは遠隔で伝わってくる……それは、先生の在り方、生き様そのものから生まれているからなのだと改めて思う。またそれこそが人間としての在り様の指針として、我々にとっての希望となることは必然なのかもしれない。こうして先生の語りを反芻しておりますと、あのノーベル文学賞作家ル・クレジオの『物質的恍惚』の有名な一節を想起いたします。「……まず何よりも見つめる術を知ることだ。人生が確実なものと感じられない人たちにとって、見つめることは１つの行動である。それは生ける存在の第一の効果的享楽なのだ。彼は生まれた。世界は彼のまわりにある。世界は彼である。彼にはそれが見える。彼はそれを見つめる」（豊崎光一訳・岩波書店）。

私たちは、いま幸運にも、哲学者や宗教家、音楽家、画家、文学者などの芸術家、沢山の先人たちの言葉を、（翻訳も含めた）書物で知ることができます。けれども、残念なことに、尊敬する偉人の言葉を、生で聴くことができません。そして、今まさにこうした歴代の偉人たちの目や耳、五感にふれる力までを、先生は私たちに授けてくれる。これまでにみたことのなかった世界を、自分のこの目で見い出す力を与えてくれる、みせてくれる。それこそが人の潜在能力を引き出すという先生のやられている“心の業”であり偉業であると思う。そして何より、私は、先生の言葉を、生で聴くことができるのです。こんな幸運があるでしょうか。「トルストイは高い山で、ドストエフスキーは深い海だ」という解説を、何度か目にしたことがあります。それに喩えるなら、私にとって、先生は高い山で、且つ深い海であります。私などは、なかなかその高い次元、深い次元に行くことができませんが、先生のその次元を、見て、聴いて、学んで、そして変っていくことができるのです。その喜びを、その震えを、いつも噛みしめています。

（71歳／取締役会長／男性）

証言9

久瑠先生のところにお邪魔してから、かれこれもう6年近くになります。企業研修においての先生は、講師（主演）でありながら、脚本家であり、演出家です。だから研修が初対面だったりすれば、先生は何者なんだろう……と思う人はきっと多い。心の実学セミナーという名目で3日間集中して、企業研修だったら1.5日間といった形で、3カ月に1回、半年に1度とか何クールかやられるんですけど、僕がスペシャルだと感じたのは、参加者が自分の知らないうちに〈主役〉になっていて、先生が創り出す物語のなかで、一緒に演じている、それも無自覚にそうなっていることなんです。研修のプログラム内容というもの1つにおいても、常にベストを選択する。人事部と何度も打ち合わせを重ねて、潜在的な課題を組み上げていく。そうして創り上げた渾身のプログラムであっても、当日なんの躊躇もなく即興で、「……ジャズと一緒なの……ベースがあるからこそアレンジが効かせられる……、参加者にとって、ベストなアレンジを演れるかがいつだって試されている……」といって難なくというか、難を軽々とやってのけてしまう。そこまで練りに練った台本を創りあげたとしても、きっと先生は、当日の参加者の雰囲気や、一人ひとりの体調まで見て、その場で内容を変えアレンジを施していく。そして、最高のパフォーマンスに仕上げてしまう。先生は〈脚本家〉であり、〈演出家〉でもあると言いましたが、ふつう研修というと、参加者がテキストを見て、講師が「ここ覚えてください。ここ、読んでおいてください」とか、そういうものですが、そうすると、参加者は受け身で受講しているというだけになってしまいます。でも、先生は指導者と参加者の、その狭間に入ってくる。これを研修という言い方をするなら、きわめて新しいタイプの研修であって、先生のパフォーマンスで体感を創り出す研修だから、裏方の自分である僕自身も、台本を読んだだけでも、体感が動き出してしまうほどの精度なので、本当に脅威です。創り込みの情報量が半端ない……人事の方の潜在的な要望から、そのために必要な課題と、その課題に取り組むことで起こり得る壁を、先生の潜在意識をフル稼働して、推測し、その潜在的な壁となり得るブロックを、先回りして外すためのワークやシートを難なくつくってしまう。一歩先どころか先の先まで現実にやってのける。そして、当日それらを体感すれば、参加者は自ずと潜在意識にアプローチでき、ワークやシートと向き合っていくことで、ただそこに参加するだけで変化していくんです。だから1度それを体感すると不思議なんですが、本当にすべての方が、やる気があるとかないとかに関係なく、気付くと知らず知らずに出来るようになってくる。通常の研修ならば、1つのテーマで行うけれど、先生の研修は1つのテーマどころじゃない、1つひとつではなく、同時並行でアプローチしなければ、長年積み上げられてきた重層的なメンタルブロックは外れないという。ワークシートにおいては少なくともひとり50枚は下らない。それを先生は驚くほどさらっと創り上げます。先生はワークシートをつくるための打ち合わせじゃないという。変化を起こすための潜在意識に働きかける言葉を、いかにして無意識に届けられるか、そのための打ち合わせだという。ワークシートにまとめあげていく言葉は、打ち合わせ中に即興で生み出していく。それは、数カ月先、半年先の成果をイメージして逆算して、何が今回必要なのか、どういったマインドを創りあげるか、すべて緻密に体感しながらイマジネーションの世界で、まだ起きていないことを、あたかも現実に起きているのかとさえ錯覚する程、目の前にいる僕自身が何度も混乱するくらいです。そういったことを無意識に出来てしまうというのが久瑠先生のすごさです。そうしてその研修のなかで、受講者が知らないうちに、無意識レベルの化学反応が起きるんです。それは目を疑うほどです。すべてが、思考レベルで思いついた知識の組み合わせではなく、感性レベルの次元からのアプローチだからこそ、例外なくそうなるんだと思います。集団であっても一人ひとりに対して起こる……それが先生の凄いところ。まるでMRIのように感性で見えないものを映し出していく。だからオペは最初の1回で見事に完璧におこなう。どんな人であっても失敗はしない。受講者も気付くと自ら参加している、いわゆる〈参加型演劇〉とか〈体感型パフォーマンス〉でもあって、これは、ディズニーランドに行ったり、エンターティメント映画を観るよりも凄いものがありますね。

ある企業研修では、研究開発をやっている選抜メンバーの人たちが参加しました。頭はいいし相当の知識も持ち合わせている。彼らは、自分たちが研究してきた技術を駆使して、どうやったら新しい商品を生み出せるか、あるいは今の商品の性能をどれだけ上げられるか、ということをやられているのですが、先生にしたらその目標は想定内であって、目指すに値するビジョンではない……過去の延長上にすぎないんですね。先生はいつも、そんなことではなく「ノーベル賞くらい目指しなさい」と掲げるんです。それはどういうことかというと、今まで彼らがやってきたことを否定するのではなく、「あなた方の力はそんなもんじゃない……。せっかく皆さんが持っている知識と技術を駆使するなら、ノーベル賞を取るイメージを持って、皆さんで創ってみてはいかが？ そうすれば、楽しくてやりがいがあって、ひいては世のため人のためになるでしょ」。一流大学を出て、一流の仕事をしている人たちにも、先生は平気でそういい、彼らの概念を変えてしまう。それも先生は、〈深層心理〉というんでしょうか、木の根っ子をより深くより綿密に張り巡らせることによって、相手の木の根っ子に触れてゆく。その無自覚の体感によって、もともとその人たちが持っているその力を発揮できるようになるんです。また、営業畑の人たちって、やはり売り上げじゃないですか。普通の経営コンサルタントだったら、売り上げを1～2年間だけ、5%、10%上げることはお手のものかもしれませんが、先生はそんなレベルじゃなくて、極端なことをいったら、10年後に10倍、20倍の売り上げが付いてくるような展開を可能にする、それが絵空事ではなく、実際そう感じさせられるのです。もうすこし具体的に書くなら、ある企業研修で三角形のピラミッドを先生が書かれて、ここはまだ一般社員ですよ、その次はリーダーになりますよ、次は役員で、そして一番上が経営陣です、と示されました。そして視点や視座を換えて、ここは売り上げを作る処です、ここは利益を生む処です、ここは資産を増やす処ですね、ここは新しい未来の計画を立てる処ですよ、とやっていくんです。そしてそれが、最後には、その三角形の全部の部署が、すべて自分、自分、自分、となっていくんですね。シフトさせてゆく、転換させてゆく、すると、社員が、同じ会社なのに、「こういうことをやろうとしている会社のための、俺は今、この役割か！　此処にいるんだ！」と、企業全体像から体感で解るようになる。先生の企業研修を受ける前と後とで、会社に対する思いも、一個人としての企業人としての在り方が一変しました。

また、先生のトレーニングを受けていた、或る大手企業の経営者の方で、会社が買収の危機に直面し、存続するかどうかのこの先の対策会議中に、突然、「会社は愛だ……」と思わずそう言ってしまったそうです。本来ロジカルでクールで、そういうことを言う方じゃない社長の口から出た"愛"という言葉。その無意識から出た想い、その社長の在り方が大きく変わり、その会社がどうなろうと、そこに残り力になりたいと社員たちが、一丸となっていくその姿に感動し、はじめて会社に対する愛というものがいかに大切なのか、そしてその愛についての大切さは、先生のトレーニングの最初の日にちゃんとメモしてあった……けれど、そのときは「何をいってるんだろう……」と思っていた……。そんなエピソードがあるくらい……根っこというか、究極の目的、使命を持つことの大切さを先生は教えてくれる。僕らにとって奇跡でも、先生にとっては普通のことのようです。潜在意識に働かせることで行動変革は必ず起こせる、そんなことを確証してくれる研修など、たぶんこの先もそうはないでしょう。

つぎは、僕自身が受けたパーソナルトレーニングのことです。

僕の仕事のパートナーは、合気道で日本一になった人なんですね。彼いわく、「ジャッキー・チェンの映画などで、大変年寄りで、滅法強い師匠が出てくるでしょ。でも現実には、映画どころの話じゃないですよ。とにかく強いのなんのって、若い頃にそういう年寄りの師匠と稽古したんですが、まったくカスリもしないんですからね」。そんな話を僕が先生にしたら、先生は即座に、当り前のように「師匠には彼の盲点が見えているのよ。師匠は彼の見えない処に、体を上手く持っていっているだけ。だって、彼の盲点に入ったら彼からは見えないんだから、師匠に当てようがないじゃないですか」。

思わず、なるほどと、武道をわかっていないのに納得してしまいました。先生も武道のことはわからないのに、きっと原理原則のようなところを素直に読み取り、普通じゃ気づかないことを気づかれる。これにはほんとに驚かされました。

最後にもう1つだけ、紹介させてください。あるとき、僕が部長時代、部下だった女性から連絡がありました。彼女は、出産で退社していました。その後もたまに連絡をもらっていましたが、メールが来ました。それで、どうしたんだろうとこちらから電話を入れると、7歳になった娘さんが、難病に罹っているとのことでした。ちゃんとした治療法はまだないとのことで、多くは30歳前後で亡くなるそうです。僕は絶句して、とにかく可哀そうで、どんな言葉をかけたらいいのか皆目わかりませんでした。この話を先生にしましたら、「あなたは自分のことしか見ていない。窮地にいるのはその少女で、その闇のなかで彼女が見失っている希望を見てあげなさい」と。「あなたは少女の死を見ている。人はいつか必ず死ぬのです。人生は、長いか短いかではないでしょう。その人がどう生きていくかでしょう。今7歳、これから約20年以上あります。30歳で必ず亡くなるとだれが決めたのですか。これからの彼女の未来の時間で、医学がもっと進歩して治療法が見つかるかもしれません。未来には何が起こるか解らない。だったら、彼女の人生の未来と希望を見てあげなさい」。たしかに、ネガティブなところしか見ていませんでした。ここでも先生の視点視座、観点の持ち方、マインドスポットのライトの光を感じさせていただきました。先生のこの言葉に助けられ、彼女に純粋な気持ちで連絡を取ることが出来ました。そして、その光をその女性に、そしてその少女に届けることが出来ました。これは、僕の在り方を変えた大きな出来事だったことは間違いありません。

(49歳／会社役員／男性)

証言10

私が久瑠先生から受け取ったもの、得たものは、目に見えないたくさんのものです。目に見えないものですから、言葉にしにくいものですが、あえて言葉にするならば、愛、未来、希望、勇気、イマジネーション、感じること、もうひとりの自分、可能性、光、音、言葉、人や自然とのコミュニケーションなどです。先生に出会う前まで、私は未来について悲観的でした。明日が来なければいいと思ったこともありましたし、心を閉ざし、誰とも、何もしたくなかった。しかし先生と出会い、目に見えないけれど〈ある〉ものを体感することで、自分にも価値があるんだと思うことができました。沈みこんで自信も何もない私を、「あなたには価値がある、可能性がある」と、初対面から私を信じ、受け入れてくれました。そうしてトレーニングを続けていくなかで、これは愛だ、先生の愛だと、感じられるようになったのです。愛というものがどういうものなのか、理論的にわかっているわけではありませんが、感性的にわかったのは、先生には常に愛（と呼ぶしかないもの）があり、私にも私の中にも、愛（と呼ぶしかないもの）があるということでした。例えるならクリスチャンの方には叱られるかもしれませんが、私にとって、先生の愛は、例えるならマリア様の慈愛です。愛を知る、愛に気付く、そして自分や他人を愛せる人間になっていく、そこにこそ、先生のトレーニングの神髄と価値があると思います。自分を知り、自分と向き合い、自分が変われば世界は変わる、ということを実感できました。確かに、自分を知ることは怖くて、なかなか自分ひとりでは出来ないことでしょうが、先生のトレーニングにおいては、護られた空間があるので、怖さなんか感じることなく、自分と向き合うことができるのです。まさに世界が変わる、大袈裟（おおげさ）ではなく、それくらい大きなものを得ることができました。いつも聴いていた音楽の中の、今まで聴いたことのない音に気付いたり、桜といえば、1本の桜の樹という漠然とした感覚しかなかったのに、それこそ、花弁1枚1枚に、神秘的な宇宙を感じるようになったりしました。おそらく、いつも聴いていたもの、いつも見ていたものから得られる、情報量が多くなったからだと思われます。
また、先生から受け取ったものの1つが、「可能性」です。人にはまだまだ出来る可能性があるにも関わらず、自分で出来ないと、勝手に決め付けてしまうことがあります。自分で自分を制約してしまうことに気付き、それを外していくことができるのが、このトレーニングです。可能性があると思うことによって、未来に挑戦しようというエネルギーが湧いてきます。そのエネルギーがまた、誰かの可能性を引き出し、誰かのエネルギーになっていくはずです。その連鎖が、社会を変えていく原動力になり、活き活きとした活力のある社会を、創っていくのだと考えます。先生のトレーニングの価値というか、他にはないものに、〈体感が残る〉ということが挙げられます。体で感じたことが、すなわち、先生から得たものともいえると思います。マインド塾では、〈上がる〉という体感を得ることが出来ました。他の塾生とのワークを通じて、目に見えない心を感じ合い、視点の高い〈上がる〉という体感を得ることが出来ました。パーソナルトレーニングでは、視点の高い自分は、どう生きていくのかの体感を得ました。自分の視点が高くなったら、大変難しいと思っていることも、自然と出来ちゃうとか、自然とやりたくなると気付きました。いわば、目指す未来の体感、というようなものだと思われます。3日間セミナーでは、潜在意識の自分と出会う体感を得ました。いつもの自分じゃない、もうひとりの自分と出逢い、自分の潜在意識の存在を知ることができました。サロンクラスでは、潜在意識の自分が、日常次元でどのように現われてくるか、そして過去・現在・未来が、確かに繋がっている感覚を得ました。すべてのトレーニングで体感が生じるのですが、その体感は自分の中で起きることであり、信じたくなくとも信じざるを得ない、その体感が残ることによって、その体感が潜在的な自分の変化になっていくのです。

(37歳／自営業／男性)

証言11

私は自分のブログで、久瑠先生のこと、先生のトレーニングのことを、伝え続けています。それは、ひとりでも多くの今の自分の現実に悩む人たちに、届けばいいなと思って伝えているのです。

そこには、いろんなことを書きました。ここでは、その中から、いくつか引っ張り出してみますが、みんな私の偽らざる声です。

今回は、いままで、先生がおっしゃった言葉の中で、私にとっても大きな言葉、ですから決して忘れることの出来ない言葉を紹介します。

◆先生が非凡であるゆえんは、先の言葉に表われていると思います。

「相手の話を聞きすぎない」

——普通に考えたらおかしいですよね。トレーナーという存在は、クライアントの話を聞くことが仕事であるというのが、普通の考え方だと思います。しかし、〈久瑠式トレーニング〉の現場では、クライアントの話を聞くことで、情報は得られるけど、本来求めている答えはそこにはない。クライアントの言葉を聞くだけでは、結果として相手に追従するだけになってしまう。相談に来る方は、自分の人生を変えに来ているのであって、話を聞いてほしいだけではない。トレーナーが存在する意味は、クライアントの言葉にならない言葉を拾い上げ、クライアント自身ですら気付いていない未来の可能性を気付かせてあげること。そして、その未来の可能性とは、クライアントにとって、心臓がドキドキするような、ギリギリ無理といってしまいたくなるような、そんな未来を提示することです。

◆先生が非凡であるゆえんは、次の言葉に表われていると思います。

「自分の人生を変えたいと、本気で思うこと。過去ではなく、
未来の自分を信じる勇気を持つことが、すべての始まりとなります」

——クライアント自らが、この言葉の意味を体現する。そのマインドを、一緒に創り上げていきます。クライアントの潜在意識に働きかけて、脳の中に、イマジネーションをインストールする感覚。1つのエピソードとして、或るクライアントさんは経営者で、お店をやっていたのですが、実は、お店をたたむつもりで、先生のところに相談に来ました。話をしていく中で、先生が、クライアントの心の在り方を見たときに、現場から逃げているだけであり、決してお店をやることが、イヤなわけではない。未来の可能性が、見

えていない状態であると感じられたわけです。先生は、自らの潜在意識にアクセスして、その人に必要な言葉を、投げかけます。まだ起きていない、未来を信じる回路なので、その瞬間まで、言葉は用意されていない。その人の今に訴えかけていく言葉は、ライブで生まれるものだからだそうです。それはちょうど、サッカー選手がパスを出すようなもので、相手の未来がどう動くのか、その一歩先に向けて、先生は言葉のパスを放つのです。結果的に、その経営者さんは、一刻も早くお店を仕切り直したいと、急いで部屋を出て行ったそうです。

課題を見つけて、ワクワクする。物理次元においては、何も変わっていないけど、マインド次元においては、「自分には明日がある……」と感じられる。

◆先生が非凡であるゆえんは、次の言葉に表われていると思います。

「未来の可能性を最大限に引き出すことで、人生は輝き始める。

人生を変える言葉は、潜在意識に働きかけてくる」

――塾において、想定されるリーダー像は、なろうとしてなるものではなく、結果としてなってしまうという、そういう在り方をイメージしています。塾に来るようになって、それほど期間を経ないタイミングで、ある部署のリーダー的な役割を任命される。あるいは、新しい事業を立ち上げるに際して、なぜか自分に声がかかる。本人が自覚していなくても、周りが勝手にリーダーとして扱うようになる。このような変化は、塾に来ている方には、珍しくない経験かと思います。なぜこのような変化が起きるのかというと、トレーニングの前と後とでは、繋げていく領域が違うから。頭で理解する領域ではなく、本人ですら気付いていない、その人がどう在りたいか、という根本的な領域に働きかけるので、本人も気付かないうちに、言動が変わり始めているのです。このような変化を察知するのは、周囲の人の方が早いので、周りの人に、（こいつは何か持っているな）と思わせる何かを、意図せずに表現しているから、人から声がかかる状態を生み出していけるのです。

◆先生が非凡であるゆえんは、次の言葉に表われていると思います。

「大切なのは、誰かに何かしてもらうのではなく、自分でなりたい自分になっていくということ。

恋愛でも、受動ではなく、能動であれ、ということです」

――マインド塾における、グループワークの意義は、そこに小さな社会を創り出す、ということを体験できることです。

それにより、人や社会に働きかける、能動的な意識を創り出す。能動的な意識を持って社会に働きかけると、必ず反応が起こる。その積み重ねが組織を動かし、社会を動かしてゆく。では、最小単位の社会を創り出すことの意図は何でしょうか？ それは、自分が受け入れられている、という場を創ることです。塾のグループワークの目的は、視点を上げることであり、視点が上がれば、自然と笑顔になって、初回の方でもどんどん発言し、発言することでさらに視点が上がる、という状態を創ります。本来の意味での、オープンマインドになれる空間であり、参加者からは、「こんなに熱く語ってしまったのは久し振りだ！」とか「こんなことをいうはずじゃなかったのに！」とか「これからは自分が感じている思いを、もっと大切に扱いたい！」とか、そういう感想が聞かれます。

◆先生が非凡であるゆえんは、次の言葉に表われていると思います。

「考えすぎたら、人はだれでも動けなくなる」

――私たちはこれまで、頭で考えて理解することに、多くの時間を費やして来ました。もちろん、理解することは、学校や社会において大事な能力です。しかし、潜在意識を、考えて判断する意識で理解しようとすると、潜在意識が働かなくなってしまいます。潜在意識の感覚は、朝起きた直後のぼんやりした状態や、夜眠りに入る瞬間のまどろんだ状態を、イメージしてください。それは、ぼんやりとした、曖昧な意識の状態だと思います。そのぼんやりとした意識を自覚しようとすると、曖昧な意識からは目が覚めてしまう。

潜在意識に働きかけるとは、このような曖昧な領域を扱うことを意味します。潜在意識は、人の意識の90％を占めていて、人の行動を変えるには、90％の潜在意識に働きかける必要があります。多くの研修は、思考を用いて理解することを目的とする場合がほとんどですが、先生のトレーニングの醍醐味（ごみ）は、一見不確かな領域である潜在意識に、直に働きかけて、行動そのものの変革を促すことで、人生を劇的に変化させることを目的としていることなのです。

◆先生が非凡であるゆえんは、次の言葉に表われていると思います。

塾の初回に参加される方の感想で、「こんな体感初めて！　この体感は何？」――それは、普段意識されていない領域に、働きかけているからです。そのために、塾では、体感を創ることを行っています。つまり、頭ではなく、心の扱い方を学びます。

塾に来る人の肩書きはさまざま。サラリーマン、経営者、主婦、キャリアの女性、学校の先生、大学生、芸能人、アスリート、ミュージシャン、アーチスト、カウンセラー等々。塾に来る人の目的はさまざま。現状を変えたいと思っている方。今以上にステップアップを目指す方。本当に自分のやりたいことを見つけたい方等々。そこに共通するのは、自分の未来を変えたい、という思いです。

最近、先生が創り出したのが、【マインドの法則】を活用した〈マンダラワーク〉。平面のものを、立体にすると、体感が生まれ、いわば、立体マンダラなるものになる。空海は、伝えられないとされた潜在意識の領域を、（東寺）立体マンダラで表現しました。それぞれの役割を担うシート座席を創り、そこで役になりきり、課題を席ごと読み取り、その課題をこなし切ることができれば、〈天命〉として味方してもらえる、パワーシートになるが、怠ると、〈天罰〉が生じる、という一見宗教を学ぶ修行のようなキーワードで、一人ひとりに足りない、何かに気づかされると同時に、浮き輪のようになって助けられる溺れそうになる瞬間のことです。言葉ではない体感で気付かせてくれると同時に、課題を体感として自覚し実践的に強化できる、まさに〈久瑠式最新トレーニング〉が誕生したのです。先生は、こうしていつも進化し続けています。

（51歳／公務員／女性）

証言12

私は、プロのカウンセラーとしてやり始めたのですが、なかなか上手くいかない、思うようにいかない。そこで、久瑠先生の〈マインド塾〉に通うことになりました。それから、〈成長日記〉らしきものを、ブログに記してきましたが、この機会を得て、その一部（初期のものがよろしいでしょう）を、ここに転載させてもらうことにしました。私の素のままの言葉です。

前回の〈マインド塾〉の受講から数日後、家の近所の川べりを歩いていたら、
トツゼン、メッセージといえばいいのだろうか。
ある言葉が降ってきた。
それは「クライアントのことを信じてる？」
さらに「クライアントから信頼されたかったら、まず自分がクライアントを信じよう！」
このメッセージ、私には大きな啓示のような感覚があった。
視界が開けたような、ああそうだったのかと大きく納得するような、
その伏線や背景となる前回の〈マインド塾〉での体験は何だったのか。
それはグループワークでお互いがイメージしていることを
言い当てるということをやった。
自分のことを野菜に喩えてイメージする。
そのイメージをグループメンバーに野菜名を伏せて説明する。
グループメンバーはその野菜を言い当てる。
たかが野菜、されど野菜。
それぞれの想像力がかきたてられ、イマジネーションをフル稼動させる。
そんなワークだった。
私たちのグループは、パーフェクトでした。
その後、グループ内でそれぞれが選んだ、
一番気に入った表現をした人を選ぶ。

選ばれるのは極上の褒め言葉を言える人ではなく、
「可能性」や「願望」をイメージできる人。
グループ内のチャンピオンには、先生からこういう言葉をいただく。
「有難いことをしてくれた人」
つまり難が有ることは有難い、
つまり難しいことを可能にしてくれた人……
メンバーの感じているイメージを、気づいたらグループ全体で共有している。そんな体験を得た相手の感情を、イメージとして感じとる感覚というのを得たのかもしれない。
そのイメージは実は、相手本人も気づいていない領域、
無自覚であり本人が気づいていないその先の可能性。
輝いているその姿を、本人以上にイメージとして感じとる。
それはまさに先生がメンタルトレーニングでしてくださったこと、
先生は私の話を聞きながら、イマジネーションを膨らませて視覚化し、
私自身がまだ意識化できていないビジョンを、言語化してくださった。
それを聞いた私は、心が躍りワクワクした。
そして先生が常々おっしゃっている、
「誰よりもクライアントの可能性を信じているのは、
トレーナーとしての私自身です」
先生は力説する——
人間の底力は「信じる勇気」にあると。
だから先生は、「クライアントの心と向き合うとき、理屈抜きに未来は絶対に変わるのだ」といわれる。
信じる勇気が先生に強くあるから、相手も「もしかしたら自分も変われるかもしれない」と本人の無意識に働きかけることができる。
クライアントの可能性を本人以上に信じる。
このことを学んでから、カウンセリングが格段にやりやすくなった。
クライアントのネガティブな言動や情動に振り回されることがなくなった。
どんなにクライアントが自信喪失でさまよっていようとも、

私は揺るがない気持ちでカウンセリングをできるようになってきた。
何よりも私がクライアントの可能性を信じられるから、その思いでクライアントと接することにより、クライアントを引き上げられる感覚をつかめてきた。これがカウンセリングにおける、視点を引き上げるということなのかもしれない。

ある時私は申し込みがないことばかりに執着して、不安に陥っていた。
私に、先生がおっしゃった禅問答に似た言葉、
「無くても在る/あったらどうする？
通常はお客様が来ないと呼び込みするけれど、
未来の一流を目指すのならばそうじゃないでしょ。
お客様が来ていなくても『来ている！』を今やること。
来てからではなく、来るとしたなら、何をしようか？
何が出来るのか？　そう思って日々を過ごすのよ」。
「え？！」と思いながらも気持ちが上向きになる感覚、
そして先生の言葉を実践してみた。
心なしか私が日々発信するメッセージも変わってくる
今の幸せな思い感謝の気持ち。
それは先生からいただいた幸せであり、先生への感謝、
空き時間の過ごし方も「来ている!」お客様のための情報集めや勉強。
たしかに私は劇的に変わった。
自分でもビックリするくらいにお客様が来ようが来まいが、
私の **want** は、お客様の幸せな人生をサポートすること。
あるとき先生は、ある美術展に行ったときの話をしてくださった。
入場から閉館までの限られた時間、受付や展示場所で得た情報では、すべてを観るには様々な「制約」「条件」があった。持ち時間や移動時間や回覧時間など、それらの制約や条件を並べたら、到底すべてを観るのは無理だと思われるが、先生は見事にすべてを満喫できたという。
さて、どうしてそういうことができたのか？

そこには先生の強い**want**があったのだ。
先生は「すべての展示を観ると決めた！」
なるほどと思った私は、「制約」「条件」にフォーカスすると、
すべての展示を観ることを諦めてしまうから、
すべての展示を観ることだけにフォーカスしたんですね！
すると先生は、違うわ！と。
「制約」「条件」にもフォーカスしているのよ。ただ、「ぼかした」のよ。
固まってしまった私。
先生はその後「ぼかす」を意識したワークもやってくださった。
椅子を違和感だらけに並べた状態で、１対１のカウンセリング、
「他の人の会話も遮断しないで耳には入れるのよ」
先生はそう言うが、相手の言葉に集中すると、周りの声が聴こえなくなる。
周りの声も耳に入れようとすると、相手の話がわからなくなる。
なかなか難しい。
不思議な筋トレ感でも、ワークの後に塾生たちの感想のシェアで、
こんな声が多かった。
周りの声を遮断するのではなく、「ぼかす」ことでかえって相手の話がよく入ってくる。それはすごい。そんな体感が得られるとは、残念ながら私はそこまでは行きつかなかった。
帰りに若い女性の塾生に話しかけた。
「ぼかす」って感覚つかめた？
彼女は、はにかみながら「うん」。うらやましかった。
でも彼女の説明で何となくわかり始めた。「ぼかす」を意識し始めた。
なかなか難しい。まだまだ思考が邪魔している感じで気になったのは、
「ぼかし」は先生の講義のテーマ「潜在的な脅威」の中で取り上げられた、
とのこと。それをキーワードに、私は模索を続ける。
それは潜在的な脅威に対する感性を磨くことに繋がり、
目に見えないものを感じるチカラを養うことになる。
低い視点での事象に振り回されることなく、

高い視点からの眺めにつながるはず……信じて委ねて模索を続けよう！
〈マインド塾〉に通い始めて半年経った。
先月グループでワークをしながら、あることに気づき、
そのことを認識し始めてから、私の受講のスタンスが大きく変わり、
「手応え」「体感」を急激に感じ始めてきた。
どんなことに気づいたかというと「楽しむことが大事……」
この言葉も実は先生は、塾の初日にちゃんと伝えてくれていた。
体感をもってこの日私は、それを改めて、その真意を受けとった。

（42歳／カウンセラー／女性）

実　録

これは、久瑠先生と私との対話をもとに記したものです。ここで、あれこれ云々するよりも、これをそのまま提示したほうが、先生の凄さを実感してもらえるはずだと考えたからです。言葉足らずや喋り過ぎで、先生にとっては、不肖の弟子かもしれませんが、何よりもまっすぐに、真摯に対応してくれた先生には、感謝と敬愛の念が深くなるばかりです。全部の記録を転載すると、大変な量になってしまいますので、一部に絞らせていただきます。

僕　　**心の実学を創っていくときに感じたことです。**
新しい研修「心の実学」を創りましょうというときに、簡単なプログラムの打ち合わせのつもりで行ったら、どうも雲行きが違うんですね。
実学がどんなものかということを、まずみんなにプレセミナーとして２日間で体験してもらうというのです。そして先生がおっしゃるには、実学そのものができていないと、プレセミナーが創れないと

いうことでした。2日間のプログラムなので、エッセンスをかいつまんで創ればいいと思っていたのですが、まず、正規の春の3日間の実学セミナーと、秋の3日間の実学セミナーの、1年先にやるためのものを2つ創りあげてしまったんです。その両方のエッセンスを凝縮して、プレセミナーは生まれました。フルで創る春の3日間セミナーだけでも、1カ月半と相当な時間を使って、濃い内容に仕上げ、秋も同様です。それから2日間のプレセミナーを創ったので、それはプレセミナーどころか、超凝縮版の心の実学に仕上がったと感じています。
そういう創り方をする先生ですから、全く手抜きをしない、まだやるのかという突き詰め方っていうのは、新しいものを創るという意味で、志というか使命感すら感じました。先生がよく言われる、ベストを尽くすっていうのは、そういうことなのです。
というところから、正規の3日間の心の実学セミナーが始まったときは始まったときで、初日が終わったところで2日目のプログラムや、ワークシートをギリギリまでブラッシュアップし、ベストに創り上げる。そうやって2日目に臨む。
2日目が終わったらまた、参加者の状態と現場の空間で感じたことを、盛り込んでいき、期間中に実学自体を仕上げてゆく。もっと良くさらに良く。これはもう研修の域を超えた、演目、芸術の領域。体力が続く限り、もっとベストができると思ったら、やり続ける。そこには、正直ビックリさせられました。取り組み方の真剣さ、本気というのは、そういうことなんだと。本当にそれはビックリの連続でした。普通はプログラムと言ったら、出来上がったプログラムで3日間通して、それで上手くいったら良かった、ということだと思うんですがそうではなくて、もっと良くなる可能性を見つけたら、やれるかぎり走りながら同時並行でやる。だからこそ本物ができる。並の人間がやれないことを先生は平然とやってのける。それを改めて目の前で見せられた。皆がやらない、やろうともしないことをやるから、先生はその先に行ける。そして何より僕自身が動かされた。どこかでブロックを感じて、もう体力の限界と思いながらブレーキを踏みながらだった自分が、知らないうちに引き込まれて行ったのを覚えています。そもそもブレーキを踏むという時点で出しおしみをしているということ、保身の自分がいたのだと思います。でも先生が非凡なのは、きっと誰もが「無理だ」とブレーキを踏む瞬間にギアチェンジし、むしろアクセルを踏み込むその瞬間、理屈では説明できないようなハイパフォーマンス、つまり潜在能力を発揮し感動レベルでやり切る……ほとんど神業です。
もう1つ、実学を創るときの打ち合わせで感じたのが、いろいろブレストをやっていくなかで先生は言葉をとっちらかす。拡げて拡げていった先で唯一無二の世界を創りだす。そうして集めあげた1つひとつの情報は実は驚くほど入り組んでいて、すぐにはまとめられないが、何とも言えない深みを持っていて、中途半端なものは、まったくといっていいほどない。そして、そこから1つひとつを緻密に精査していく。1つひとつの言葉を丁寧に繋いでいくその作業はまさに神業です。それだから、何気ない会話の中でもミーティング中とあらば、マインドの法則から外れることはどんな米粒みたいにちっちゃなことでも、ものの見事にピッと弾いていく。私が、マインドの法則の次元ではないが、いい情報と思って先生に伝える。普通だと、それもいいねと、そんな会話も出そうなんですけど、そういうのは一切出ない。違和感をすぐに察知してそういうものは、一切取り入れない。弾かれる。そのセンサーも凄いと思った。
もう1つ凄いのは、私が塾生として受ける側の立場になって、これってこういうことですかと確認すると、先生がそこから拾い上げた情報が、10にも100にもなる。そんなつもりで言ったことじゃないことも、先生の中で繋がり広がる。よく先生が、赤は一色じゃない、赤にも20の赤がある、30の赤がある、と言うのと一緒でたまたま私が、「先生この赤ですか」って言ったら、その赤が20、30の赤に広がって、100種類の赤になって、それが繋がっていく。そういう発想のされ方をする。途中でこんなのワークに出来っこない、と思っても全く別次元のワークにしてしまう。普通は研修で絶対使わないようなゲームを使ったり、カラーボールを使ったりする中で、それがワークシートと重なると凄く深みのあるワークになり、体感できるものに仕上がっていく。

そういうことを、どうやって思いつくのか、その発想の力、あのワークの創り方というのは直近にいても未だにわからない。そして、出来上がったものを実学の場でやると、とんでもない効果が生み出される。

例えばランチワークとか、お昼休みの時間を利用して出来るようなワークでも、それをやった受講生の人たちが、感じたことをシェアすると、たかがランチを食べに行っただけで、こんな凄いことを感じ取れるんだと驚く。何気ない日常のことでも、凄いワークに出来る、その観点。先生の手にかかると、凄いワークになってしまう。イマジネーションのすごさと言うか、先生のそのもう1つ先をイメージし創り出してしまう……これはいったい何なんだろう、といつも思います。しかもそのワークは誰もが実践できるものを生み出していく。それが瞬時に、ポッ・ポッ・ポッ、と出てくる。それは、潜在意識の中で、先生が感じられているものが、融合されていくような、そんな感じなのでしょうか……、ずいぶん話しすぎましたが、先生にぜひお聞きできたらと……

先生　それはすべて階層で……そうですね、たとえまだ起きていないことであっても、起こそうとしている……その先のビジョンというのは、それは光の速度で生まれてくるので……。それを、達成したいという思いが、自分の中にすでにあって……、求められているものを、先に仕掛けていくというか。そうすると、こういうふうに持っていきたい、こういうマインドに持っていきたいという……そこには階層があって。そこにみんなを連れていこうという思いが、まず最初に起こる。何をするよりも、何をしでかすのか、何を創り上げるのか。そこに感動があると、早くそれを見たい、見せたいという思いが湧いてくる……。そこを中途半端にするのではなく、逆にそこにフォーカスを向けていくと、必要なものと必要でないものが、瞬時に見分けられていく。そこにこだわっていくことで密度の高い濃縮されたワークになっていくのだと思います。

僕　間近でみていて、そこはもう言語化できない凄業というか。今聞いていて、先生の頭の中の階層の感覚が……そこがすごいということを改めて痛感しました。1つのワークでも、階層を変えながら、次々と、いくつものワークシートが生まれてくる。だから、何気なく見てると、同じようなワークに見えるけれど、実は階層を上げながら、新しいものが創られていく……、全部の階層から同時に情報をキャッチする力。ぼくらは、物理次元だけの階層でしか見られてないことを、同時に、感情だとこう、思考だとこう、感性だとこう、という「視点・視座」で多面的に捉える。マイカメラ（自分のまわりに、いくつものカメラを設置し、いろいろな角度から自らを写し出す。イメージを持つことで、達観的な視点で自分を見ること）の数も、いろんなところにいっぱいという感じに……、僕だと、たった1台のカメラ（目線）でしか、普段見ていないというのがわかる。先生はほんのわずかな差異も機微も見逃さないので、すぐさま気づかれて、何度か違うと指摘を受け、自分はどこが違うのかと探すと、自分の階層が低いままということがよくある。先生の見られている世界というのはきっと、まったく別の次元なんだと……

先生　たぶん私も、みんなに見せたいと思っているんですね。その世界の見せ方というか……、別の言い方をすれば、自分が自分に見せたい……魅せるの方に限りなく近いのかもしれない……。それは自分が何かしたいというよりは、自分が自分に気づきを与えたり、常にもう１つ引き上がったところから、自分が自分に魅せていくという感覚を体感してもらうというイメージで、マイカメラというワークは、そこから生まれたのかなと思います。カメラの中にいる自分を想像して、そのカメラを覗き込むことで、その中にいる自分というものを、もうひとりの自分が見るという複雑な構造になるわけです。人間というのは自分というものを切り離せない……。でもそういうことをすることによって、自分というものに気づきを与えられるのであれば、それはワークになっていく。何より大事なのは、自分というものを自分がコントロールできるようになること、それを無意識にやってのけることで、それは、常に願っていないと、そうならないしそういうものを信じているんです。たとえば、人の可能性とか。まだ表出されていない潜在的な可能性を信じているから、その人がその世界を見るということをどんな瞬間においても見せたいと思うし、その人がどうであれ、見たら凄いことになるんじゃないか、とか。人を見るときも、とても感覚的なことですが、もうひとりの自分が、その人を見ているんでしょうね、脳内で……それによって、現実に縛られないというか、その人の自己評価とか、他者評価とか、ましてや、聞いたことも会ったこともない人の評価よりも、自分が自分で見たもの、感じたもの、自分の中に生まれているものを、想像できるものの世界の方が、リアリティーが強いので……それを、こちらが映写機のように映したものを、相手にインストールしてみせるということによって、その人が、現実と違うその人になれるのであれば、現実を塗り替える力になれるのです。それをどうやってと、説明することよりも、体感が起きてしまえば、「何か出来そうな気がしてきています」とか、「何だかやれそうな気がしてきました」とか、「早く地元に戻って、やってみようと思います」とか、この「なんだかわからないけれど……」とにかくいてもたってもいられなくなるというのが、潜在意識に届いた証で……やり方、方法を頭で一生懸命考えていたときには、そういった言葉は出ないし、それを認めない自分がそこにはいるんです。その曖昧で不確かで……でも何かが違っている、これまでの自分じゃない考え方だったり、想定外の自分に何だか期待していたり、そういった衝動的な何かが、実は人を動かす原動力であって、それこそが、自分の潜在的な力を引き出す核となるということ、またその力が目の前の誰かの潜在意識を働かす、ということに繋がるということを、まだ多くの人は知らずにいて、そういったもの凄い力を活用できていないと思うんですね。

僕　まさに【マインドの法則】のことですね。私自身の人生においても体感しています。本当に内から外へと波及していくようにそれは体験できると思います。これまでの人との関わり方そのものに変革が起きるという体験です。
今ちょっと思い出したことなんですが……初めて出会った人たちに対しての、先生の受け入れ方がすごく純粋。ニュートラルで相手を見られているから、先生は本当に100%相手のことを、この人は出来るとちゃんとみられている。人の捉え方、聞き出し方が、他の人とは違っていて、相手の潜在的に持っているものを見抜き、1つの能力として、認めることが出来る。いろいろな人が先生のところへ訪ねて来たときに、ニュートラルな状態で感じとられ、その人のところに入っていくから、普通の人と信頼の仕方が、最初から違うところを感じます。そんな急に信用していいのか、みたいなこともよくあります。ああいうピュアな感覚というのは、自分の感性を信じているからなのですね。普通は、目に見えるものだけ、肩書きなどで判断してしまいがち。だから僕らはそれに振り回されているんじゃないかと思ったりします。自意識という言葉も、実学セミナーの準備でこんなに人間って、自意識がいろんなところで出てるんだと、教えてもらえている。いかに自意識が邪魔しているか。もちろん、自意識という言葉は知っていたけれど、先生と打ち合わせしていて、感じるところがとてもありました。自意識がわかるようになると、自分がよく見えてくる。先生のアシストをしている時間と空間でたくさんのそういうことを実践で感じさせてくれる。潜在意識に働きかける研修というのはなかなかないし、あったとしても先生のように初回から体感をおこして行動変革を確実にする研修というのは、ないというよりできっこない。9割の潜在意識にアプローチできる人間はそうはいないし、たとえいたとしてもその人はトップクラスのアーティストやアスリートとして活躍しているでしょうし、先生はそもそも研修のスペシャリストを目指したわけでもなくて、なのにさらっと「感じる力がサビついちゃっている……だから、そのサビをとっていくワークを創ろう」といって目の前で設計図を書いてパパッと創り上げてしまう……知らないうちに体感として取り込めているという潜在意識に働きかけるワークシートの創り方、その教え方を、だれが真似できるのだろうと思う。一生懸命記憶して、覚えなきゃならないとかじゃなくて、知らないうちにそうなっていたという、メソッド。潜在意識に働きかける手法。気がついたらやれるようになっていたという教え方のできる人が、先生。毎回実学が本番で終わるまで、何が生まれるかわからない。わからないんだけど、実学のプログラムとか脚本とかがまとまったときには、開催前なのに上手くいったという体感が起こる。一緒にやらせていただいて、時空が変わるというか……未来に起きるであろうことを先に体感出来てしまうというのが、とにかく不思議です。

先生　緻密に予測をしてやっている空間の中に身を置けば、予感がしますよね。その予感がやっぱり……単にどこに向かっているのかという、そのことではなく、空間で空気をつくる……。改めて言葉にするとどうしても難解にしか伝えられないけれど一緒にやっていく場合、感覚で先まわりして共有してもらっているので、それがストンストンと未来から現在に向かってはまっていくでしょう……それこそが時間術の実践でもあって、つくり手がそのマインドの法則を活用してこそ、当日の参加者にも空間で空気のように自然に伝わっていく……それは、上手くいくイメージ、上手くいったら楽しいな、上手くいったら最高だな、上手くいったときに、みんなにどういう変化が起きるのか、自分が自分に期待し始めると、やっぱり傍観者ではなく、そこに自分も行きたいと思うんです。その姿をその世界を見たいと誰より思っている自分がいる……だから、参加者においても当然それが起きて、自分から逃げたいけど、参加者がよく言う、みんなで乗り越えたという感覚になれたりとか。人の変化を見て、自分も負けられないぞと思ったりとか、いろんな化学反応が起きる空間、空気感を体感で予測して創り出していくことで、そこには想像を超えた創造が生まれているので、半信半疑で参加しても、結局、自分も見てみたいという思いに駆られてくるんです。だから、潜在意識っていうものを、感覚的に体感しているんです。それがどういうものなのか、ということは、創り手の中にあるわけですね。気づかれたら終わりだから、それは顕在意識なので。無意識というのは、気づけない、気づいていない領域なので、眠らせたままに入り込める業が必要なんです。その業があるとするならば、それをフル稼動させたときに、相手が気づく前に発信しないといけないんですね。それこそが、すごく心地良いわけで。気づいたら、終わっていた、変化が起きていた。麻酔をかける業とかね、やりましたけど……まるで、麻酔がかかったかのように、自意識が曖昧な状態……その感覚を生み出すことで潜在能力は発揮されやすくなる。リズムとテンポで言うと、やはりそれも、時間術の１つになっているんだけれども、やる前に、やった気分になっていなければ、本気でやらないです……人間は。みんな中途半端に始めてしまう……「やった方がいいんじゃないかなぁ」とか……そこが、私の場合は、「やるかやらないかというのは、やりたいかやりたくないか」というのもそうなんですが、やりたいかやりたくないかが、自分の自意識だと、すぐ飽きるんですよ。だからその次元が、やりたいかやりたくないかという次元が、かなり多くの人を巻き込める次元に引き上がれば上がるほど、やっぱりやり抜くという、やりがいが生まれてくるんです。感動も、ひとりで味わう感動と、何十人で味わう感動と。もっと言えば、その先に何百人の人が、それによって得ていくものとかってあげていったら、まだ起きていないことまで入ってくるんです。私なんかは、まだ起きていないっていうことに、すごく楽しみがある。イコール、未来ですから。それは空間次元でも同じことで、未来に何が起きるのかなって、思った瞬間にワクワクするでしょ、まだ起きていないからワクワクするんですね。手にした瞬間に、もう終わりますから。一旦(いったん)終わるじゃないですか。でも、手にした瞬間に、また次の空間次元で、何かが生まれていれば、それが別の価値に変わってゆくという……。だから人生は、休む間もなく未来からやってくるので……、そこにシフトできるかどうかというのは、喜びを自ら見い出せる人になるのか、喜びを与える人になるのか、喜びを奪う人になるのか、ということにも繋がる。たぶんみんな、罪はないと思うのですが……でもそこに、罪悪感がない、悪気がない、だから仕方がない、しょうがない、やがては何をしたってかまわない、という無自覚な“悪”が混ざってくる……その階層にまで引き下がってくると、やっぱり迷惑をかけたり、人に嫌な思いをさせているにもかかわらず、それを平然とやり続けることになってしまいます、悪気のない人たちって。悪気、悪意から気（持ち）と意（思）をなくすと悪しか残らない。自分はそうはなりたくない！と思う人たちは自ら戒められる、つまり罪悪感を持っている人で……そこがやっぱり、最後の砦になって、「気づく」ってことなんですよね。だから気づける人が出世しちゃう理由は、やはり気づくという観点を持っているからで、気づけるということは、1つの能力で他人よりも早く気づける人がいい訳で、そうすると、気づいた時点で、もう動いているんですね。その気づきの次元が高ければ高いほど、潜在的な気づきとなってたくさんのことを同時に気づくことができるので、目の前の人だけではなくて、その先の人の間で気づくことが、予測脳になる、緻密に推測することになるでしょ。推測すればするほど、やりたいことが増えてくる、してあげたいことも増えてくる……。そうすると、初めて準備するという段階で、もう未来を予測しながら動くことになる。その濃度が濃くなるのは、未来の創造の中での予測が強くすることでそのリアリティーが出来れば、今やっていることは、未来に続いていくというビジョンありきの予測の仕方をすると、その未来から逆算して、“いま”を創っていくというのは、それはmustになるんですよ。その逆流させた時間のリズムの中で、何が生まれるのかなということを、先ほど話をしていたと思います。与える意識がなく、与えている……生み出しているということとか、生み出すことを頑張るのではなくて、与えることに意識を向けると、いつの間にか生み出すことが普通になるというか……全部繋がっているような気がしますね。始めるために終わらせる、終わらせるために始める、とかね……それも全部繋がっているんじゃないかな、と思うんですね。そこに熱くなる方が、絶対的に面白いはず。みんなが手を抜く瞬間、みんなが休む瞬間、誰もがなんとなく気が緩むタイミング、人生の踊り場にいる瞬間に、一歩進めてみるとか。逆に、みんなが欲しがる瞬間に、一歩引いてみるとか。それが、音楽で言えば、テンポとかリズムとか間というものなんだと思います。みんなちゃんとそうしたリズムに心地良さを感じられるはず……。ズレがなければ、リズムは生れないので、ズラしているんだと思うんです。

僕　**実学も毎回中身の違うものを創り続けるという、あれも普通じゃないと思ったし、今の話とリンクするかもしれないですが、1回実学をやると、また、次の次の1年先まで、先生はイメージされている。そうして、高みへどんどんみんなを引き上げ、持っていくのに、そこに留まることなく更に新しいプログラムを創られる。そして今まで使っていない脳とか、凝り固まった心を揺り動かすワークをどんどん創られ、毎回違う部分に揺さぶりをかけることで、やはり先生のおっしゃる“心のサビ落とし”をされているんでしょうか。**

先生　もうそれは、それが目的だったから。何もしなければ必ずサビる、生理的現象の酸化と同じです。心のサビを落としたりサビつかないマインドを創ること、そのために日々、何をするのか……。まずは、脳を飽きさせないということを、テーマにしていたので。つべこべ言う脳を黙らせて、とにかくやる脳。やってみること、考えずにやってみるということに、みんな慣れていない。頭で考えてばかりで、全然進めない。こういう現代人にありがちなこと、「……だって困っていないもん」という状況を、自らを「困らせる」というものを課題にしてワークをやっていくときに、一番の衝撃となるのは「こんなもんだろうか」と思った瞬間に、そのワークの気づきというかあぶり出されてくるものがとんでもないものだったと、自覚が生まれることが頻繁に起こる。自らの無意識に真っ向から対峙するという体験を脳内でさせていく……、そういう1つひとつのパフォーマンスを目的としていたので……、どこまでやれるかということを。

僕　本当に想定外なことを次から次へと思いつかれるので、「えっ、それがワークにどうなるのだろうか」とか「そんなことできるのだろうか」と思うようなことが、そういうスケールだからこそ参加者の無意識にアプローチできる。だから必ず潜在意識に届けることができるんですね。
それからもう1つ、先生の振り幅というかそこにはいつも驚かされるんですが、人間の醜い部分、それも含めて人間というものを、みんなに見せる。目を伏せているようなところも見せる。そういう裏面というのか光と闇。あれをちゃんと、高い階層と同じくらい、逆の部分も体感させている。これも1つの実学のすごさだと……。人間学、学じゃなくて、人間道。どうしてああいうことを思いついたんだろうって、僕はいつも思います。またそこにいっちゃうんですけど……でも、おそらく必然的に出てきたんでしょうね……それは本当に自然に意図していたその先からの啓示のような次元というか。

先生　真理ですよね。真理だから、当然仏教とか、そういう古典的なものに通じるものが出てきて、人間道の方に行ったときに、そういったものが言語化されていくんだと思うんです。哲学的なことも、物理学的、自然科学的なことまで、つまり、自然界の法則というものも同じで、そこに人間をあてはめてみると、たとえば邪念とかしたたかさとか、「したたかな植物」「したたかな自然」って何？ってことでしょ。人間はやっぱり考えるから、よく昔話とか童話の世界で、したたかな植物が出てきたじゃないですか。人食い植物とか。でもあれって、魔界の話ですよね。親指姫とか、不思議の国のアリスのああいう世界観においても、やっぱり魔女が登場して……魔法がかかるじゃないですか。黒魔術というものに近いのかもしれないけれど。何であああいった世界が描き出されていたかと言うと、やはり、光を追求していくと、闇が見えますよね。けしからん！という意味で、罪悪感の下にある階層においての……罰することの必然性というか、それをやったら人間じゃないよね、という非道があって、その非道をずーっとずーっと掘っていくとね、やっぱり願いというのが、祈りというのが出てきて、その下を観ていくときに、愛というものが出てきちゃうわけです。ここの世界を、何とかしたいという想いが、願いが必然的に私の中に生まれるというか。そうすると、私はそれをどうやってそうした領域のマインドを扱ったらいいのかな……それが次のテーマになってきて。変わりたいと言いながら、変わるつもりがない人たちがいて、変わるつもりがないことをわかった上で、あえてまたやると。その繰り返しの中で、何の改心の気配もない。そうなってくると、心はどこに在るのか。無いんですよね。じゃあ、心無き者を、どこまで人間道に入れるのかなという中で、天地がひっくり返った世界を見たときに、人間はここまで落ちるんだっていうところを、想像でしかないけれども、落ちて落ちて落ちて行ったときに、やっぱり沼地があるんです……泥沼というのが。そこを、何とかしたい！という想いというものを私は何を伝えるべきなのかって、迷いが生まれていたときに、偶然立ち寄った美術館で立体マンダラを観たんです。そこで観たのが以前、マインド塾で塾生に伝えたあのマンダラ、不動明王です。結界に立って、睨み付けて踏みつけている像があって、その下にいたんですよ、無自覚に悪をやり続けている者たちが。踏みつけられていたんですよ。戒めることで、罪悪感を教えているんですね。罪悪感がわからない人に、罪悪感を教えているんですよ。罪悪感を持っていない人を、いくら罰しても変わらない。だから、罰せられるということ、戒めるということの構図（不動明王によって示されている）がそこにはあって……。では、今の社会において、その不動明王の役割をやる人は誰なのかという話ですよ。みんなやりたくない、関わりたくないときに、そういった不動明王のような人でさえも罰せられてしまうことだってある。何百年経っても、変わることのない構図が生まれていて……。無自覚な悪を戒める、それをやってくれるのが不動明王で、現代においては社会に生きる真のリーダーなんです……。それはやっぱり、愛と勇気がなければやれない。みんな関わりたくないと感じるのは致し方ない……、実際それを見た者からすれば逃げ出してしまうでしょう……それ自体に罪はない、けれど、それでいいのだろうかという想いを持てる者もいる、ただ罪悪感をもたない悪意や悪気なき悪というのは、意志も気持ちもないのだから善になりようがない……物理次元においても汚い悪事をやるし、空中戦においては汚い悪態を出し続け……空気を汚す。人の想いを踏みにじる。絆に槍を投げてくる。それはそれは醜い世界ですよ。私たちが大切にしているものを、一瞬にして破壊する。それはすさまじい……まるでゴジラが街に出て暴れているのと同じ。職場やグループで……どうしたらよいかの明確な答えなどないのかもしれない。けれどそうした世界はすでに他人事としては扱っていてはいけない……ただその答えというのは正しい整った世界から、はみ出た世界でもあって、だから何をもって答えを見い出すのか、現代において非常にセンシティブで……だからこそまだそれを、何かとは言えないけれど、その光を探し続けていきたいと感じています。

僕　**そういった先生の果敢に立ち向かう勇ましさというか正義感という言葉だけでは表わせませんが、決してやり過ごしたり見過ごしたり、放りだしたりしないところは、やはり愛の深さのような気がします。ぼくらだったらやっぱり逃げますし、そういう厄介な何かから距離を置くということは当り前にやってしまう。そこに罪悪感というのがあるから、なんとか自分をごまかしたり、付き合い程度に関わりを持つ。そんな程度が精一杯で、だから、先生は凄い、そこが圧倒**

的に違うんです。
また別の話ですけど、先生のお母さんが入院されたときがあったじゃないですか。打ち合わせのときに、時間をつくってもらって、病院でミーティングをやったり。あのとき、先生を見ていて、あー普通の人じゃできない、という局面が何回もありました。普通の人だと、どこかで自意識が邪魔して、こんなこと担当医に言っていいのかしら、こんなこと療法士の先生に言っちゃダメじゃないかとか。自分で勝手に、そう思い込んでいる人、多いと思うんですよ。でもそれって、観点を変えると、言いにくいことは言いたくないって、自分を守っているようなもんじゃないですか。ところがあのとき、先生は全然そうじゃなくて、お母さんのためにシンプルに、ストレートに動かれる。それに、普通じゃ言えないことでも言われるし、それはもちろん、文句ということではなく、言うべきことを言う。むしろ素直に伝えられる。我々がああだこうだ理屈をこねたり、他人からどうみられるかばかり気にして偽りの態度をとるのとは違う。先生は逃げも隠れもせず勇ましく、凛々しく真理を伝える。それは、お母さんのためでもあるし、療法士さんのためでもあるし、リハビリセンターのためでもある。高い視点から見ているからこそ、堂々とみんなのために言えるというもの。あれは見ていて、すごいもんだなあ、と思いました。ぼく自身、母親の介護のとき、たまたま、それなりに良い形では出来たんですけど、先生みたいに、あそこまで物事を感じとって動けていたかと言うと、自信がありません。

先生　究極、介護の世界にとって必要不可欠なのは希望だと、私は思うんです。希望をどれだけ与えられるか、その兆しを与えられるか、風を入れられるか、ということだと思うんです。それがどれだけのものかってことを、多くの人はまだ体感的にはわかっていない、そう感じています。人はとかく何をしてあげられるか、何ができるかを考えては、自分の無力さに縮こまってしまう。自分のことであればそれでもいい、けれど介護においては、そこを起点にマインドを、自分を超える１つ上の次元に引き上げていくことで見えてくることがあって、それは物理次元ではどうにもならない、どうにかなりようがなくても……どうにかしたいがあって……さいごのさいごに希望、それをつかもうとする勇気がそこには必要なのだと……

僕　**確かに希望とは何かすら考えたことなんてないし、ただ生きていこうとするエネルギーが沸き起こる。それがやっぱり大事なんですね。**

先生　久し振りに未来を想像できたって、母が口にしたときがあって、嬉しかったですね。その先に未来があるのかな、なんて思えるようになれるなんて思わなかった、と母は喜びを感じていました。不自由になっても、いや、そうなって初めて、もっと動きたい動けるようになりたい、とより強く思うこともあったのかもしれません。

僕　**先生がいつも言われていることと、いつも実践されていることが、全くブレていなくて。やはり、改めて久瑠あさ美は、希望を与えられる人、愛を実践できる人、アーティスティックな感性の人、エンターテイナー的に自由自在に創り出せる人、稀有なイマジネーションの達人。先生のことを、いろんな人がいろんなふうに言語化しようとするけれども、結局、先生はそのすべてであって、宇宙人とあえて言わせてもらいます……きっと宇宙的視点で、地球全体から小さな一粒の希望を観ている……そんな感じだと僕は思っています。**

以上ですが、最後に、私がまとめた、厖大な、あさ美トークの中から、シンプルで、シンプルだけど高度で、私も忘れることのできない、簡潔なコトバをいくつか附記いたします。

『本当に人を幸せに出来るためには、本人自身が笑顔でないと無理です。
自己犠牲から本当の愛は生れません』
『何が何だかわからない、それが人生なのです。
何が起きても平常心になるためには、
逆を言うと常に何が何だかわからない状態になれること、
それが重要なのです』
『感情の上に論理があり、その論理の上に感性があるのです。
だからときに学者の論文、つまり学術よりも、
アーティストの表現＝芸術の方が人間の心を動かす。
だから私は、感動の創出にこだわるのです』
『凡を否定しているんではないのです。
凡から非凡にいかにしてなるのかの話が重要。
当り前に凡の出来る人間だからこそ、非凡が出来るのです』
『みんな、失敗を後退と思っているけど、違いますよ。
ネガティブをどうポジティブにするか、いかにリカバリーできるかを問われている。
そのときその瞬間に、過去の塗り替えが必要なんです』
『他の誰でもない、自分がチームを引っ張っていくという
マインドがなければ、永遠にリーダーにはなれません』
『ダ・ヴィンチはモナリザの内面、感性の部分を表現していたのです。
目に見えるモナリザではなく、目には見えないモナリザ、感じていく世界。これが達人の業、本物のプロの仕事です。
私たちも感性を磨くことでしか、
その本質的な世界を、自ら体感することはできない。
それはまるでコンピューターがお茶づけを認識したとしても
美味しいと味わうことはできないのと同じこと。
人間の感性こそが、未来を動かしていくのです』

（59歳／コンサルタント／男性）

第５幕
資料館 —マインドの法則展—

潜在意識に働きかける“心の業”

久瑠式 生き様診断テスト

ステップ1

◆ 下記の16個の質問に、イエスかノーで答えてください。

	質問	YES	NO
X（ヨコ軸）	① パーティなどの人の集まるところに行くのが苦手	●	○
	② 自信をなくすことがよくある	●	○
	③ 物事がうまく進まないとき、原因は自分にあるとよく思う	●	◉
	④ 理由もなく「孤独だ」と思うことがよくある	●	○
	⑤ 人を使うことが上手だと思う	◉	●
	⑥ 気持ちの切り替えが早い	○	●
	⑦ ついつい「自分」を語ってしまうことが多い	○	●
	⑧ 茶目っ気があるほうだ	○	●
Y（タテ軸）	⑨ 勘がいいほうだと思う	○	●
	⑩ 本音を隠すことがある	○	●
	⑪ 人に合わせるのが苦手だ	○	●
	⑫ 目標は高めに設定する	○	●
	⑬ 自分は「個性的だ」と思う	◉	●
	⑭ 先手必勝で勝ちに行くタイプだ	◉	●
	⑮ 他人の意思に左右されない	○	●
	⑯ 心配事があると、夜、眠れなくなることがある	○	●

診　断

ステップ2

◆ マークの種類によって、配点が異なります。

配点　◉＝20点　○＝10点　●＝0点

X（ヨコ軸）

①から⑧までの点数を合計します。

（◉×□個）＋（○×□個）＝□点
20点　10点

Y（タテ軸）

⑨から⑯までの点数を合計します。

（◉×□個）＋（○×□個）＝□点
20点　10点

〈ステップ3〉

◆ステップ2のXで出た数字をヨコ軸に、Yで出た数字をタテ軸に、マトリックス上にプロットしてください。
2つの得点が交わるところがあなたのメンタルタイプです。

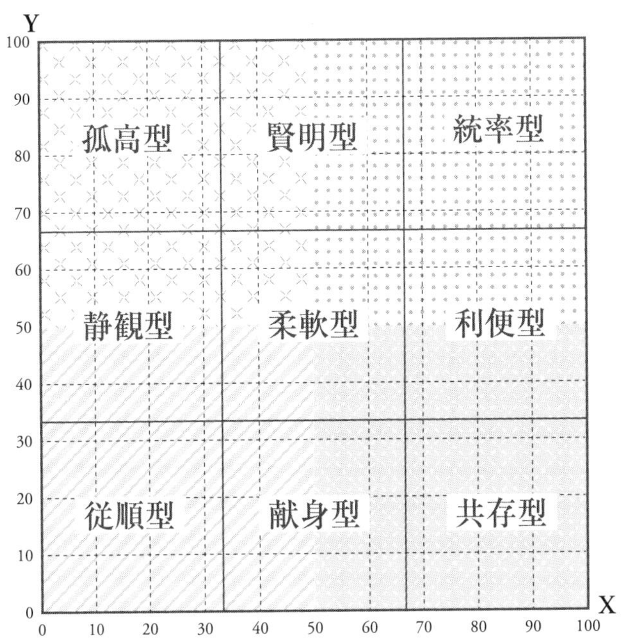

9つの生き様タイプ

【統率型】王様タイプ

【孤高型】ストイックタイプ

【共存型】ストレスフリータイプ

【従順型】受け身タイプ

【柔軟型】ニュートラルタイプ

【賢明型】王様になりきらないストイックタイプ

【利便型】王様になりきらないストレスフリータイプ

【静観型】ストイックになりきらない受け身タイプ

【献身型】ストレスフリーになりきらない受け身タイプ

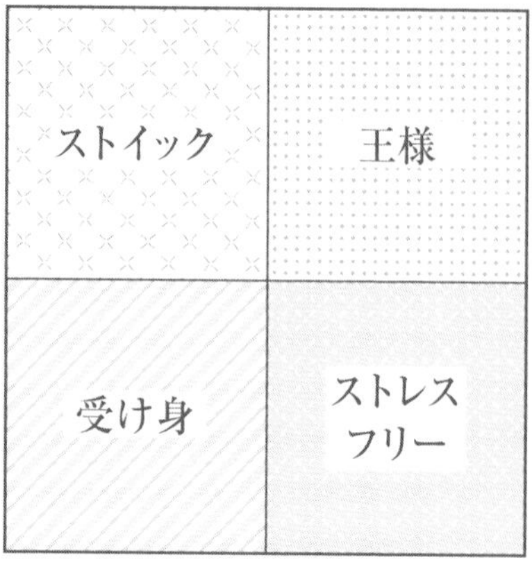

「生き様診断テスト」では、自己肯定度と、アグレッシブ度のバランスで、人間のメンタルタイプを4つに大別しています。従来は、ベースとなる「王様タイプ」「ストイックタイプ」「ストレスフリータイプ」「受け身タイプ」の4タイプでしたが、「ニュートラル」を含めた“境界タイプ”の5タイプを加えメンタルタイプを9つに細分化したことで、自分自身のタイプをより詳細に認識でき、更に精度の高いメンタルタイプの把握が可能となりました。

ストイック	王様
受け身	ストレスフリー

9つのメンタルタイプの特徴は次の通りです。

①統率型（王様タイプ）

自分に対する肯定感はとても強く、また決断のスピードも速いタイプです。情熱的かつエネルギッシュで、目標を実現するための実行力が備わっています。親分肌・姉ご肌で周りの人間を動かす力に長けています。自分の信念を貫き通すことができるので、周囲から支持を得られれば、大きな成果を出すことができます。

その反面、状況によっては他人に対して攻撃的になることがあり、自己肯定感の強さが「自意識過剰」ととらえられてしまうことがあります。また周りの人間に対して「上から目線」になりがちで、衝突や反発を招きやすいともいえます。自らを過大評価してしまい、現実がともなわない状況下では、周囲から認められないと「裸の王様」になってしまうこともあります。

②孤高型（ストイックタイプ）

自分の美学とこだわりに対しては強い信念があり、それを一心不乱に追い求めるメンタリティを持っています。

目標達成のためには苦難をものともせず、常に高い理想を求めています。夢を夢で終わらせない粘り強さを持ち、自分の限界を超えるためのチャレンジを何度も繰り返します。
短所として、ときに自分にも他人にも厳しくなりすぎて、「ついていけない人」になってしまうことも。集団の中でうまく居場所を見つけられずに孤立してしまうおそれもあります。高い理想を追求するあまり、それを達成できなかったとき深い挫折感を抱きがちです。

③共存型（ストレスフリータイプ）

自他に対して、とても大らかなタイプです。自己肯定感は強いのですが、だからといって他人に自分のやり方を主張することはなく、お互いにとって居心地のいい関係性を求めています。
他者への「善い行い」を自分のモチベーションとし、周囲からの期待や信頼などを、柔軟に取り入れて自分のパワーにすることができます。
周囲との調和能力がとても高い反面、極端に争いを避けようとするあまり、曖昧な関係を好み、しがらみから逃れ、さらりとした人間関係を望みます。このタイプの「ストレスフリー」の意味するところは、ストレスを感じないのではなく、極端にストレスを避けようとするのです。目標のハードルを低く設定することで、多くを望まず、安定を求めます。そのため、大きく成長するチャンスを逃してしまうこともしばしばあります。

④従順型（受け身タイプ）

他者に対して寛容で一歩譲ることのできる精神を持っています。自分より他者を尊重する謙虚で従順な面を持っています。気配りにも長けていて、組織や人間関係の中では、縁の下の力持ちとしての自分の役回りをうまく達成し、力を出すことができるでしょう。
短所としては、自己評価がとても低い傾向があることと、また他者に対して依存的でノーと言えない面があります。自己犠牲的な行動パターンが、ときに被害者意識を生むことも。チームで仕事をする際も指示待ちになりやすく、積極性に欠け、責任の大きいことから逃げてしまう傾向があります。

⑤柔軟型（ニュートラルタイプ）

「王様タイプ」「ストイックタイプ」「ストレスフリータイプ」「受け身タイプ」のメンタルをあわせ持っており、状況や立場によって自分を使い分けられる、臨機応変さを持っているのがこのタイプです。

他方で、自分の個性や本音を強く出さないために、空気のような存在になってしまうことも。存在感が乏しくなり、自らを発揮することができないこともあります。

⑥賢明型（王様になりきらないストイックタイプ）

リーダー的な素質と、目標に向かってストイックに取り組める素質を兼ね備え、周囲の状況を敏感に察知して対応します。自分が動くべきか、他者を動かすべきかといった判断力が巧みで適確なのが持ち味です。

ただ、状況に配慮しすぎると、物事の優先順位などを見誤ったりすることがあります。また、自分のように器用に立ち回れない人を持て余し、その結果、おいてけぼりにしてしまい、信頼を失うことがあります。

⑦利便型（王様になりきらないストレスフリータイプ）

野心や自己現実欲求を持ちながらも、周囲との平穏な状態に心地よさを感じるタイプといえます。敵をつくらず、場の空気も壊さずに欲しいものを手に入れる、要領のよさを備えています。

他方、自由であることを求めながら、孤立することを極端に恐れるのが特徴で、自分が抜きん出て目立つことを意図的に避けます。高いポジションや、大きなチャンスを与えられると、急に逃げ腰になることもあります。

⑧静観型（ストイックになりきらない受け身タイプ）

高い理想を目指したいと願いながらも、失敗に備えて保守的な姿勢をなかなか変えられないタイプです。ただし、チャンスが到来すれば人一倍突っ走るタイプともいえます。

けれど、成功するのは容易でないと考えがちです。失敗に対する不安や恐怖心が強固で、最初の一歩がなかなか踏み出せないタイプです。

⑨献身型（ストレスフリーになりきらない受け身タイプ）

人生を前向きにとらえながらも、状況によってネガティブにも振れやすいタイプです。他者との関わりを積極的に求めながら、対立や衝突を避けようとするので、人間関係において巧妙に立ち回り、間接的にやんわりと人を動かすことが得意です。繊細で、他者に思いやりがあり、和やかな心配りが得意です。

献身的な姿勢で接する裏には、「いい人でいたいズルい自分」がいます。

4タイプの生き様メンタルグラフ

「理想」⇔「現実」⇔「挫折」

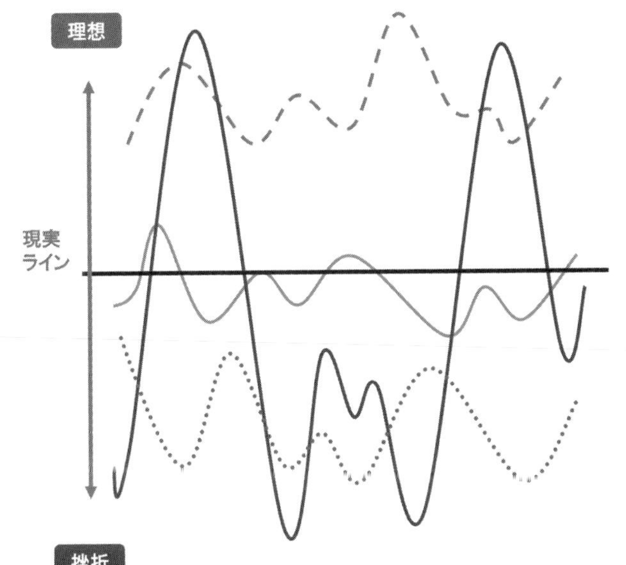

【王様タイプ】
理想の領域で高めをキープするほどに本領を発揮。現実ライン（挫折の領域）に落ち込んだ自分を認められない

【ストイックタイプ】
振れ幅の大きい人生。挫折が大きいほど成功も大きい。挫折やスランプを楽しめるようになれば一流

【ストレスフリータイプ】
安定を求め、現実ラインにとどまりがち。理想を求め現状を打破する向上心があれば「高め安定」へ

【受身タイプ】
自己評価の低さから挫折の領域に向かいがちなメンタル
まずは、現実ラインまで引き上げそこから、理想を目指す

心の視点の高さチェック

ステップ1

◆ あなたの心の視点の高さをチェックしてみましょう。
A、B、C、3つのゾーンのチェックリストで、自分が該当すると思ったものにチェックを入れてみましょう。

A

①自分は価値がある人間だ……………………………………□
②自分に自信があるほう……………………………………□
③人生を前向きに生きていると思う…………………………□
④自分は努力すればどんな困難でも克服できる……………□
⑤どんなときも自分自身に正直に生きている………………□
⑥仲間の失敗は、自らの失敗として受け留める……………□
⑦相手の顔の表情や空気感から、気持ちを察することができる………□
⑧考えが全く違う人の意見も、受け入れることは苦ではない……□
⑨自分の身内や家族の幸せと同じだけ、他人の幸せを願っている………□
⑩目に見えないものに価値を見い出すほう…………………□

A合計＿＿＿点

B

⑪用心深いほうで、いろいろなことが心配になる…………□
⑫気分屋で、あまのじゃくな面がある………………………□
⑬自分の感情や気持ちを素直に表現するのが苦手だ………□
⑭自分はたいした人間ではないと思っている………………□
⑮予期せぬことに遭遇すると、非常に戸惑う………………□
⑯他人の過ちや悪態に気づいてもあまり意見することはない………□
⑰支払った金額に見合うものが、十分に返ってこないと不満だ……□
⑱疑いだすと、際限がなくなる………………………………□
⑲面倒くさいことや、深刻なことは避ける傾向がある……□
⑳他人に言われて動くことが多い……………………………□
㉑ダメだといわれると、やってみたくなる…………………□
㉒自分のことが「うざい」と思われているかどうかが、常に気になる……□
㉓恋人と別れる時、自分は傷つかないように別れたい……□
㉔あえてわがままをいい、相手を困らせたり怒らせたりしがち………□

㉕自分が愛されているかどうか、相手を試すことがある …………………□
㉖ドタキャンにあうと、とても腹が立つ ………………………………………□
㉗占いに書いてあることは、気になるのであまり読まない ……………□
㉘「あのとき、こうしていれば……」と思い返すことがある ………………□
㉙自分はよく損をすると、思う ……………………………………………………□
㉚言ったことを後悔することが多い ……………………………………………□

B合計＿＿＿点

C

㉛その場の状況に応じて対応するのが得意 ……………………………………□
㉜ワンランク上の目標を設定して、向上できるよう努力する ……………□
㉝自分なりの美学、感性に自信を持っている …………………………………□
㉞何ごとも明るい、楽しい面を見い出そうとする傾向がある ……………□
㉟理論的に考えを組み立てたり、本質を追求するのが好きだ ……………□
㊱自分の感性をいろいろな方法で表現するのが得意だと思う ……………□
㊲その場の雰囲気には目ざとく反応し、勝ち馬に乗るのが得意 …………□
㊳礼儀正しく、品性を持って行動している ……………………………………□
㊴正義感、責任感が人一倍強い …………………………………………………□
㊵同時に2つのことができる ………………………………………………………□
㊶失敗した人を必要以上に責めたりしない ……………………………………□
㊷理由はどうであれ、自分を振った異性を許すことができる ……………□

C合計＿＿＿点

チェックの結果と診断

ステップ2

◆ A、B、C、各ゾーンのチェックを入れた回数を計算します。
それぞれのチェックの数を合計したら、
(A＿＿点)＋(C＿＿点)－(B＿＿点)＝として、合計数を出してください。

20点以上【高層階の住人】
15～19点【中層階の住人】
9～14点【低層階の住人】
1～8点【地上階の住人】
0点以下【地下階の住人】

あなたの合計数は＿＿＿＿点

マインドビュー・ポイント

心の階層が高まると、視野も拡がり
自由になれる。

マインドマスター

高層階

中層階

低層階

地上階

地下階

①②③④⑤⑥⑦⑧⑨

【生き様診断９タイプ】

①王様
②ストイック
③ストレスフリー
④受け身
⑤ニュートラル
⑥王様になりきらないストイック
⑦王様になりきらないストレスフリー
⑧ストイックになりきらない受け身
⑨ストレスフリーになりきらない受け身

■ 高層階

社会的マインドビューを持つ「高層階」の住人

あなたは、社会的視点を常に持ち、社会を動かそうとしている人です。

「高層階」の住人は、「目に見えないもの」「耳に聞こえないこと」といった高次元の情報価値を、敏感に感じることができる人です。そして、それらを未来の判断材料にすることができます。

自分が知らない世界に常に興味を持ち、意識を向けている人です。見えないもの、聞こえないことを、自ら積極的に確かめ、感じられます。

この階層の住人は、組織においては未来のビジョンを掲げ、自分だけでなく周囲も多角的にとらえることができます。

そのためチーム全体のパフォーマンスを上げるべく、最適な行動をとることができます。つまり、組織やチームを活性化させる、真のリーダーシップマインドの持ち主といえます。

ただ役職がリーダーだからといって、真のリーダーシップを発揮できているとは限りません。リーダーになるために頑張るのではなく、リーダーシップを発揮できるマインドの持ち主だからリーダーとしての役割を果たせるのです。

真のリーダーシップマインドを育み続けることで、組織、社会において、本当の意味でのリーダーシップを発揮することができるでしょう。

メンタルタイプが「王様」タイプであった人がリーダー気質だというイメージを、世間一般においては持たれがちです。「受け身」タイプでも、「ストレスフリー」や「ストイック」タイプでも、リーダーになり得ます。もちろん「境界」タイプの人も同様です。リーダーの資質において重要なのは、視点が高いか低いか、です。

高層階の住人とはいえ、頭上に拡がる空間は無限です。常に、見えない、聞こえない情報をキャッチすべく感性を磨くよう努力しましょう。まだ誰も気づいていない新しい価値や、潜在的なリスクを常に見い出すことのできるマインドを創り上げてください。

■ 中階層

組織的マインドビューを持つ「中階層」の住人

あなたは、向上心を持ち、日々、自他ともに自己実現に励む人です。

あなたは、「目に見えない」「耳に聞こえない」高次元の情報価値を、漠然と感じながら生活しています。興味の範囲は広く、意欲は強いのが特徴で、自らも積極的に動きます。

その反面、見えているもの、聞こえてくる情報、つまり、いまやらなければいけないことに反応するあまり、自分以外の何かに振り回されることが多々あります。

仕事では、上司の意図や、部下の感情をくみ取りすぎて、板挟みになりがちな、いわゆる器用貧乏な性分があります。

■ 低層階

他者を見るマインドビューを持つ「低層階」の住人

あなたは、周囲に気を配り、現実に縛られがちな傾向のある人です。

「目に見えないもの」「耳に聞こえないこと」の価値や違いをあまり感じることができず、現実に「見えているもの」「聞こえていること」から、大半の情報を得ている階層です。

地上階に比べれば、まだやや視点が高いため、周囲を見渡し、把握することはできます。しかし地面に近い階層のため、下へ降りることへの抵抗感も少なく、しばしば《マインドビュー・ポイント》が引き下がりがち。自分が思い描く理想と現実のギャップに、悩まされます。

会社やチームにとっては、都合よく働いてくれる、バイタリティー溢れる便利な存在となりますが、新しい価値を生み出す存在にはなりきれません。

■ 地上階

個人的マインドビューを持つ「地上階」の住人

あなたは、自己の感情に飲まれがちで自己中心的な傾向の強い人です。

現実に「見えているもの」「聞こえていること」の、低次元の情報がすべてでこれらに囚われてしまう階層の人です。

視点が低いところに位置し、先行きを見渡すことが苦手です。自分の「視点と視座」（視座＝マインドポジション）を変えられないため、どうしても視野が狭くなります。そのため、ものの見え方を変えることができず、物事の判断も短絡的になりがちです。ときとして自らの感情に流され、取り返しのつかないトラブルを引き起こすことも少なくありません。
仕事では、思考や行動のバリエーションが乏しいため、様々な状況変化への対応が苦手です。結果として指示待ちスタイルに陥ってしまいます。とはいえ、常にネガティブではなく、素直・従順でさえあれば、会社からは扱いやすい人間だと受けとられます。

■ 地下階

マインドビューを持たない「地下階」の住人

あなたは、独り善がりで現実を否定的にとらえがちな人です。
自分自身を含めて、今起きている現実さえも見えず、耳にも聞こえていないという、あたかも地下にいるような、心の階層の人です。
自らを閉鎖的な空間に置き、周囲からの情報は遮断されているため、何かに影響も受けることがなく、また与え合うことに価値観を見い出せません。
仕事では、過去の失敗やトラウマに囚われ、ネガティブな感情が常に前面に出てしまい、物事を斜めから見てしまう傾向が現れます。当然の結果として、自己肯定感は引き下がる一方。「できっこない」「無理に決まっている」と、始める前から、自らに制限をかけてしまい、マイナスのスパイラルに陥りがち。何より危険なのは、そうしたことに無自覚であるため、気づいていないことです。そのため、悪意がなくとも、気づくと周囲に負の感情をまき散らしているということになりかねません。

以上のテスト結果の解説でおわかりのように、心の視点《マインドビュー・ポイント》の高さは、実は自分自身が無自覚に選び、決めていることなのです。逆に言うと、自分自身のマインドの在り方が変われば、心の視点の高さは確実に引き上がっていきます。

潜在能力を発揮するための体感トレーニング

マインドサイクルを知るワーク

◆ 自分に当てはまる項目をチェックしてください。

◆ A～Eの各項目ごとに合計点数を出し、次ページのマインドチャートに記入し、あなたの現在のマインドチャートを完成させてください。

A

①プライベートでもあまりハメを外すことはない。……………………（1点）
②怒っている自分や悲しんでいる自分を冷静に見ているもうひとりの自分がいつもいる。……………………（1点）
③相手の長所、短所やその個性の活かし方が初対面でわかる。……………（3点）
④問われるのは「ミスしたことより、どうリカバーするか」であり、それをいつも実践している。……………………………………（2点）
⑤常に複数のプロジェクトや課題を並行して行い、同時に新たなアイデアを生み出している。……………………（4点）
⑥場面によって自分が何を求められているかを感じ取る能力が高い。………（2点）
⑦どんなときも、自らの美学を貫いて生きている。……………………（4点）
⑧自分のことを嫌っている人の幸せも無条件に願い、自分を嫌うその気持ちを在りのままに受け止められる。………………（3点）

A合計＿＿＿点

B

①自分の感情を敏感にキャッチするタイプだ。……………………………（1点）
②海を思い描くと、波の音と潮の香りを感じることができる。……………（2点）
③「どうしたらいいか」と誰かに訊く前に、自分の心で感じれば、答えは自ずと見えてくる。……………………（3点）
④「何が起こったか」ではなく、「そのとき何を感じているか」を大切に行動している。………………………………………（1点）
⑤感動が溢れて、言葉にならない瞬間が多々ある。……………………（4点）
⑥ジャンルを問わずどんな映画を観ても、必ず目頭が熱くなる。…………（2点）
⑦たとえ初対面であっても、言葉を交わさずに相手の揺れ動く感情をくみ取ることができる。……………………（3点）
⑧「会って温かい人」より「離れて温かい人」を大切にしている。　（4点）

B合計＿＿＿点

C

①仕事でもプライベートでも四六時中、やりたいことが溢れている。…………(1点)
②「気がついたらやっていた」ということが多い。………………………(2点)
③自分は「〜すべきである」、「〜ねばならない」と言わない。……………(3点)
④「したいこと」を「できる！」に変えるために、
　わくわくしながら諦めずに実行していることがある。…………………(2点)
⑤人生の決定権は、いつでもどんなときも自分に在る、そう思って行動する。(1点)
⑥我を忘れ、無我夢中になることが多い。……………………………(4点)
⑦「できるか／できないか」ではなく、
　「したいか／したくないか」で判断・行動する。………………………(3点)
⑧「人生は、とっ散らかして生きたって構わない」、
　そう大胆に勇ましく生きている。……………………………………(4点)

C合計＿＿＿点

D

①失敗しても、いつも未来のイメージが先にある。…………………………(1点)
②準備していなくても、企画書を素早く仕上げるのが得意。………………(2点)
③「柔らかい」「暑い」と聞いて、どこか具体的な情景を
　思い浮かべることができる。……………………………………(1点)
④何事も「難しい」から面白い。「面白い」からワクワクすると
　とらえて挑める。…………………………………………………(4点)
⑤砂漠を歩いている自分を想像すると、のどが渇いてくる。………………(3点)
⑥会話の中で、相手の話している世界に自在に入り込める。………………(2点)
⑦自分の母親を野菜にたとえると何か？という問いにすぐに答えられる。……(3点)
⑧自分は、現在「ないもの」を、未来「あるもの」と宣言できる
　不屈の精神を持った人間だ。………………………………………(4点)

D合計＿＿＿点

E

①思っていることを、上手く表現できるタイプだ。…………………………(1点)
②誰もが「無理だ」という状況においても、まずはやってみる。……………(2点)
③リンゴについて、10分以上、笑顔で語れる。……………………………(3点)
④「変化を恐れない心」を持ち、何事にもチャレンジしている。……………(4点)
⑤言いたいことをストレートに、物怖じせずにわかりやすく伝えられる。………(1点)
⑥初対面であっても、1対1で何時間でも本気の会話をすることができる。…(2点)
⑦「伝える」と「伝わる」の違いについてディベート（論議）できる。………(3点)
⑧日常において、喜怒哀楽を素直に表現できる人間である。………………(4点)

E合計＿＿＿点

マインドサイクル

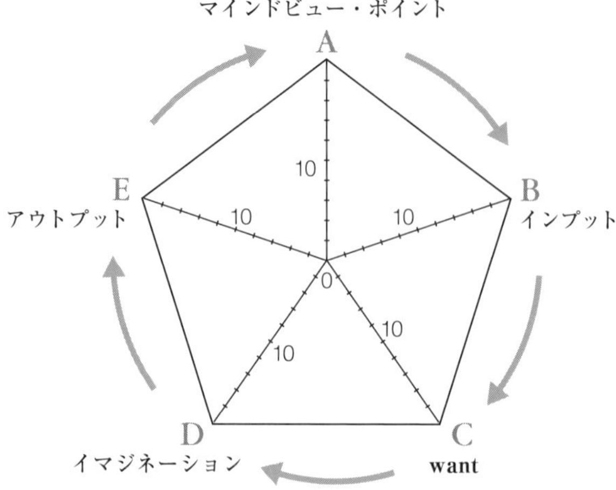

潜在能力を発揮するために必要な5つのマインド力をダイヤモンド型で表示したチャート診断です。［マインドビュー・ポイント］（A）から右回りに順に［インプット］（B）、［**want**］（C）、［イマジネーション］（D）、［アウトプット］（E）の点数を記入し、いまのあなたのマインドチャートを完成させてください。

最もクリエイティブなダイヤモンドマインド

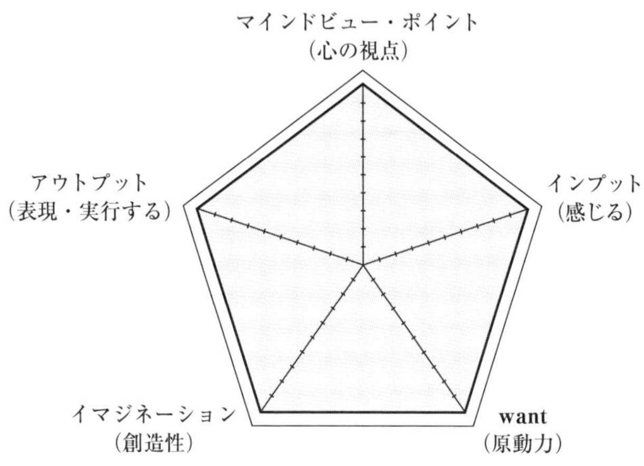

上図のような大きくきれいなダイヤモンド型が理想です。5つのマインド力にバランスよく磨きをかけ、潜在能力を発揮して、マインドマスターを目指してください。

心の業

久瑠式トレーニングは、すべてを言語化することができない意識の体感トレーニングです。
そうした久瑠あさ美の体感から生まれた“心の業”は、様々なワークシートやプログラムの中に組み込まれていきます。
ここでは実際に久瑠が塾生に伝授する際に使用している図版やスライド等の資料の一部を掲載し、いかにしてそれらが誕生したかの軌跡をお伝えします。

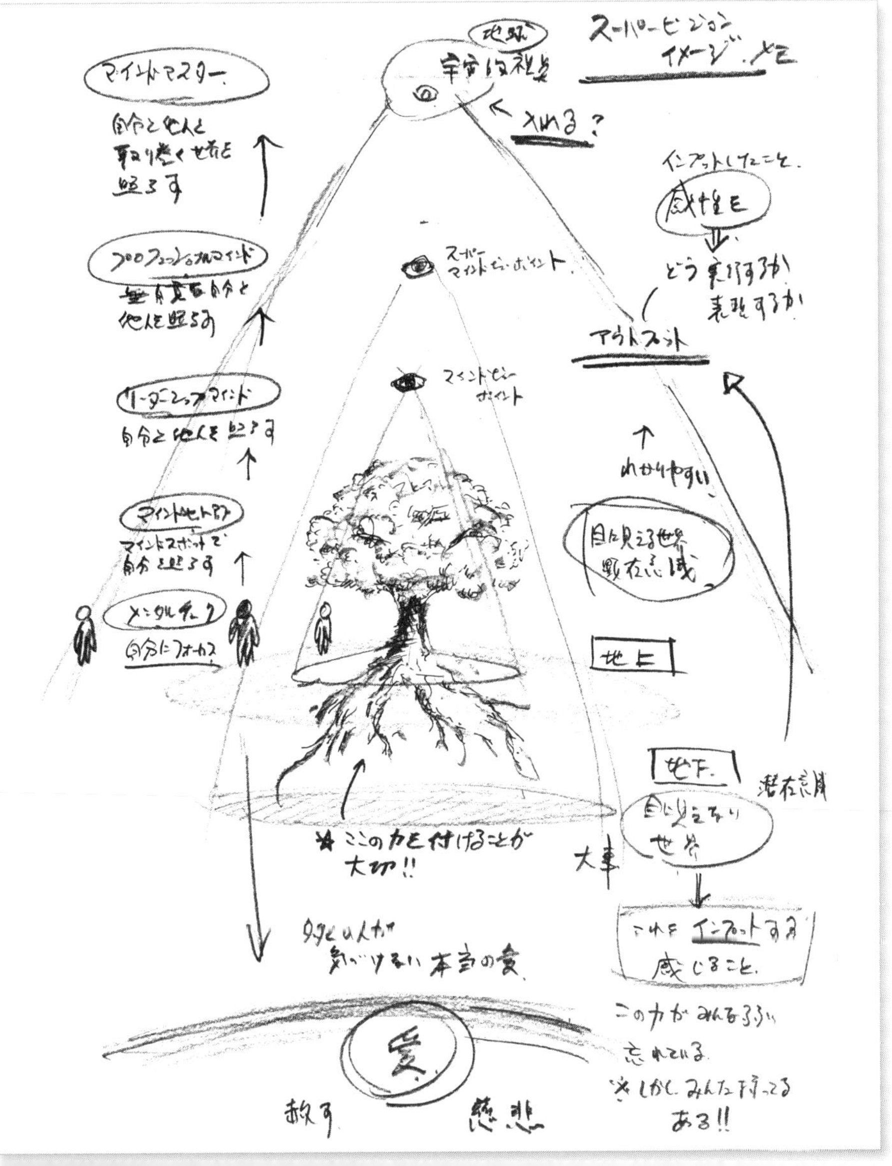

マインドの法則
図解

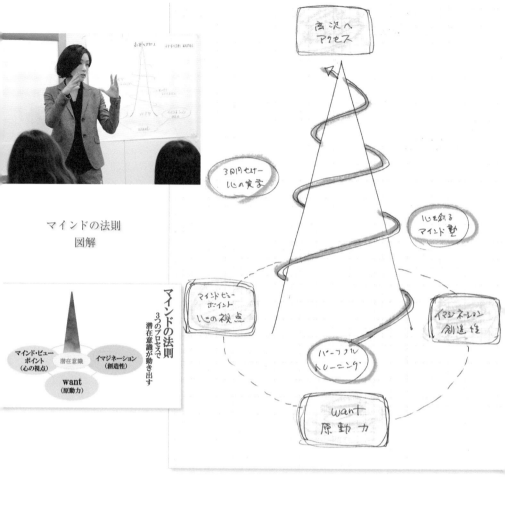

マインドの法則
3つのプロセスで潜在意識が動き出す

マインド・ビューポイント（心の視点）
潜在意識
イマジネーション（創造性）
want（原動力）

高次へアクセス
3日間セミナー 心の実学
心を創る マインド塾
マインドビューポイント 心の視点
イマジネーション 創造性
パーソナルトレーニング
want 原動力

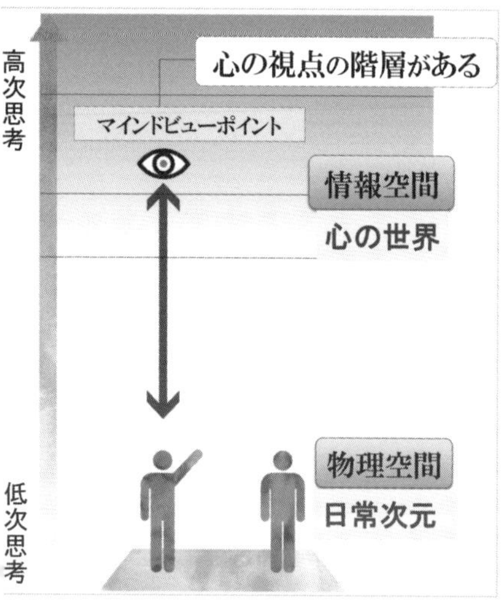

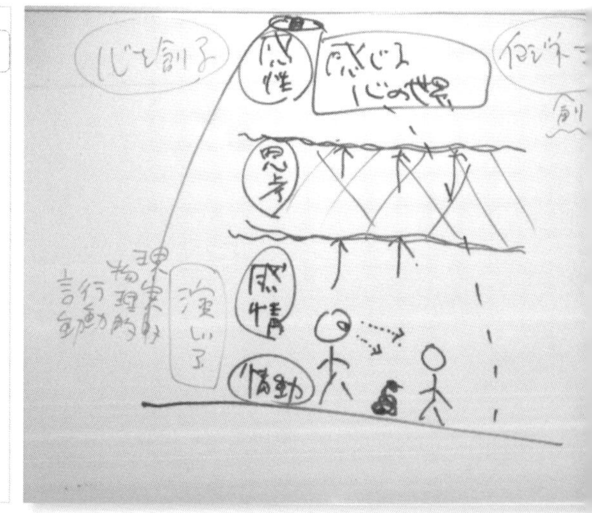

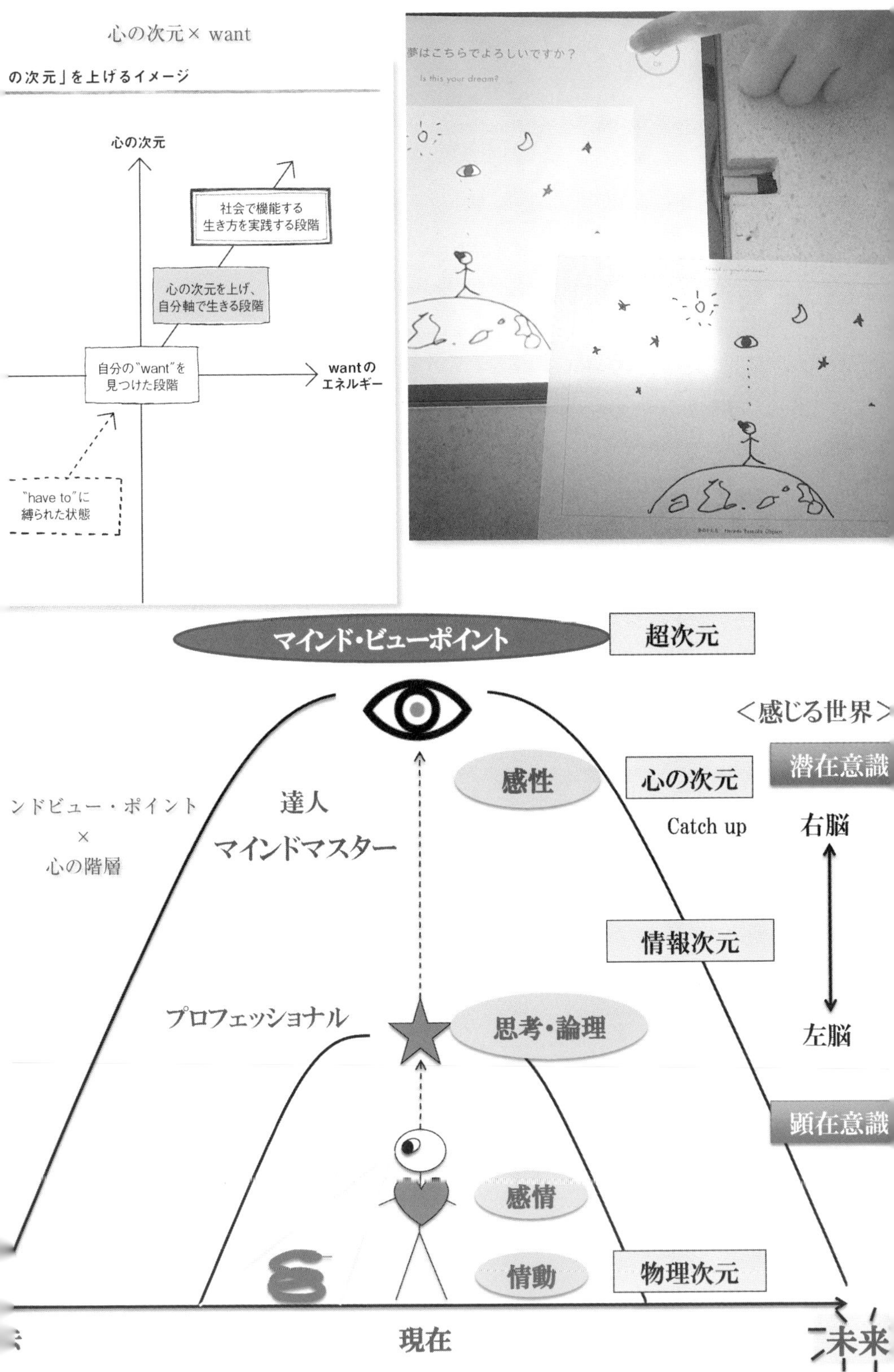

心の次元× want
の次元」を上げるイメージ
心の次元
社会で機能する
生き方を実践する段階
心の次元を上げ、
自分軸で生きる段階
自分の"want"を
見つけた段階
wantの
エネルギー
"have to"に
縛られた状態
夢はこちらでよろしいですか？
Is this your dream?
マインド・ビューポイント
超次元
＜感じる世界＞
潜在意識
感性
心の次元
ンドビュー・ポイント
×
心の階層
達人
マインドマスター
Catch up
右脳
情報次元
プロフェッショナル
思考・論理
左脳
顕在意識
感情
情動
物理次元
現在
未来

マインドビュー・ポイントの活かし方

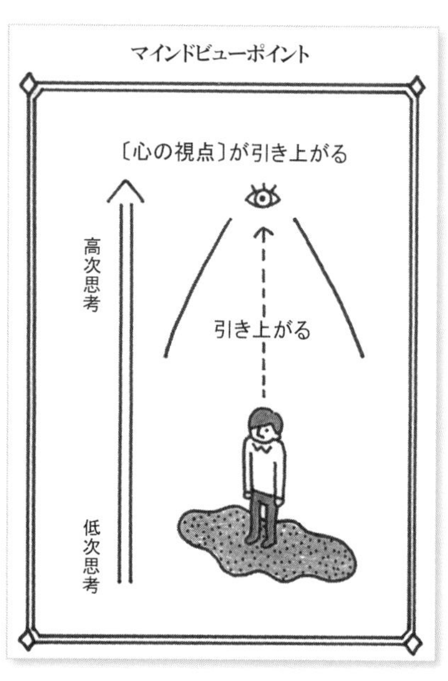

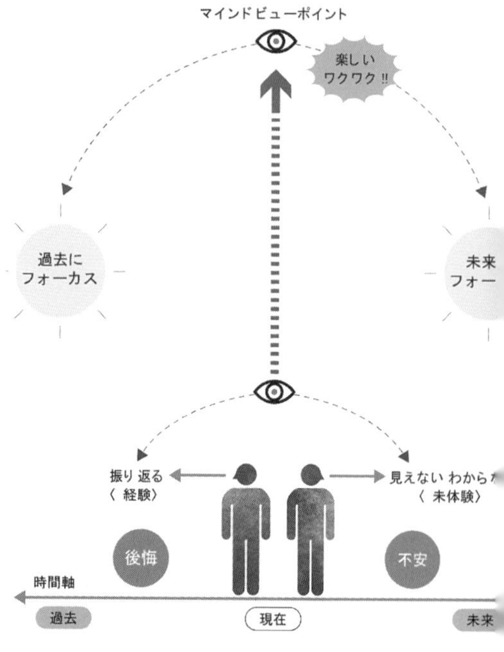

マインドビューポイントが引き上がると、「現在」に身をおきながら
「未来」も「過去」も自由自在に選択できるようになる

時間は未来から現在に流れている、とイメージする

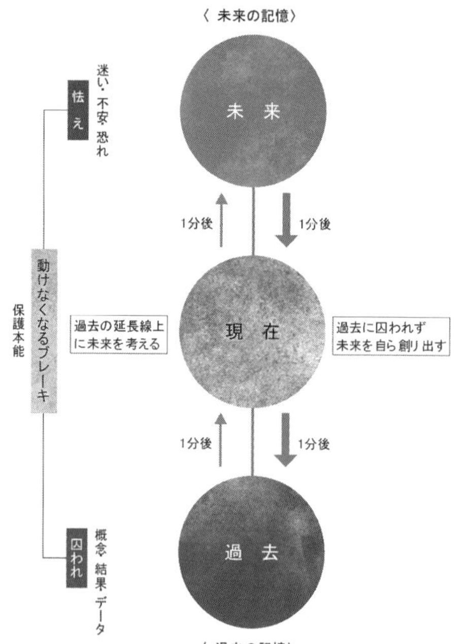

人は過去の失敗に囚われてしまいがち。
「1分先の未来が"いま"を創り出している」
時間は未来から流れてくるととらえてみる。

時間の概念

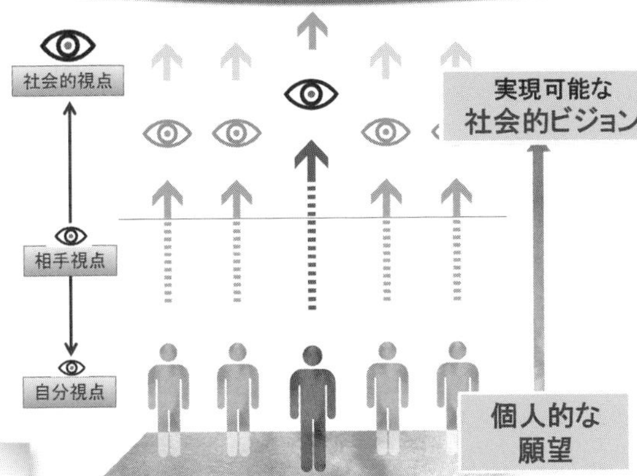

生き様診断×心の階層
×社会的視点

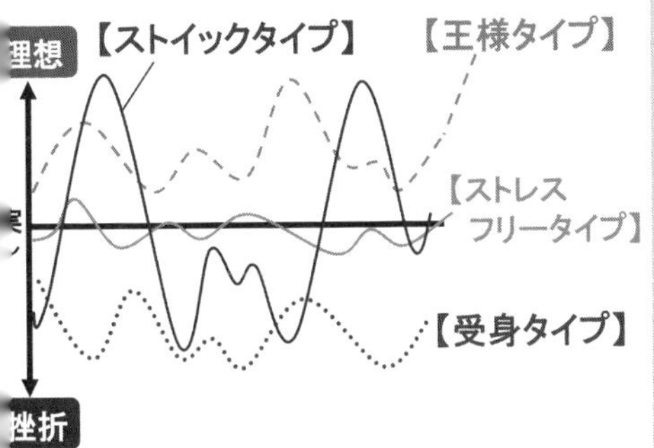

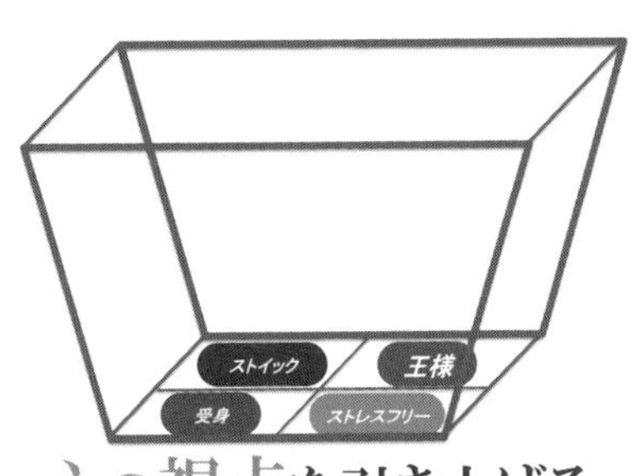

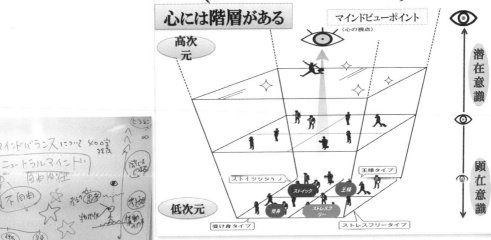

心の視点が引き上がると
生き様は自由に選べるようになる

心には階層がある

マインドビューポイント
(心の視点)

高次元

低次元

潜在意識

顕在意識

王様タイプ

ストイックタイプ

ストイック

王様

受身

ストレスフリー

受け身タイプ

ストレスフリータイプ

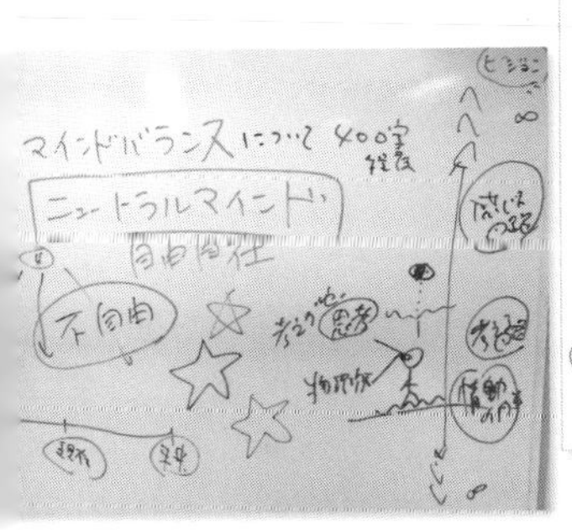

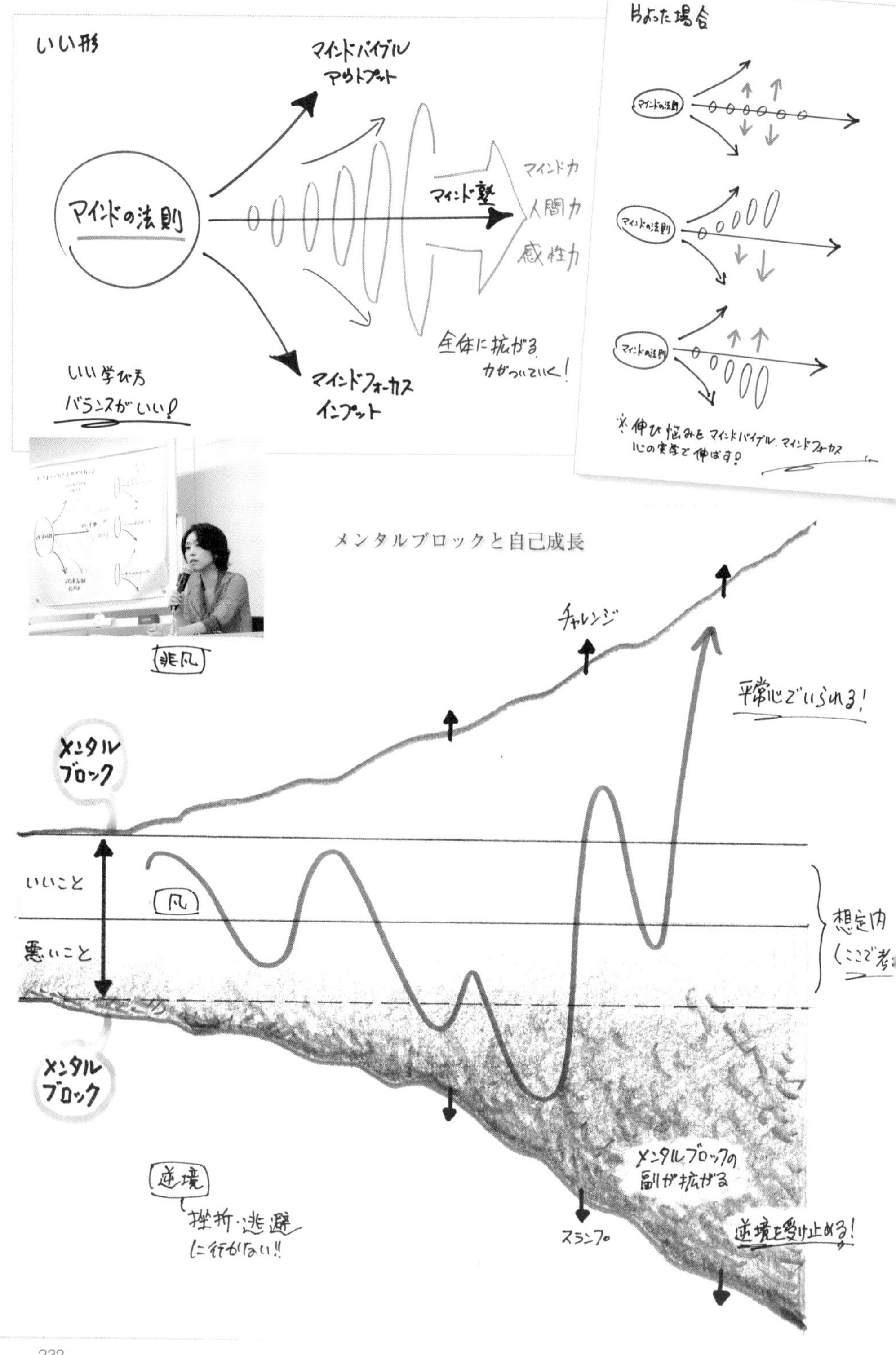
いい形
マインドバイブル
アウトプット
マインドの法則
マインド塾
マインド力
人間力
感性力
全体に拡がる
力がついていく!
いい学び方
バランスがいい!
マインドフォーカス
インプット
片よった場合
マインドの法則
マインドの法則
マインドの法則
※伸び悩みをマインドバイブル、マインドフォーカス
心の実学で伸ばす!
非凡
メンタルブロックと自己成長
チャレンジ
平常心でいられる!
メンタルブロック
いいこと
凡
悪いこと
想定内
(ここで考
メンタルブロック
メンタルブロックの
幅が拡がる
逆境
挫折・逃避
に行かない!!
スランプ
逆境を受け止める!

利己から利他へのワーク　　フレストメモ

マインドの法則×利己と利他

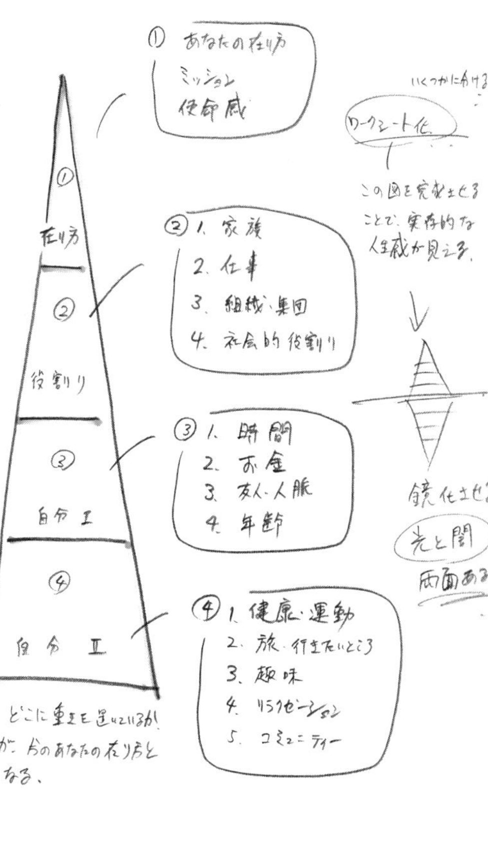

人間力を高める光と陰のワーク
（心の盲点に気づき、使命感を創り出す）

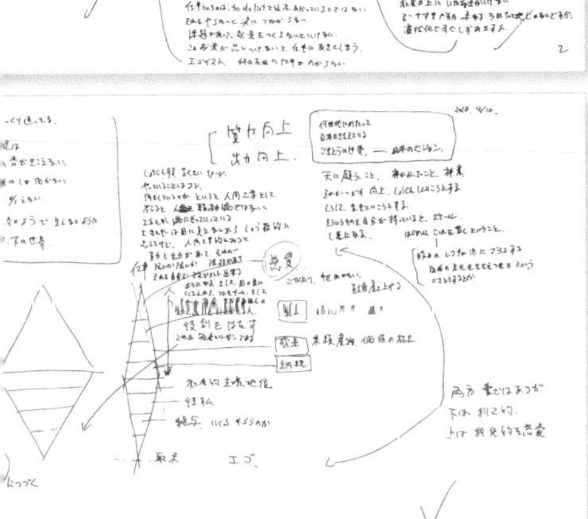

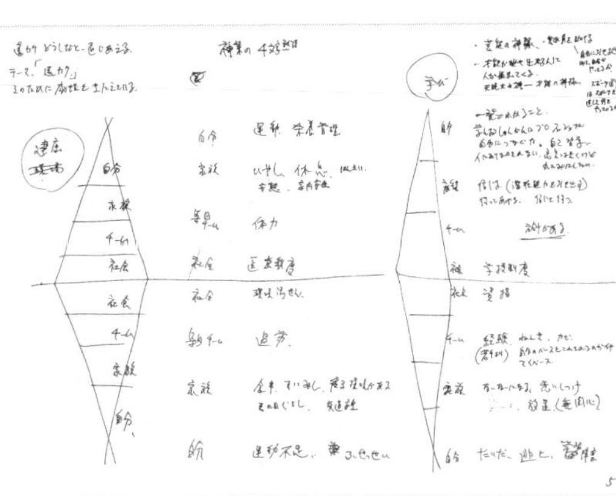

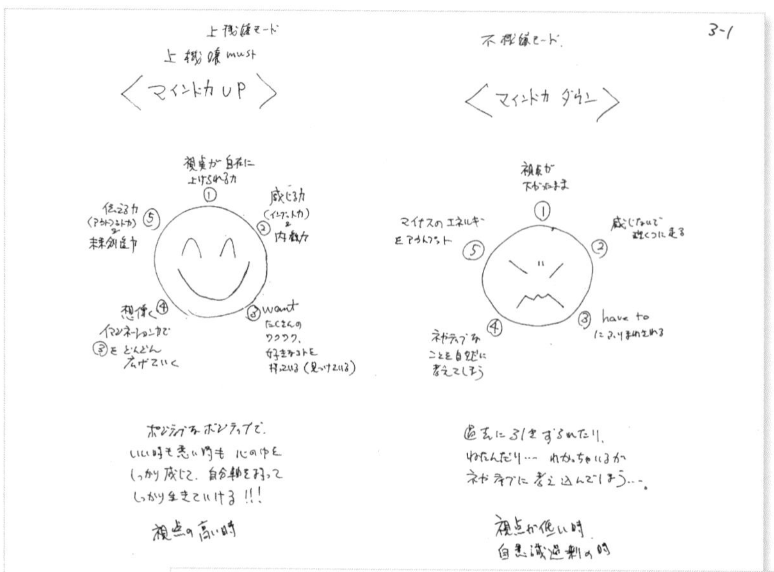
3-1
<マインド力 UP>
<マインド力 ダウン>
視点の高い時
視点が低い時
自意識過剰の時

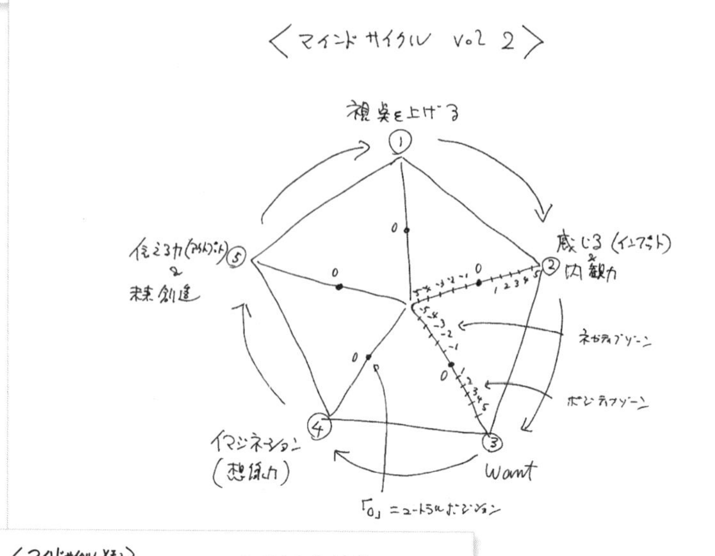
<マインドサイクル ver2>
視点を上げる
感じる（インプット）&内観力
want
イマジネーション（想像力）
伝える力（アウトプット）&未来創造
ネガティブゾーン
ポジティブゾーン
「0」ニュートラルポジション

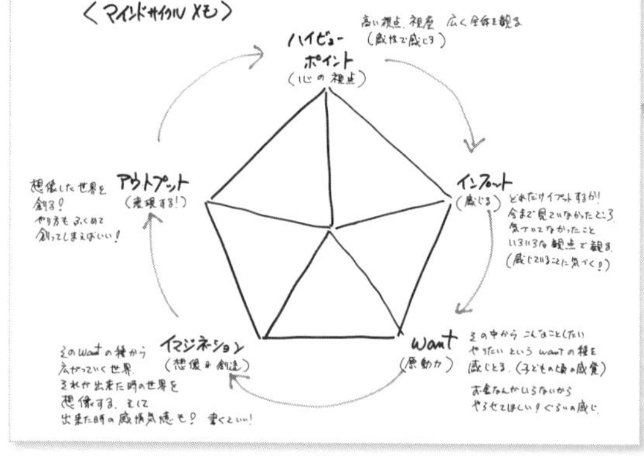
<マインドサイクル メモ>
ハイビューポイント（心の視点）
インプット（感じる）
want（原動力）
イマジネーション（想像＆創造）
アウトプット（表現する！）

インプット×アウトプット
〈感性×表現〉

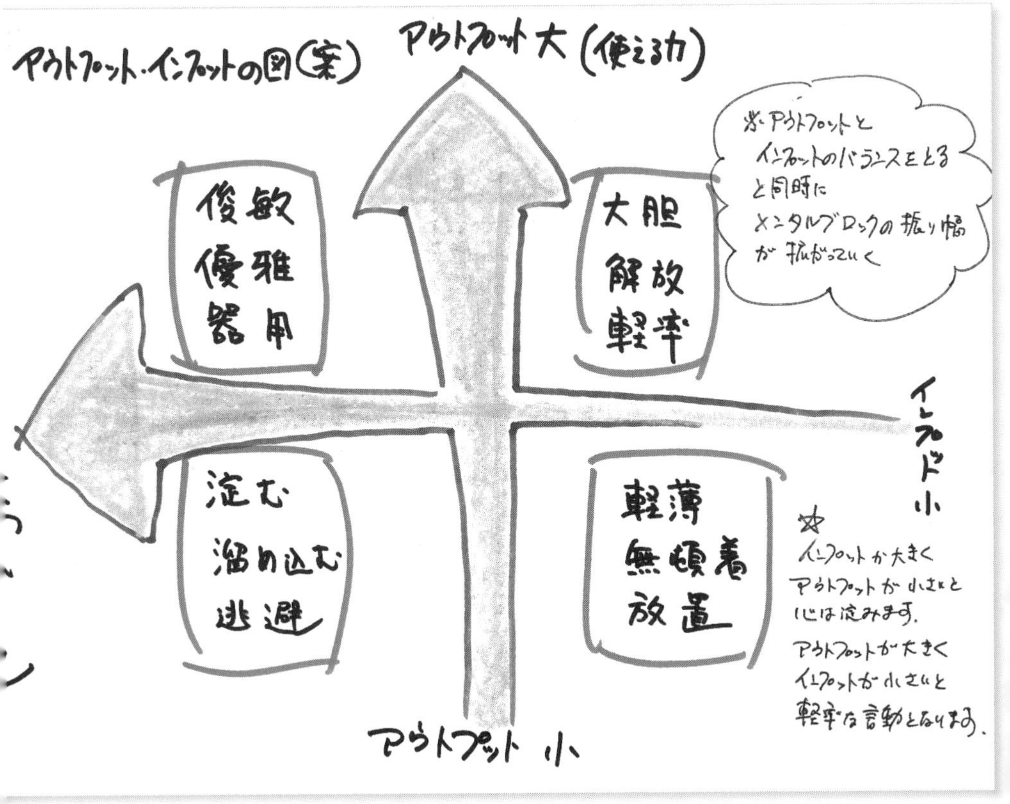

アウトプット・インプットの図(案)
アウトプット大(使える力)
俊敏
優雅
器用
大胆
解放
軽率
※アウトプットと
インプットのバランスをとる
と同時に
メンタルブロックの振り幅
が拡がっていく
インプット小
淀む
溜め込む
逃避
軽薄
無頓着
放置
☆
インプットが大きく
アウトプットが小さいと
心は淀みます。
アウトプットが大きく
インプットが小さいと
軽率な言動となります。
アウトプット小

生き様タイプへの応用

様タイプ別 × アウトプット・インプット
アウトプット
ストイック
王様
受身
ストレスフリー

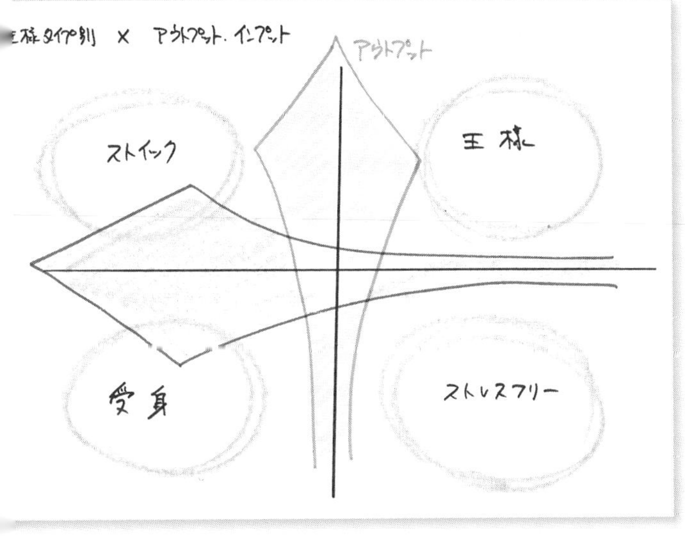

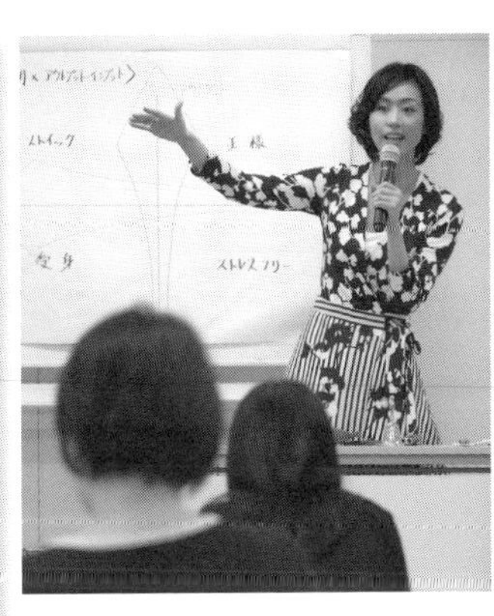

心の階層
4つの視点

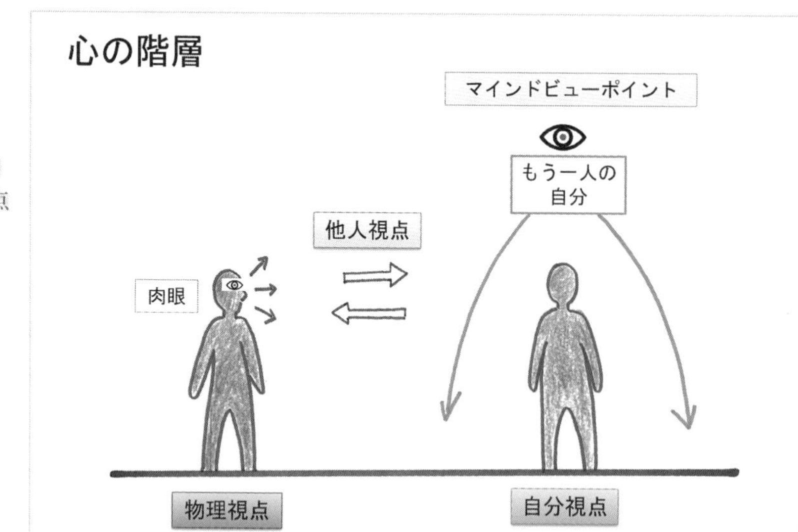
心の階層
マインドビューポイント
もう一人の
自分
他人視点
肉眼
物理視点
自分視点

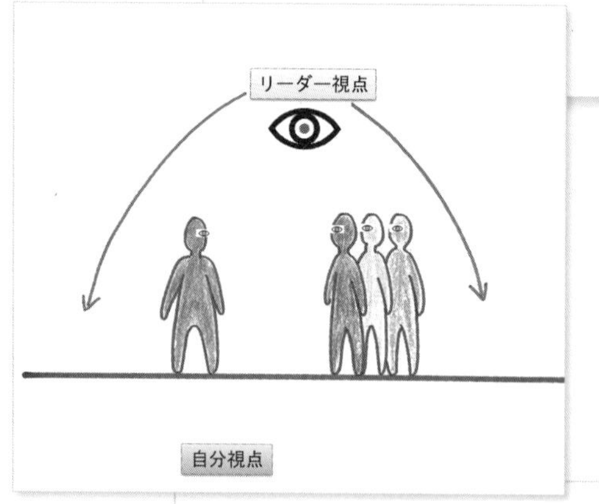
リーダー視点
自分視点

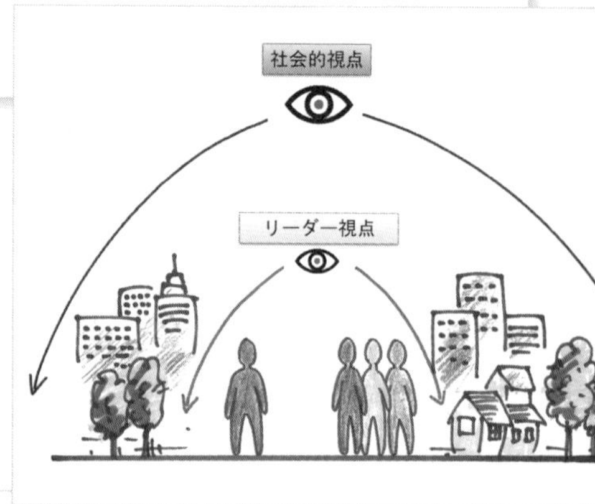
社会的視点
リーダー視点

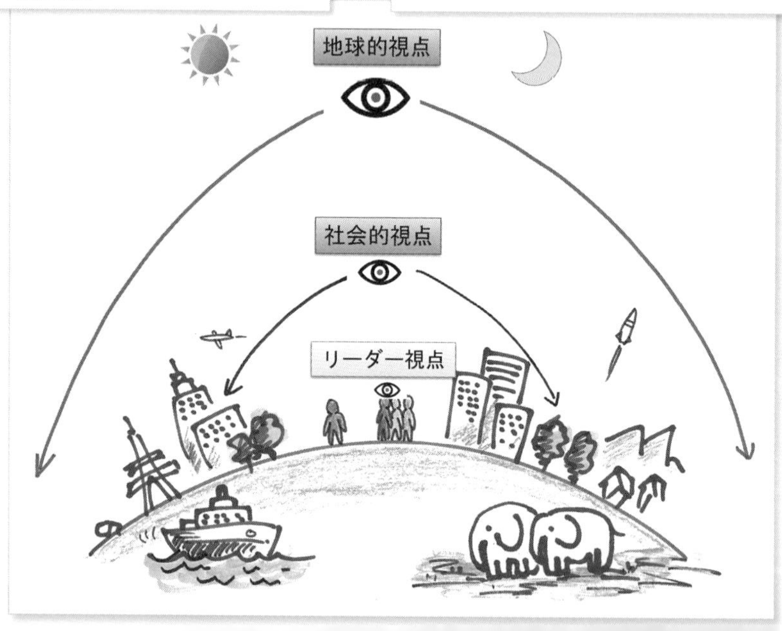
地球的視点
社会的視点
リーダー視点

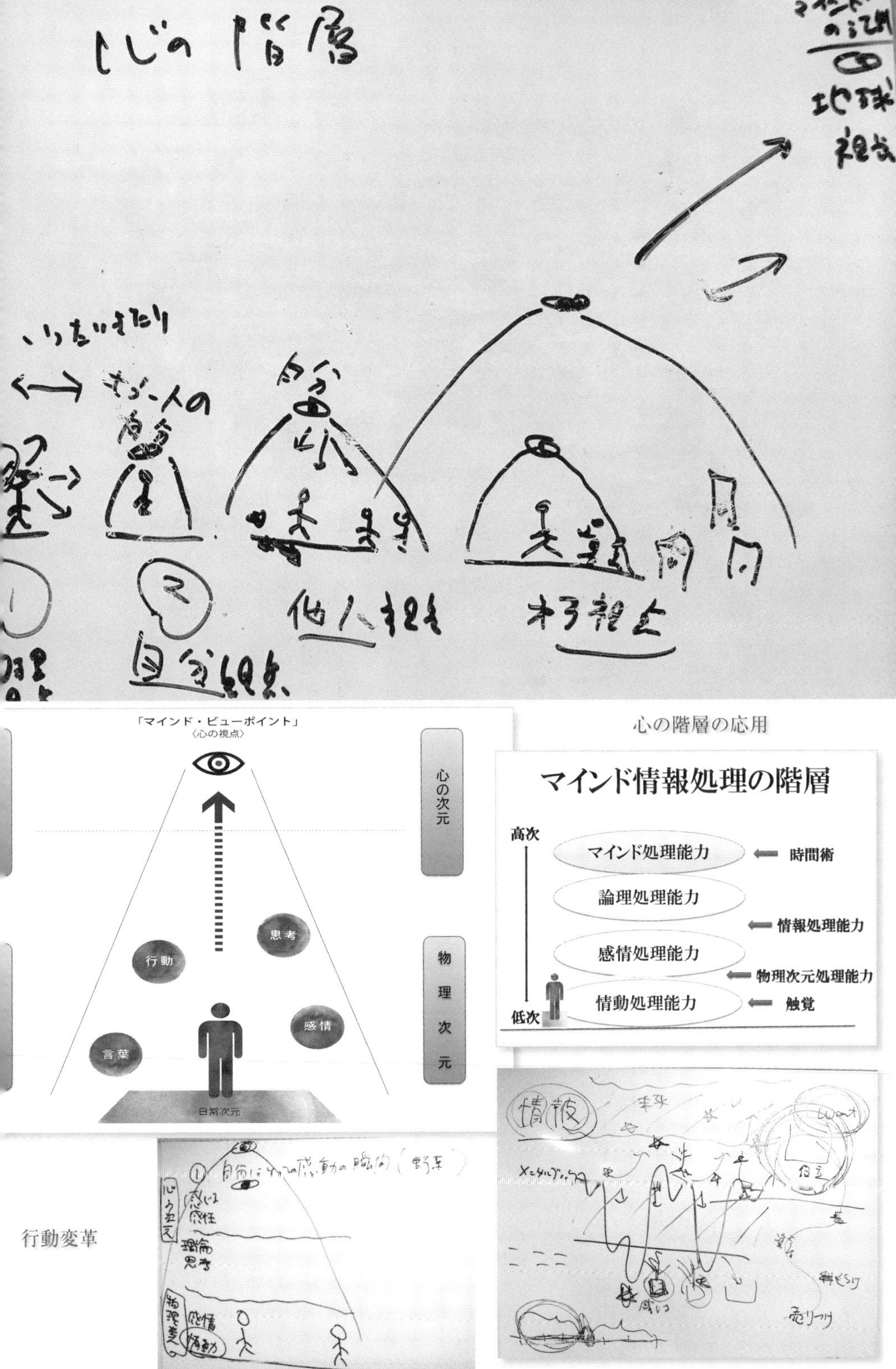
心の階層
心の階層の応用
「マインド・ビューポイント」
〈心の視点〉
心の次元
物理次元
思考
行動
感情
言葉
日常次元
マインド情報処理の階層
高次
低次
マインド処理能力
時間術
論理処理能力
情報処理能力
感情処理能力
物理次元処理能力
情動処理能力
触覚
行動変革

体感トレーニングのイメージ

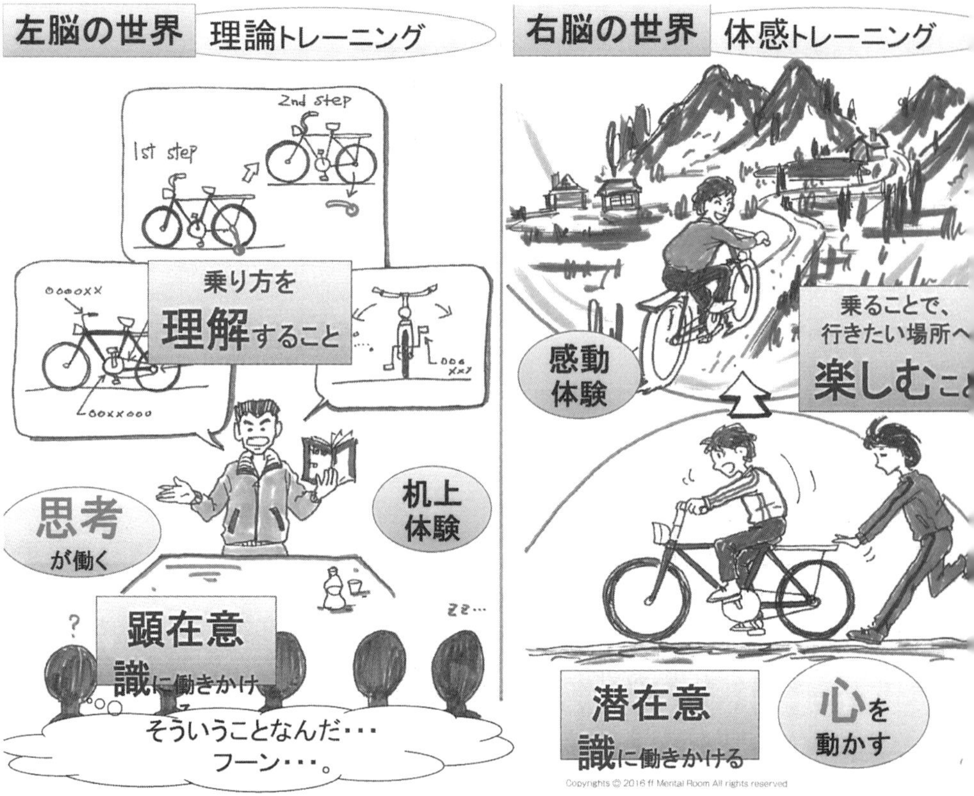

左脳の世界　理論トレーニング

2nd step

1st step

○○●○××

乗り方を
理解すること

○○●
××ア

○○××○○○

思考
が働く

机上
体験

顕在意
識に働きかけ

ZZ…

そういうことなんだ・・・
フーン・・・。

右脳の世界　体感トレーニング

乗ることで、
行きたい場所へ
楽しむこと

感動
体験

潜在意
識に働きかける

心を
動かす

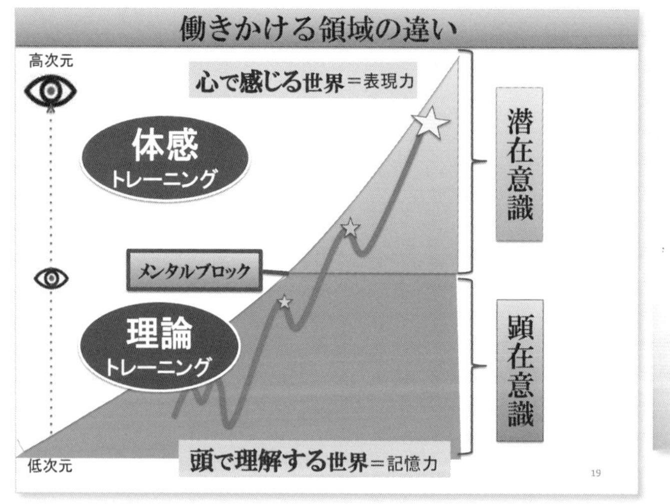

9割の潜在意識に働きかける

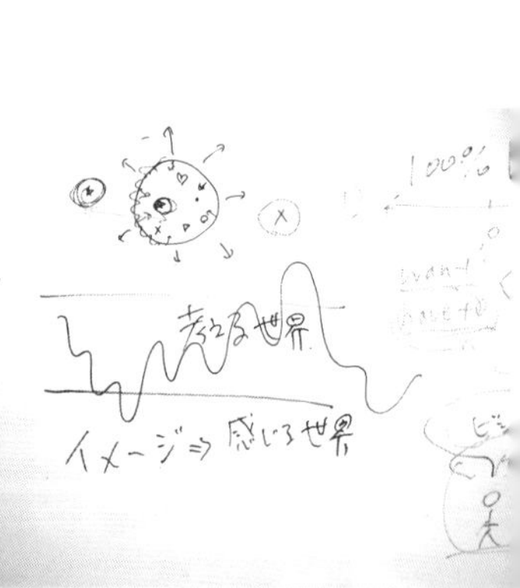

感性のワークショップ

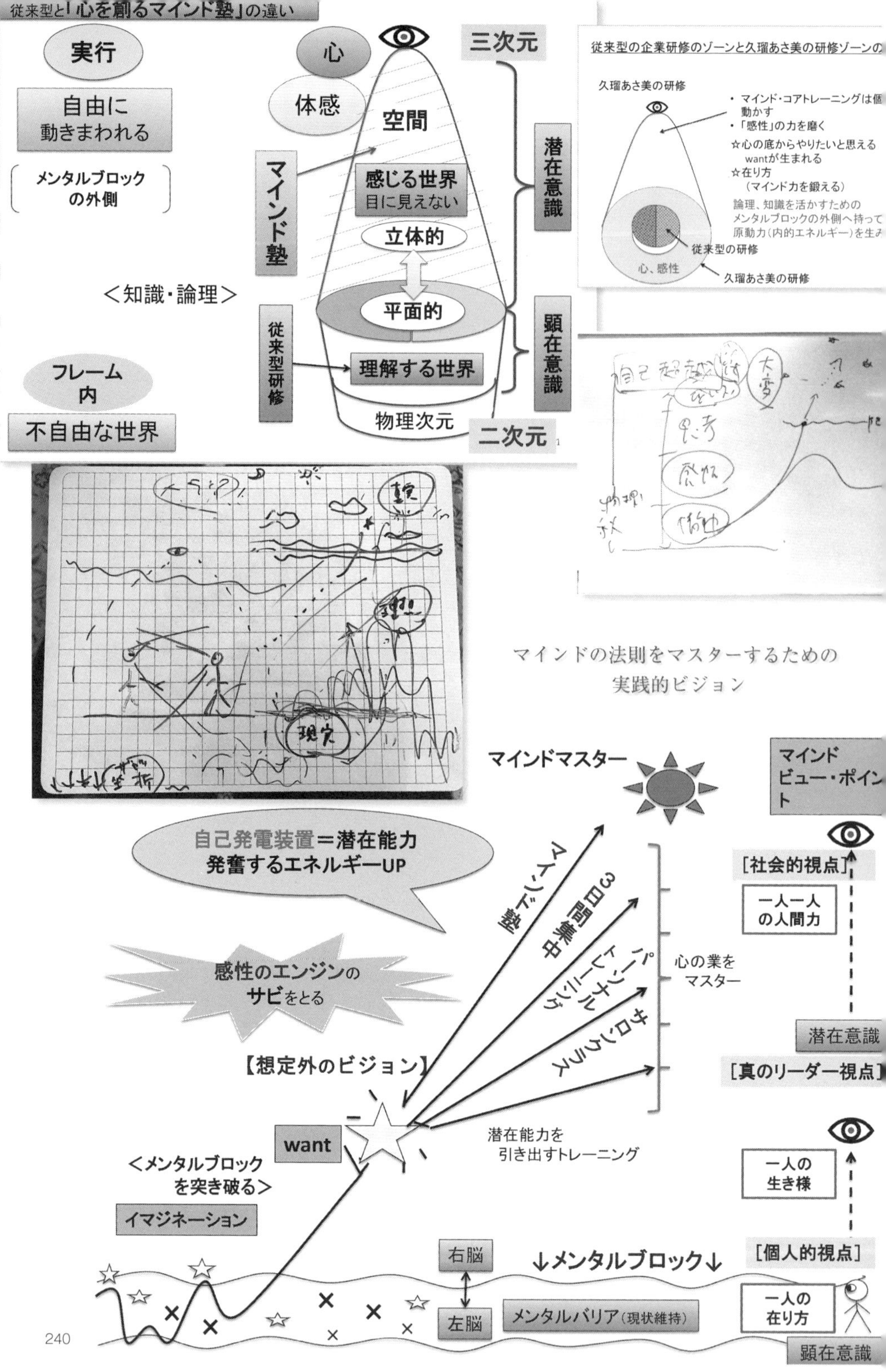

従来型と「心を創るマインド塾」の違い
実行
自由に
動きまわれる
メンタルブロック
の外側
<知識・論理>
フレーム
内
不自由な世界
心
体感
空間
マインド塾
感じる世界
目に見えない
立体的
平面的
従来型研修
理解する世界
物理次元
三次元
潜在意識
顕在意識
二次元
従来型の企業研修のゾーンと久瑠あさ美の研修ゾーンの
久瑠あさ美の研修
・マインド・コアトレーニングは価
動かす
・「感性」の力を磨く
☆心の底からやりたいと思える
wantが生まれる
☆在り方
（マインド力を鍛える）
論理、知識を活かすための
メンタルブロックの外側へ持って
原動力（内的エネルギー）を生み
従来型の研修
心、感性
久瑠あさ美の研修
マインドの法則をマスターするための
実践的ビジョン
マインドマスター
マインド
ビュー・ポイント
自己発電装置＝潜在能力
発奮するエネルギーUP
マインド塾
3日間集中
パーソナルトレーニング
サロンクラス
心の業を
マスター
[社会的視点]
一人一人
の人間力
感性のエンジンの
サビをとる
潜在意識
【想定外のビジョン】
[真のリーダー視点]
want
潜在能力を
引き出すトレーニング
<メンタルブロック
を突き破る>
一人の
生き様
イマジネーション
右脳
↓メンタルブロック↓
[個人的視点]
左脳
メンタルバリア（現状維持）
一人の
在り方
顕在意識

マインドフォーカス.

視点を上げて
時間軸を長くとらえる.
フォーカシングする

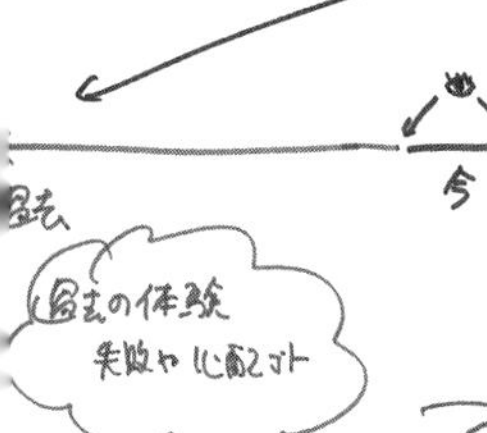

過去　未来

過去の体験
失敗や心配ごト

その時、何を感じていたか
それは、何だったのか、
感じてみるコト

感じてから
想像して創造する

思いグセ、考えグセ
と気づくコト.

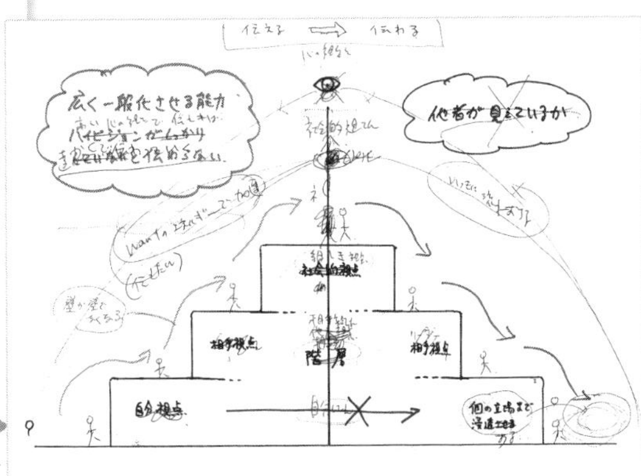

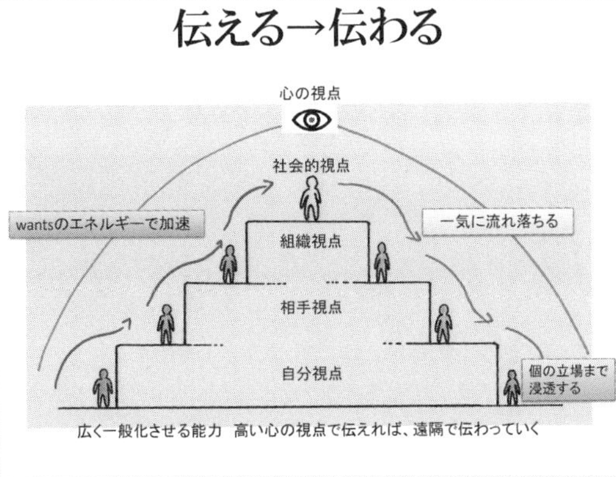

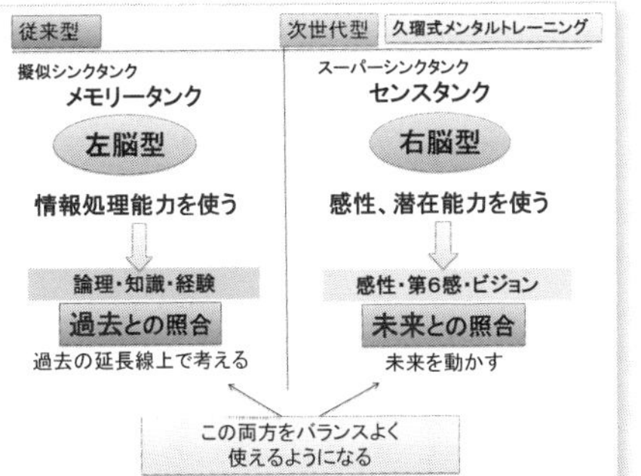

空間ワークショップの構造

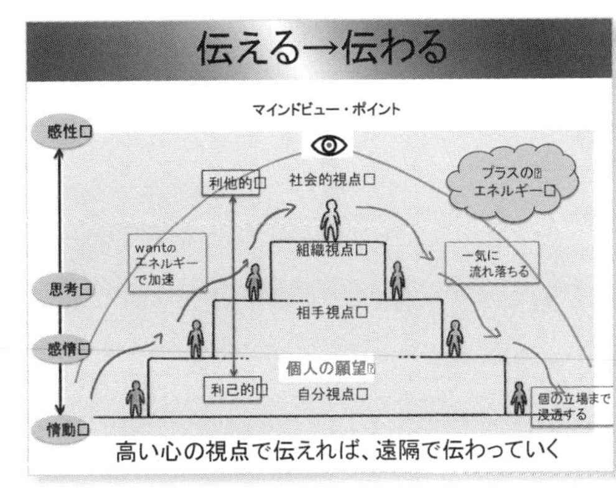

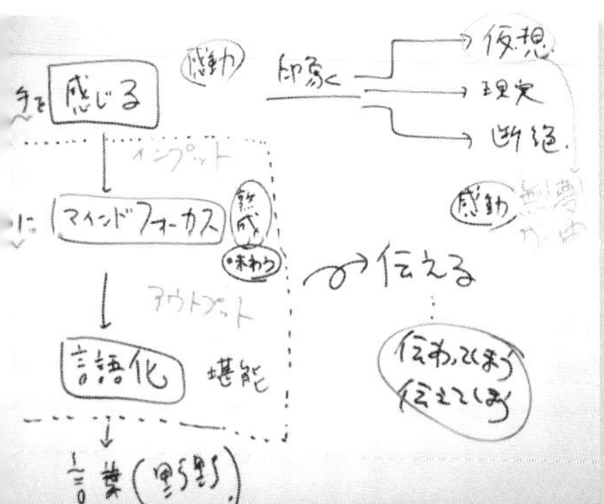

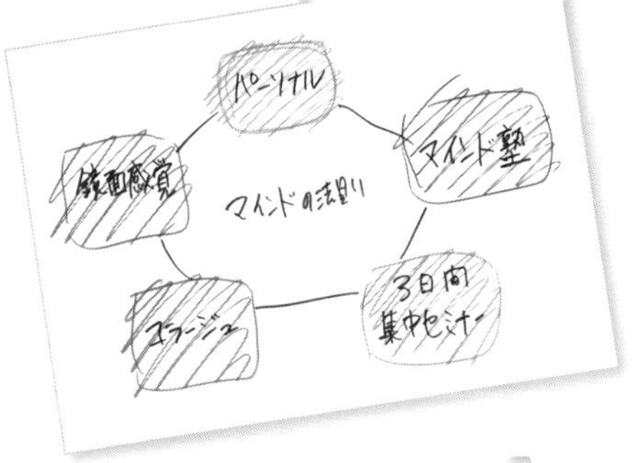

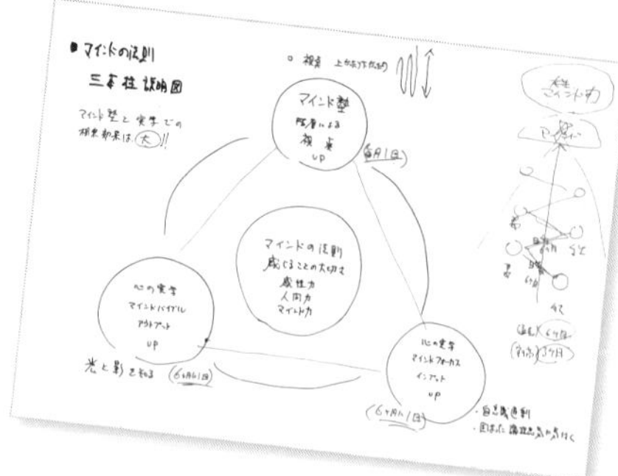

マインドサイクルを達成するためのトレーニング

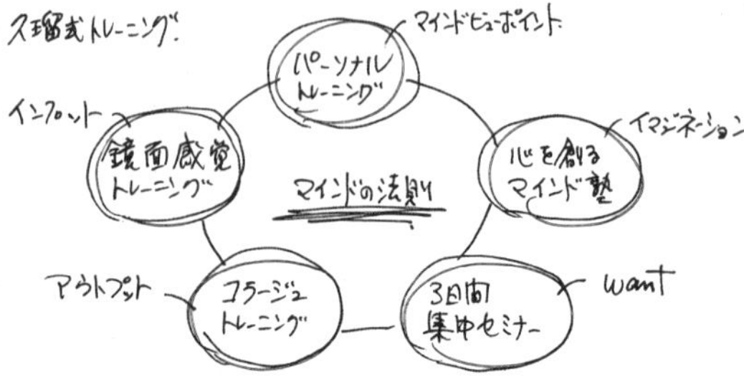

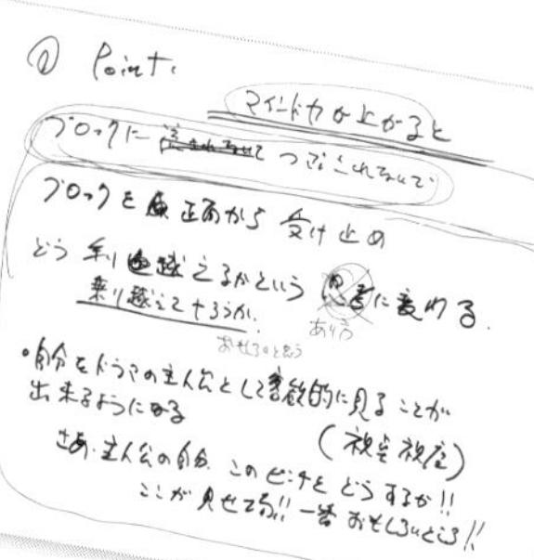

☆ パーソナルトレーニング

潜在意識へのアプローチ。（アクセス／120%確実なオペ！

久瑠あさ美の潜在意識を使って、
脳をMRIで見える化するように
目に見えない無自覚な潜在意識をとらえる。

ピンポイントで相手の必要とするところに
最短最速でアプローチできる。

☆ マインド塾

潜在意識にアプローチするワークショップ

空間を扱う、ワークに参加しただけで、
マインドポジションを引き上げる空間ワークを実施
参加者の心の鏡を使うことで、互いを磨きあう。

より多くの情報をキャッチアップできるようになることで、
感性のマインドポジションが自ずと高まっていく。
潜在的なコミュニケーション力が上がることで、
人間関係、環境自体が動き出す。

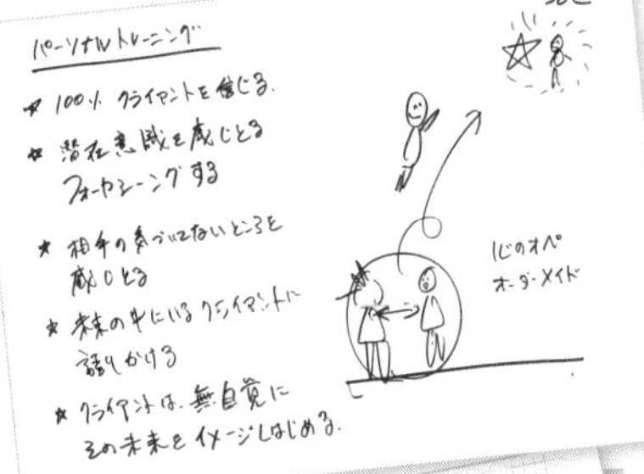

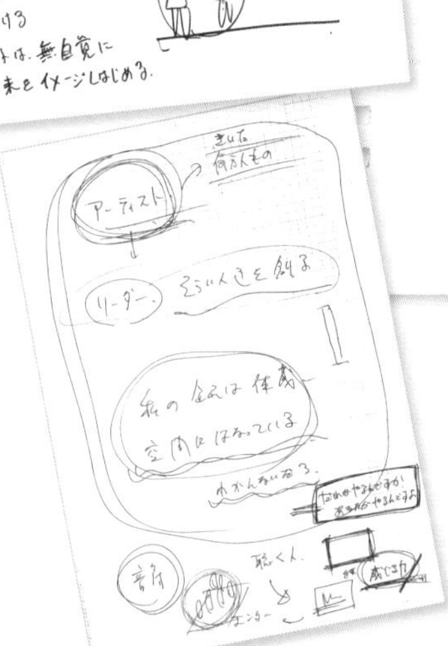

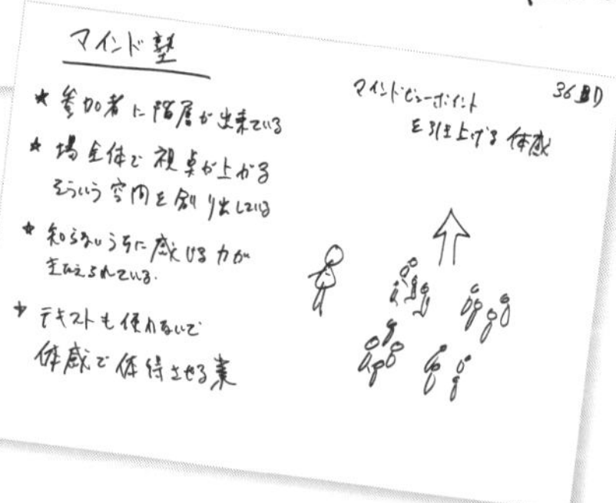

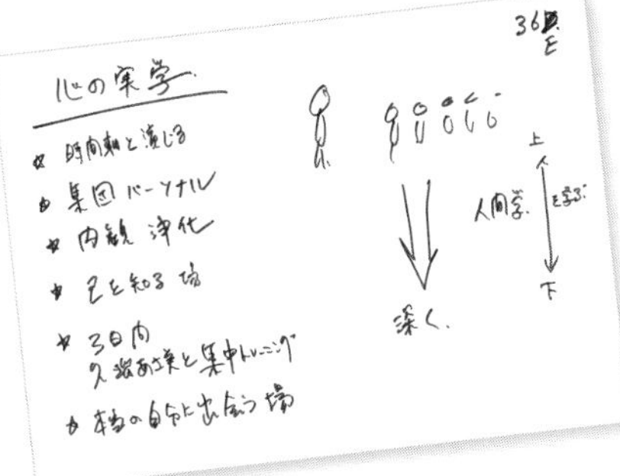

心の実学
内観 浄化
己を知る場
3日間
人間学
上
下
深く
本当の自分と出会う場

◎ ~~あなたたちへ~~
大切なのは、感性の世界を論理的に理解することではなく、
本気で変わりたいと感じているのか！
想定内の成長→延命で満足するのか

学者は、感性の世界でおきたことを論理的に説明しようとする。
しかし、全てを説明することは不可能にちかい
言葉で言い表わせないところがある。
ちょうど、コンピューターが人間のように感じることが出来ないのと同じように。

2-2

☆ 3日間集中セミナー

習慣から変える。（6マンスワーク！）

"いま"という意識を「いま 自ら何をすべきか」「何が自分に必要なのか」「何から始めるか」
各々の自覚から覚悟を引き出す。
"やる"マインドを創り出す。

そこには、成功と挑戦を連日連夜体験する。
非日常空間を味わってもらう

☆ コラージュトレーニング

潜在意識のもう一人の自分との対話の時間

芸術療法においての手法をベースに始めるが、
貼り終えた作品を通して無意識の自分のことをスラスラと言語化していく。

そこに自意識がぬけるという体験をする。
それにより、心をオープンにでき、気づくとマインドポジションが穏やかに高まっている

☆ 鏡面感覚トレーニング

潜在意識の自分に星を描くことで遭遇する。

思いがけない自分に驚愕する。
「変わりたいのに変われない」「やってるつもり」
自らが無自覚につくり出しているメンタルブロックに気づくことで、9割の潜在意識の驚異的な力を目の当たりにする。。

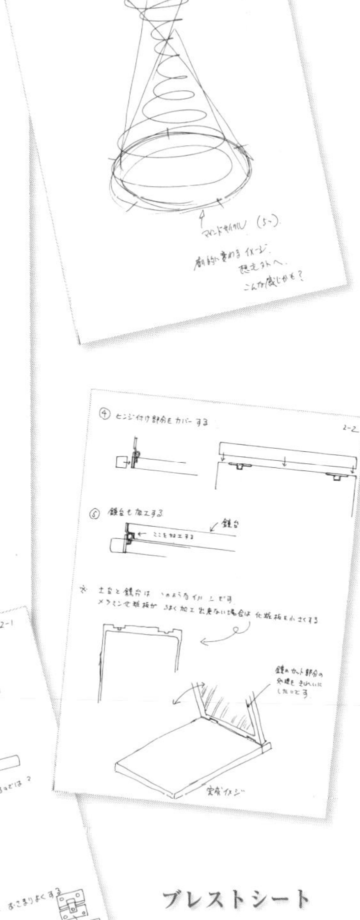

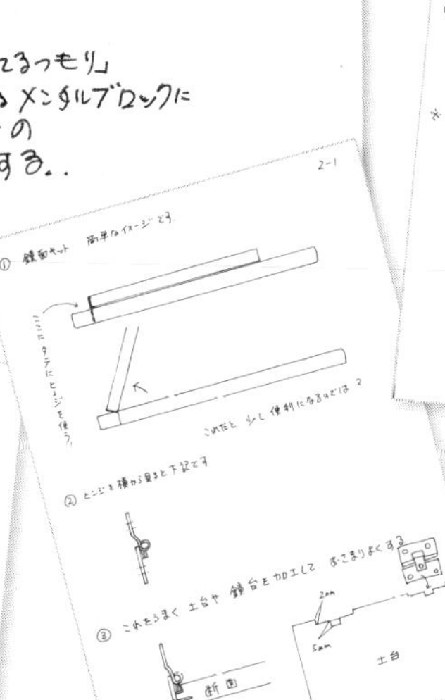

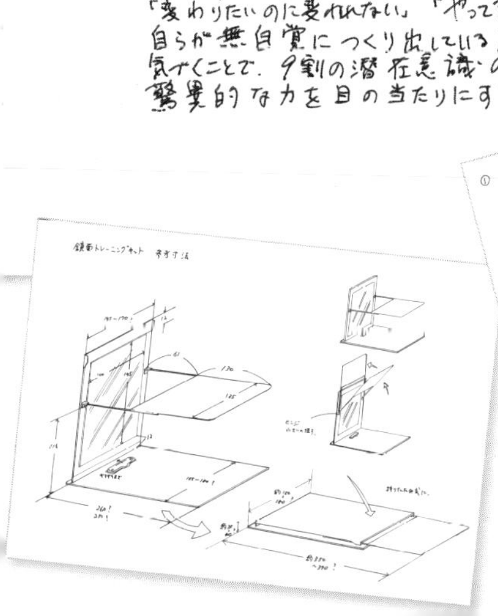

ブレストシート
構想

ミクニマインドコア研修
第2期　3回目 プログラム
2018年6月29日開催

1．13：00―13：40　（40分間）

◆挨拶～3マンスワーク　振り返りシート&グループシェア
プラス　先生のコメント

2．13：40―14：30　（50分間）

◆ジョハリの窓　説明（10分間）と
医学部入試問題　→　盲点、観点、視点・視座（40分間）　　（小休止）

- 研究は研究テーマで、90%が決まる。
- 盲点はないか、どんな観点でテーマを観たか、
- また、テーマが目的に対してぶれていなければ、どんな相手にも伝わる。

3．14:30―16:00（90分間）

◆久瑠式手帳術（時間術＋上機嫌must）　―　ミクニ企業理念を絡める？
コクヨを使うか、シートをつくるか？

have to を書く、want（感情記憶）を書く、have to を上機嫌 must に変換する。
観点を変える。

4．16:00―16:45（45分間）

◆ビデオのワーク

5．16：45―17：00　（15分間）

◆挨拶と3マンスワーク、第3期案内
3マンスワーク、
7月・・・自分視点で感じたこと、
8月・・・相手視点で感じたこと、
9月・・・空間視点で感じたこと

ミクニ マインドコア プログラム 用 図 （下記をイメージしています）

P3.　図、社内のくだり―

P7.　3つの法則　want・イマジネーション、マインドビューポイント

P16.　自己視点フォーカスして……

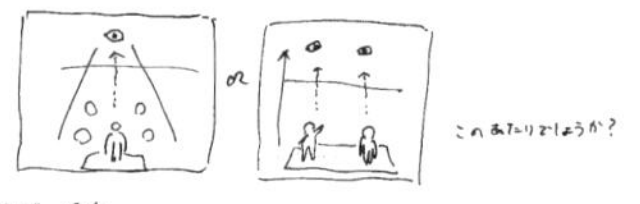

このあたりでしょうか？

P17

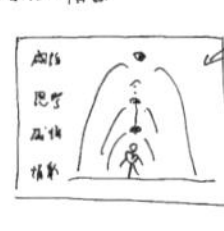

こんな感じでいろいろ書いてある図です。

マインド塾？
どこかで使われていたと思います？？
実学では、ちょっと記憶にないです、
もしかしたら、私は、先生の机のところで見ただけかもしれません。

P28　Yes No クエスチョン

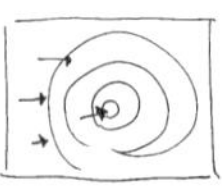

確実にメンタルブロックをはずす企業研

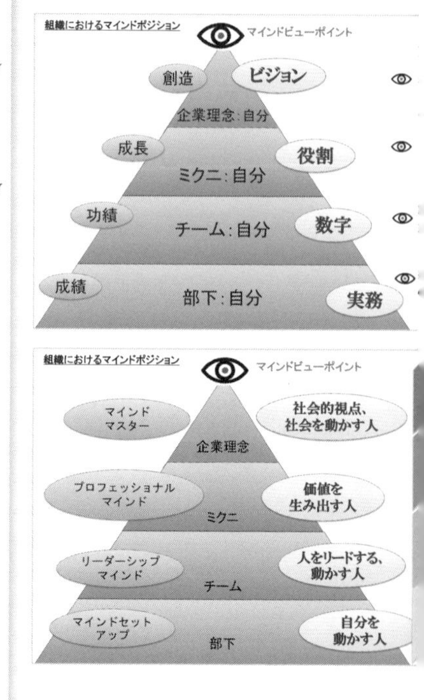

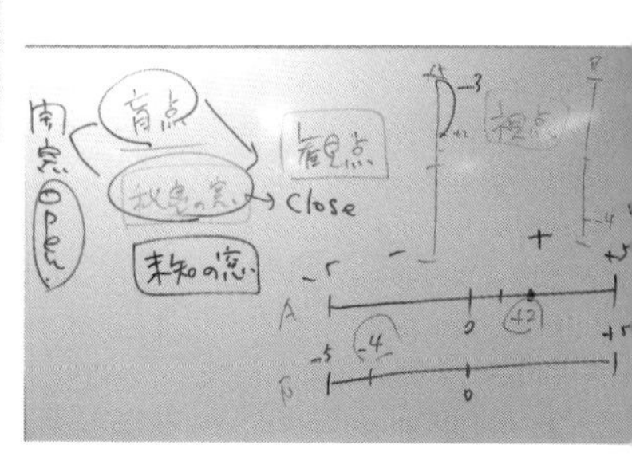

初回から潜在意識に働きかけるワークショップ

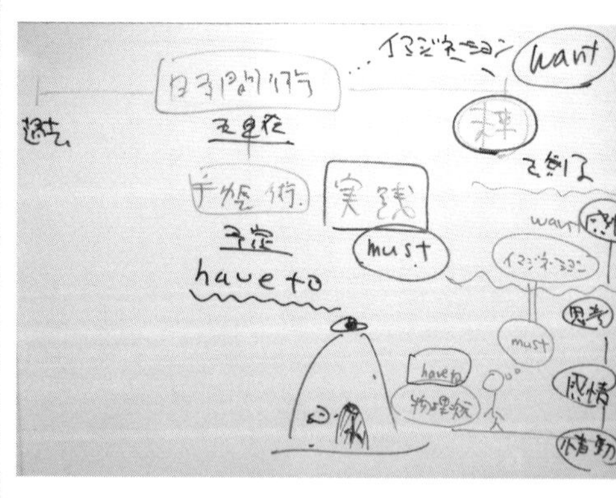

右脳と左脳を同時平行で扱う講義スタイル

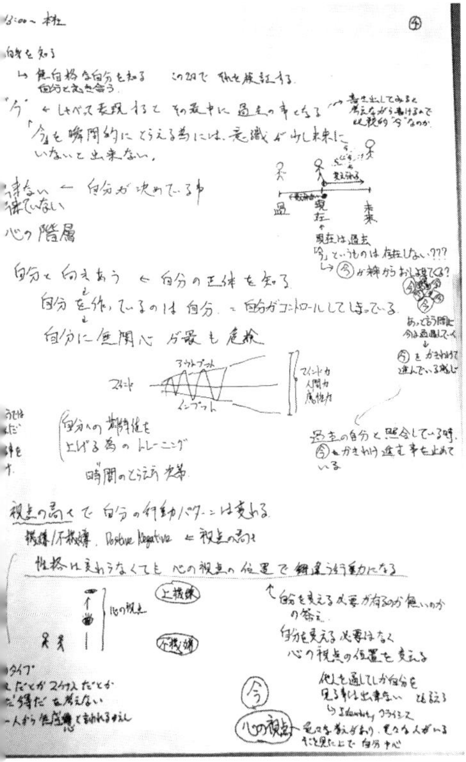

参加者Aさんのノート

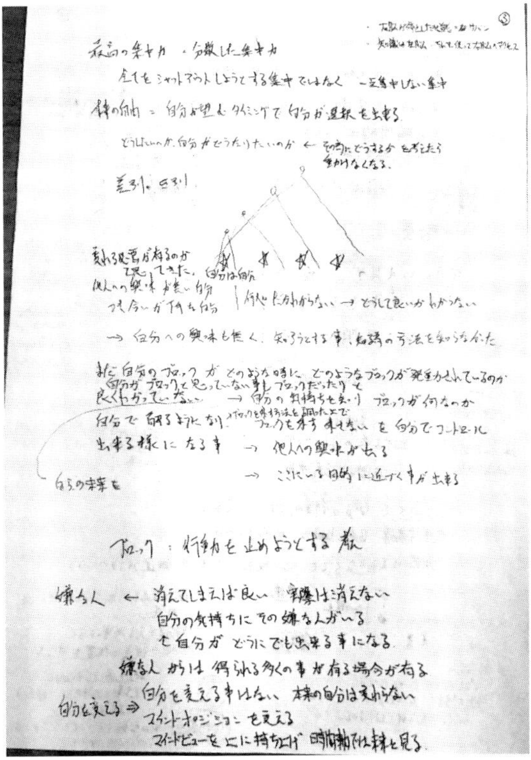

参加者Bさんのノート

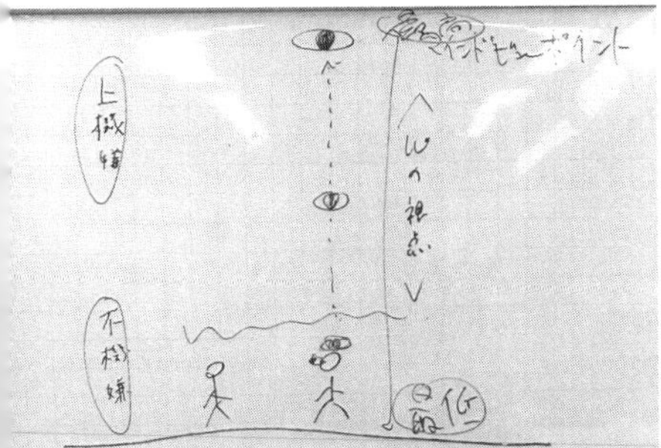

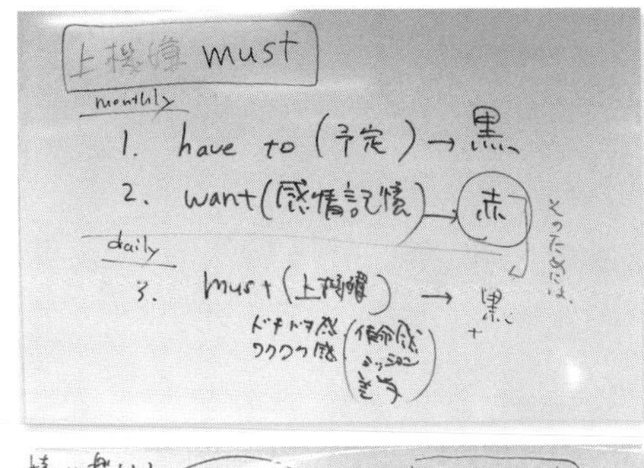

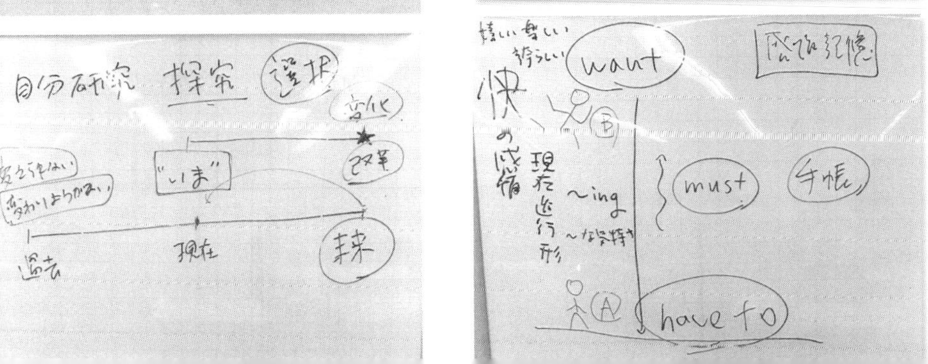

体感トレーニング「心を創るマインド塾」

⇩

バイエル最強プログラム

「心を創るマインド塾」で得られた5年分のデータベースを基に、
バイエル「3つの指針」の行動変革のために必要なワーク等を選定しプログラム化。

29

プログラム構築結果のまとめとワークショップのカスタマイズ

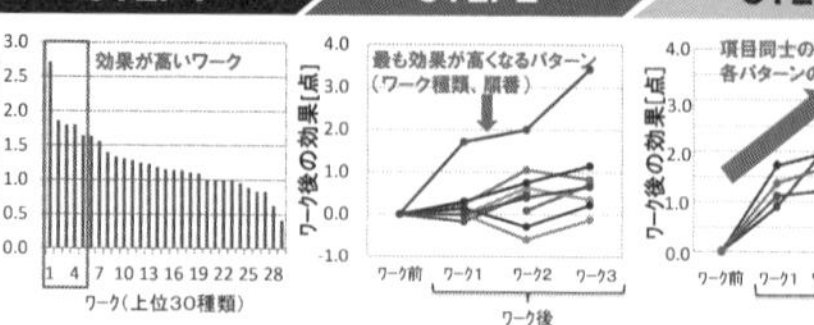

3つの行動指針の実現に向けて、STEP1～STEP3より、効果を最大化するプログラムを構築

今回、バイエル3つの指針(Speak up Experiment Collaborate)を達成させるために必要な要素(未来形、フォーカシング等)を新たに追加し、複数のワークをカスタマイズすることで「バイエル・最強プログラム」を構築(タイムスケジュール参照)

ワークで得られる33の効果項目、3つの行動指針達成に必要な項目

	ワークで得られる33つの効果項目	Speak Up 伝える、表現、自信、勇気	Experiment 探求、好奇心、チャレンジ、能動的、肯定感、メンタルブロック	Collaborate 共有、他者尊重、信頼、主体性
1	視点が高く引きあがるか	○	○	○
2	あたたかい気持ちになるか			○
3	心が潤うか			○
4	自分のwantが強まるか	○	○	○
5	限界の壁を超える勇気を創る	○	○	
6	未来に向かってワクワクする気持ちになる	○	○	
7	自分の中の芯が強くなる	○	○	○
8	自分の意外な面に気づく	○	○	
9	自分には価値があると感じる	○	○	○
10	自分を信じる勇気を創る	○	○	
11	自分がどうありたいかの意思決定をする	○	○	
12	メンタルブロックに気づく	○	○	
13	自分のhave toに気づく	○	○	
14	メンタルブロックが外れる	○	○	
15	直感力を鍛える		○	○
16	見えないものを見る力			○
17	愛する力がわきおこる(マリアスイッチ)			○
18	勘違いの才能を鍛える	○	○	
19	自分のwantを見いだす	○	○	
20	モチベーションが上がる	○	○	○
21	ストレス解消		○	○
22	笑顔になる		○	○
23	人間が好きになる	○	○	○
24	イマジネーション力の強化		○	○
25	インプット力を上げる	○	○	○
26	アウトプット力を上げる	○	○	○
27	無意識が動く	○	○	
28	無限大のビジョンがわきおこる	○	○	
29	自分繁盛(貧乏マインドから抜け出す)		○	○
30	盲点の窓が開く兆しがある	○	○	
31	秘密の窓が開く兆しがある	○	○	○
32	未知の窓が開く兆しがある	○	○	
33	無意識に涙が出る	○		

・「マインド塾」で実施したワーク後、参加者を対象にアンケートを実施。
ワークで得られる33の効果を評価し、5年分の結果をデータベース化。
・データベースを基に、バイエル社3つの行動指針の達成に必要な項目を選定。

30

オーダーメイド研修の効果、
データ化

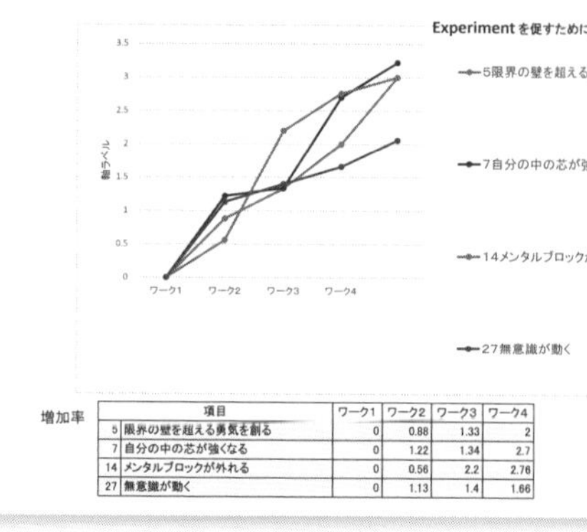

増加率

	項目	ワーク1	ワーク2	ワーク3	ワーク4
5	限界の壁を超える勇気を創る	0	0.88	1.33	2
7	自分の中の芯が強くなる	0	1.22	1.34	2.7
14	メンタルブロックが外れる	0	0.56	2.2	2.76
27	無意識が動く	0	1.13	1.4	1.66

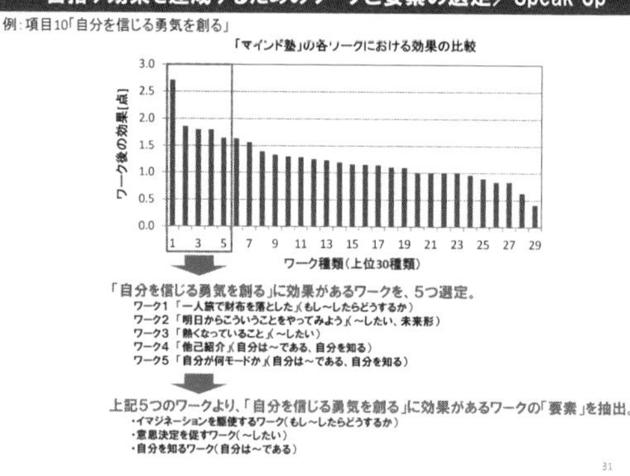

目指す効果を達成するためのワークと要素の選定／Speak Up
例:項目10「自分を信じる勇気を創る」
「マインド塾」の各ワークにおける効果の比較
ワーク後の効果[点]
ワーク種類(上位30種類)
「自分を信じる勇気を創る」に効果があるワークを、5つ選定。
ワーク1「一人旅で財布を落とした」(もし～したらどうするか)
ワーク2「明日からこういうことをやってみよう」(～したい、未来形)
ワーク3「熱くなっていること」(～したい)
ワーク4「他己紹介」(自分は～である、自分を知る)
ワーク5「自分が何モードか」(自分は～である、自分を知る)
上記5つのワークより、「自分を信じる勇気を創る」に効果があるワークの「要素」を抽出。
・イマジネーションを駆使するワーク(もし～したらどうするか)
・意思決定を促すワーク(～したい)
・自分を知るワーク(自分は～である)
31

STEP3 項目追加による相乗効果の創出

更に効果を高めるため、項目を追加で相乗効果が生まれるか検証した。

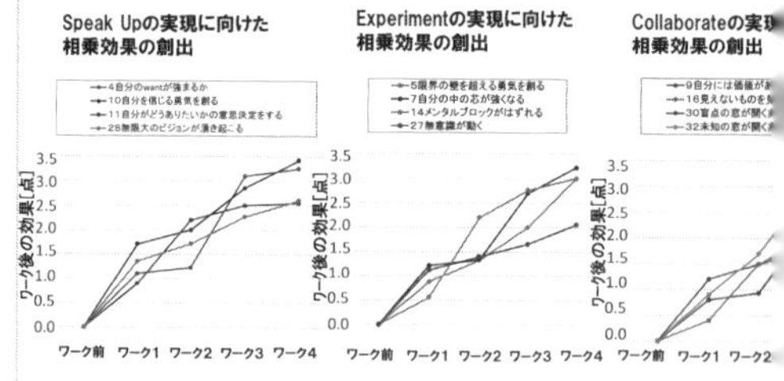

項目を更に追加することによって相乗効果が生み出された。
項目の追加が、3つの行動指針の実現に向けた効果の強化に可能であることが分か

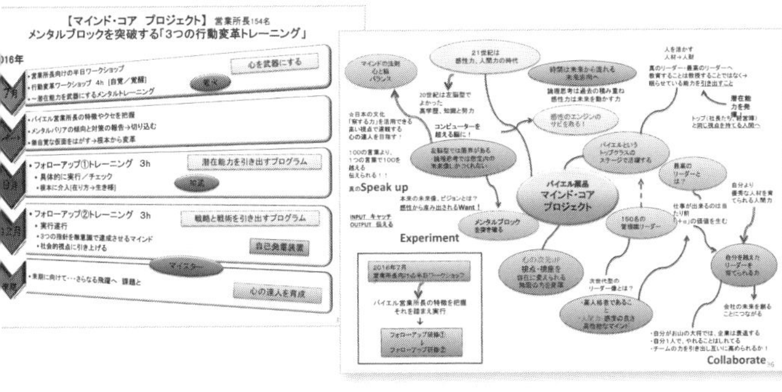

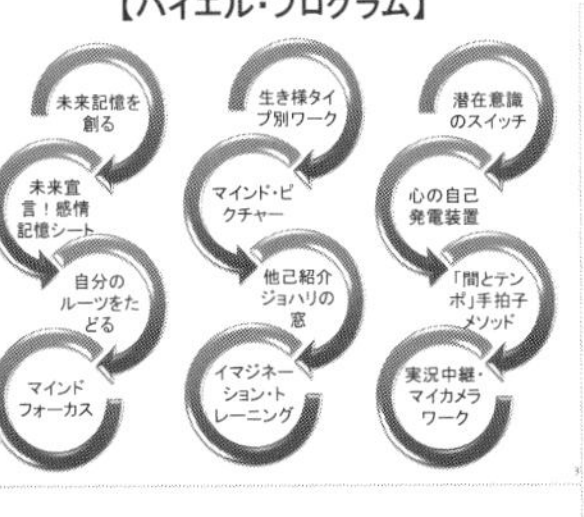

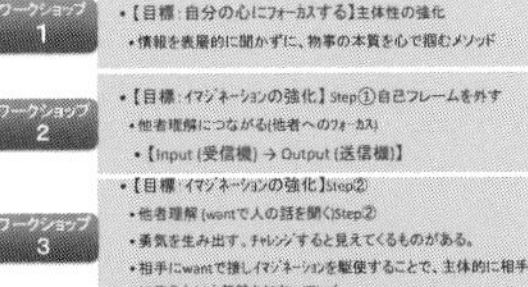

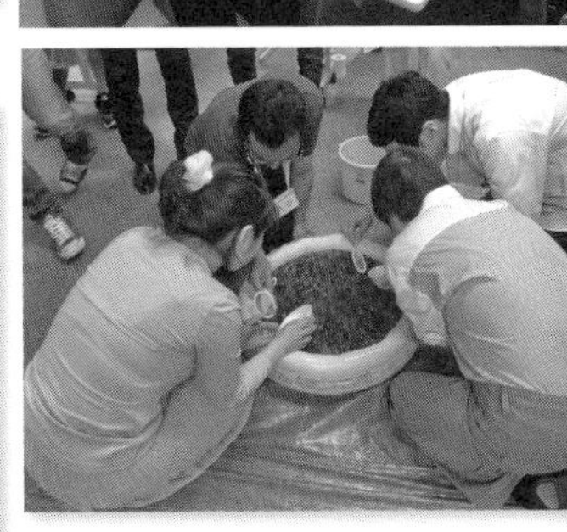

【マインド・コア プロジェクト】
ラインマネジャー向け
変革マネジメントの施策

自己理解と他者理解のメンタル術
上司が部下に行う育成コーチング
「72時間時間術」目標管理メソッド
日常の業務改善

39

【マインド・コア プロジェクト】
ラインマネジャー向け
変革マネジメントのプログラム

目的）

90–97%潜在意識
潜在能力を活用
メンタルブロックを外す
限界の壁を突破

研修例）エンターティンメント・マインドワーク

「ビジョン絵画」
「在りたい自分」
「演じるワーク」
「心の視点と視座」
「サイコドラマ」
「役割り研修」
「生き様研修」
「自己理解×他者理解」

40

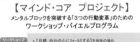

オリジナル研修を各企業ごとに創り上げ
120％感動的成果を出し続けている

2–1

ff Mental Room

【マインド・コア プロジェクト】
～潜在能力を武器にするメンタルトレーニング～
◆メンタルブロックを突破する「3つの行動変革」◆
Speak up　Experiment　Collaborate

研修・講義
【目的】
メンタルなバリアに切り込み、変革への一歩を自発的に踏み出すことを助ける
明日からもまた変革推進を自発的に実行していこうという気持ちにする

タイムテーブル	プログラム	得られる効果
13:30～	～メンタルバリアに切り込むメンタルトレーニング～ 1. 潜在能力を発揮していますか？ バイエルの未来と使命 ○ このまま何もしないでいれば1年後は何も変わらない ○ 3つの指針で行動変革を起こすために ○ メンタルブロックと対峙することで限界に挑む ○ メンタルブロックを突き破る＝「マインド・イノベーション」 ○ コンピューターに負けない脳を鍛える ○「感じる回路」が潜在能力を引き出す	自らの可能性を感じる メンタルバリアに切り込む心構え
	2. 自分の強みを知っていますか？ ○ メンタルタイプチェック(生き様診断テスト)(可能であれば事前に行う) ○ ワークショップ～4つのタイプ別～ ○ イマジネーショントレーニング「もしも新幹線で・・・」 ○ 21世紀は 人間性の魅力「個の時代」	自己理解から他者理解へ 自己肯定感を高める
13:50～	3. 無自覚な自分を感じる 《マインドピクチャー》絵を書く ○ ワークショップ② 2名ペア ○ 目に見えないものを感じとる------(イマジネーション) ○ 質問する------(want・絵------フォーカス) ○ 答える------(Speak up・人------フォーカス)	自分を信じる勇気を創り出す メンタルブロックに気づく 左脳から右脳へ、 右脳から左脳へ働きかける
14:20～	4. 相手の潜在意識にアクセス 《他己紹介》4名ペアSpeak up Experiment Collaborate！ (ジョハリの窓・勇気がなくても自己開示につなげる・オープンマインド) ワークショップ ○ Aさんを伝える Speak up ○「野菜に例えると何？」 ○ 母を野菜で例えると。【イマジネーション】 Speak up	目に見えないものをキャッチする インプット力を上げる 潜在意識に届くコミニケーション力 伝える！ アウトプット力を上げる イマジネーション力の強化
14:50～	5. 自分のルーツをたどる《心の浄化・エネルギーチャージ》 マインドフォーカス① ○「マザー・フォーカシング」トレーニング【マインドビューポイント】 ○ 右脳トレーニング【インプット・アウトプット】	心の栄養・活力源 潜在的な愛する力が湧き起る メンタルブロックが外れる
15:10～	6. 潜在意識のスイッチ《未来記憶を創る》 マインドフォーカス② ○ 想定外の壮大なビジョン【イマジネーション】 ○ 生まれたてのエネルギー【want】 ○ メンタルブロックの外側へ【マインドビューポイント】 ○ 心の自己発電装置を稼動させる Experiment！	マインドビューポイントを引き上げる [illegible] 未知の心の窓が開く
15:30～	7. 未来宣言！《未来感情記憶のワークシート》 Speak Up！Experiment！Collaborate！ ○ 3つの指針でメンタルバリアを突き破る	意思決定を促す 無意識が動く 自分と対峙する
16:00～	8.「間とテンポ」リズムトレーニング 手拍子メソッド ○ 意識と無意識 ～感性と思考のせめぎ合い～ ○ 伝えあうこと Speak up! ○ 自分を信じる勇気 Experiment！ ○ 目に見えないものを感じ合うこと Collaborate！	バランス感覚を日常に落とし込む 体感を創る 心が潤い、モチベーションがわき起こる
16:15～	9. まとめ ○ マインドの法則 ○ 潜在能力を武器に出来れば1年先は劇的に変えられる ○ ランチワーク課題《実況中継マイカメラワーク》	日常で出来るトレーニング 効果を継続させる
16:25～	10. 質疑応答	
16:30	11. 終了	

配役理論の骨格（右脳と左脳の大逆転）

構　想
↓
脚　本
↓
演出 ― 配　役　理　論 ― 役創り
↓
表　現
↓
感動の創出

配役理論×役創りのメソッド

久瑠式トレーニング【マインドの法則】

時間割
時間を割っているだけ

役割
時間を動かす人

役創り
配役
演出

ハイパフォーマンス

上機嫌 must
monthly
1. have to（予定）→黒
2. want（感情記憶）→赤
daily
3. must（上機嫌）→黒
ドキドキ感
ワクワク感
使命感
ミッション
そのためには

手帳術への応用

自分を格上げするマインドの創り方
リアリティ
役創り
何を creating?
演じる業

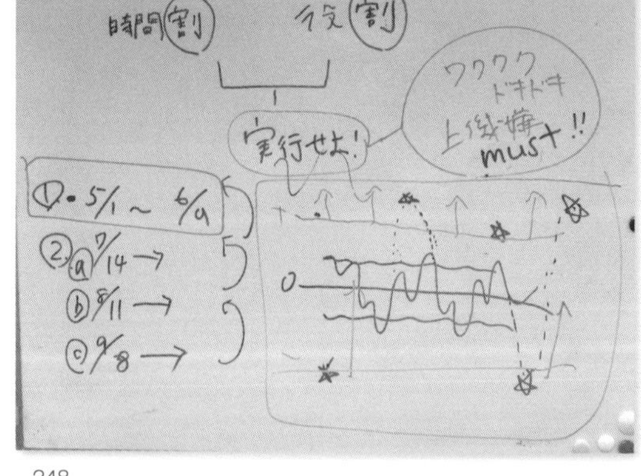

マインドスポットライトのメソッド

マイカメラのワーク

3つの視点視座

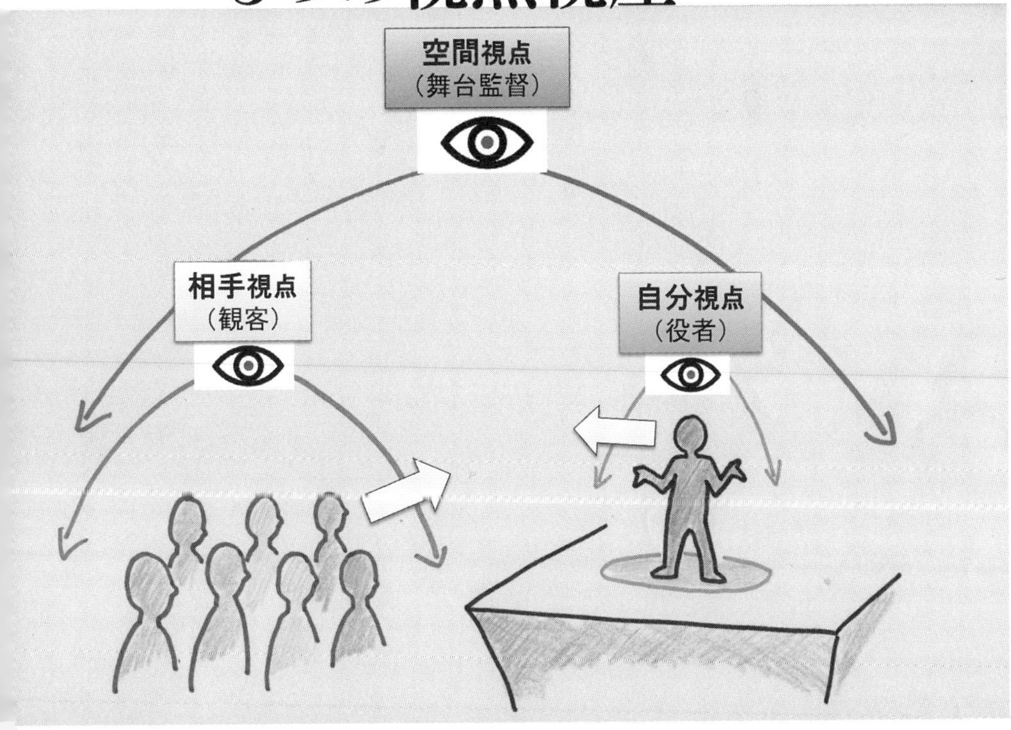

カメラのワーク5ステップ

〔ステップ1〕 物理視点
【目的】脱皮　自意識を外す
〔ステップ2〕 もう一人の視点
【目的】教授　伝える━伝わる
〔ステップ3〕 リーダー的視点
【目的】共鳴　繋げる━繋がる
〔ステップ4〕 社会的視点
【目的】感動　何かと自分が響き合う
〔ステップ5〕 地球的視点
【目的】圧巻　自らの存在自体が価値＝与える

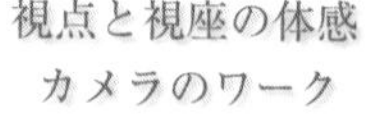

マイカメラ体感トレーニング実演

【　　年　月　日 氏名

■15.カメラのワークⅢ

カメラのワーク　チェック表

＜ 課題 ＞

1 今日気づけたことを伝えてください
2 自分の中で動き出していることについて
3 "いま"まさに感じられている久瑠式トレーニングについて「その価値や意義について」をあなたの言葉で伝えてみてください
4 この空間と時間の中でしか得られなかったことはどんなことですか

氏　　名	下記項目に点数を記入　10点満点評価						合計	感想、気づき
	課題	訴え	チャレンジ	表現	ラポール	マインドの法則		

◆あなたがアウトプットしてみて感じたことを書いてみましょう。

◆みなの発表を通して感じ取れた【マインドの法則】についてすべて書き出してみましょう。

マインドの法則を習慣に落とし込む
自分と向き合う5段階

〔ステップ1〕

【目的】
習慣を創る

【課題】
場所と時間を決めてちゃんとやる

【効果】
さぼってしまう悪態に気づく

〔ステップ2〕

【目的】
毎日やれる自分になれること、
とにかくやらないとまずくなる

【課題】
何も考えずに書く

【効果】
悪しき習慣からの離脱、
やらないと調子が悪くなる

〔ステップ3〕

【目的】
よりマインドフォーカスを高めて、
より質を向上させる

【課題】
より濃いもの、自分にしか出せないものを
出していく

【効果】
美意識を生み出す
やらない自分は選択肢の中になくなる

〔ステップ4〕

【目的】
紙の上から意識のマネージメントへ

【課題】
目的を持った1分、または10分20分、
感性で毎日向き合う

【効果】
高性能なマインドになる

〔ステップ5〕

【目的】
意識を瞬時に変える、四六時中感性を扱う

【課題】
1秒でやる、シートはいらなくなる

【効果】
自意識0、無の境地、達人の域

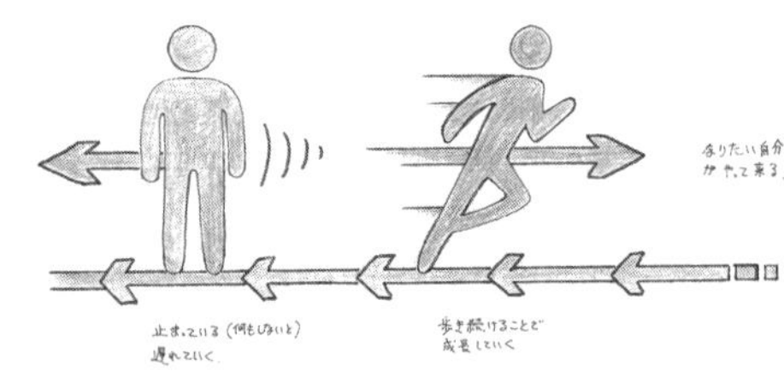

マンスリーワークの効果を創り出すワーク

心の実学®ワークシート

■心の実学　【　年　月　日 氏名　　　　　　　】

マンスリーワーク　2020年2月		
日	今日のポジティブを探し、そこからさらに有益が生まれていくイメージを書き出す	採点
1		
2		
3		
4		
5		
6		
7		
8		
9		
10		
11		
12		
13		
14		
15		
16		
17		
18		
19		
20		
21		
22		
23		
24		
25		
26		
27		
28		
29		

向き合ってでてこなかったときは、－を記入、忘れた時は空欄のままで。

毎週末に1週間を振り返り、－10点から＋10点の幅で採点をしてください。

マンスリーワークの効果

〔ステップ1〕
　【効果】さぼらないために悪しき習慣を断つ

〔ステップ2〕
　【効果】やらないと調子が悪くなる

〔ステップ3〕
　【効果】美意識を生み出す

〔ステップ4〕
　【効果】高性能なマインドになる

〔ステップ5〕
　【効果】自意識0、無の境地

〈毒出し三段活用〉
感性
マスターの視点
論理脳
③ リーダーの視点
①,②を出しつくして見えたのは感情を越えた自分.
①
②

■心の実学　【　年　月　日 氏名　　　　　　　】

2019年 秋期 心の実学 ＜マンスリーワーク＞ 集計表												
年	2019				2020							
月	11月		12月		1月		2月		3月		4月	
週/計	10日		7日	点	7日	点	7日	点	7日	点	7日	点
	17日		14日	点	14日	点	14日	点	14日	点	14日	点
	24日		21日	点	21日	点	21日	点	21日	点	21日	点
	30日		31日	点	31日	点	29日	点	31日	点	30日	点
月/計				点		点		点		点		点

月	11月	12月	1月	2月	3月	4月
月別感想						

◆6か月間のワークと向き合ったこと全体を通して"いま"あなたが感じていることを書き出してみましょう。

◆次回もやってみたいワークはどれでしょうか。理由も書いてください。

マインドスポットライトを体感するための懐中電灯のワーク

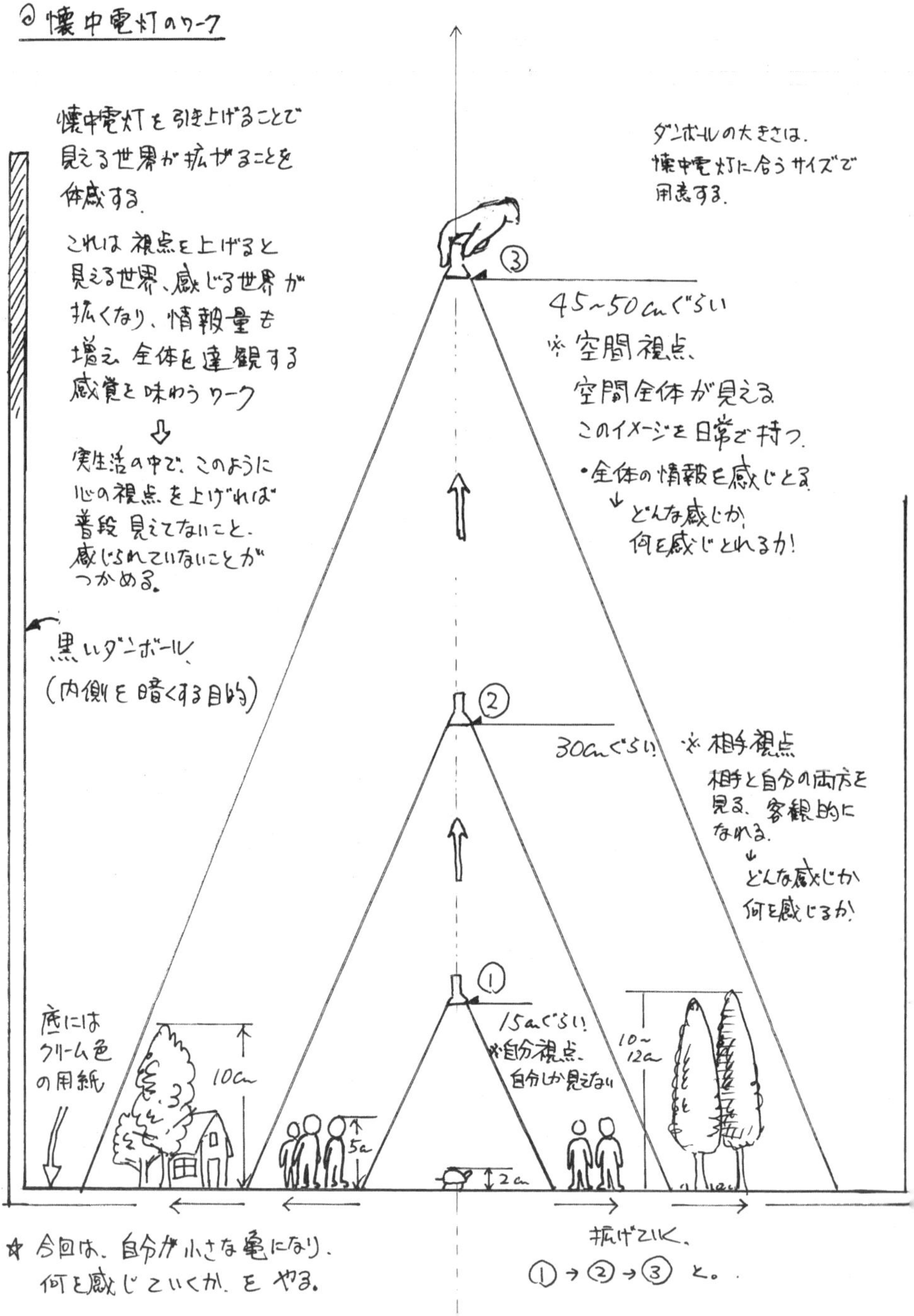

② 懐中電灯のワーク

懐中電灯を引き上げることで
見える世界が拡がることを
体感する。

これは視点を上げると
見える世界、感じる世界が
拡くなり、情報量も
増え全体を達観する
感覚を味わうワーク

⇩

実生活の中で、このように
心の視点を上げれば
普段見えてないこと、
感じられていないことが
つかめる。

ダンボールの大きさは、
懐中電灯に合うサイズで
用意する。

③
45〜50cmぐらい
※空間視点、
空間全体が見える
このイメージを日常で持つ。
・全体の情報を感じとる
↓ どんな感じか、
何を感じとれるか!

黒いダンボール
(内側を暗くする目的)

②
30cmぐらい
※相手視点
相手と自分の両方を
見る、客観的に
なれる。
↓
どんな感じか
何を感じるか!

①
15cmぐらい
※自分視点、
自分しか見えない

底には
クリーム色
の用紙

10cm

5cm

2cm

10〜12cm

拡げていく。
①→②→③と。

☆今回は、自分が小さな亀になり、
何を感じていくか、をやる。

シミュレーションの構想
リハーサルを繰り返す

〈懐中電灯体感イメージ〉

鳥観図 ——

カメになったつもりで
自分の中で 物語を
つくると、より 感じる力の
拡がりも感じられる。
※目に見えないコトを
どれだけインプット
出来るか！

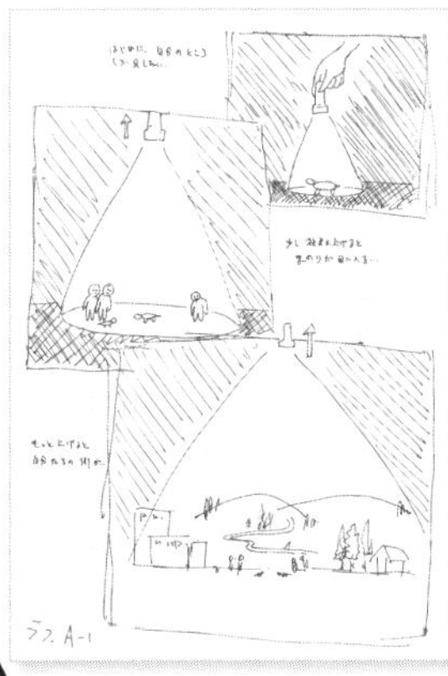

〈メモ〉
懐中電灯のワークは
マイカメラのワークにもつながる。

視点視座体得のための
基本的 体感ワーク？

◎ イマジネーションの力も
しっかり使うこと

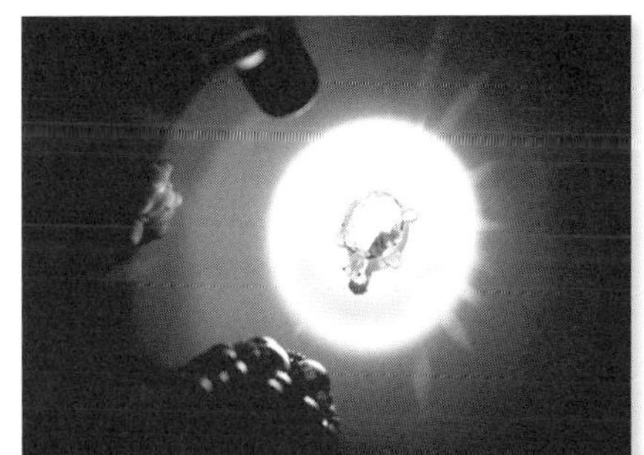

久瑠式 心の在り方グラフ

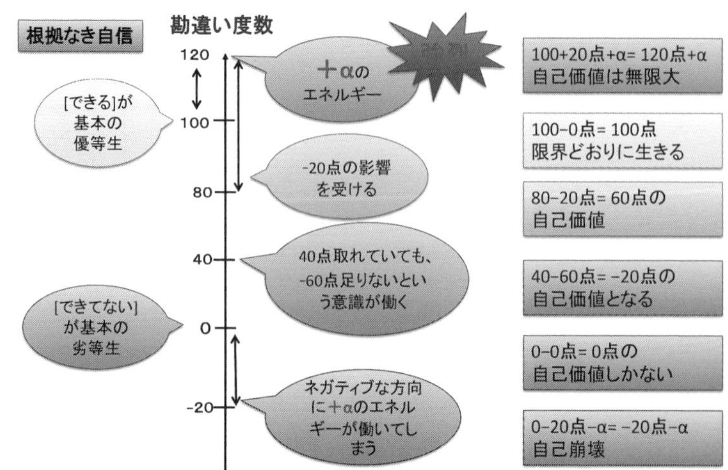

上の式は「現実に取った点数」から「足りてない点数」を引いたもの。
それが潜在意識での自己評価となる。

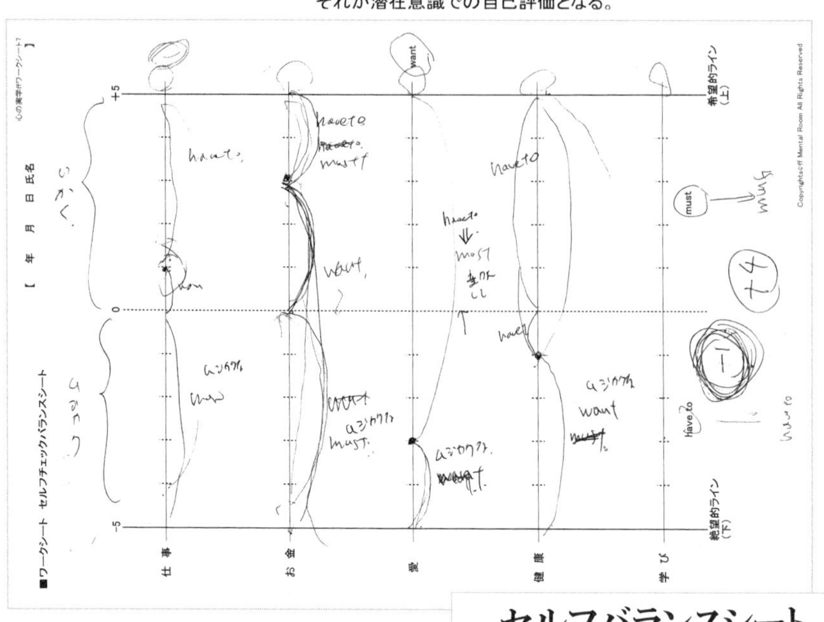

勘違い度数の
グラフ化

無自覚な
have to × must × want の
エネルギーバランス

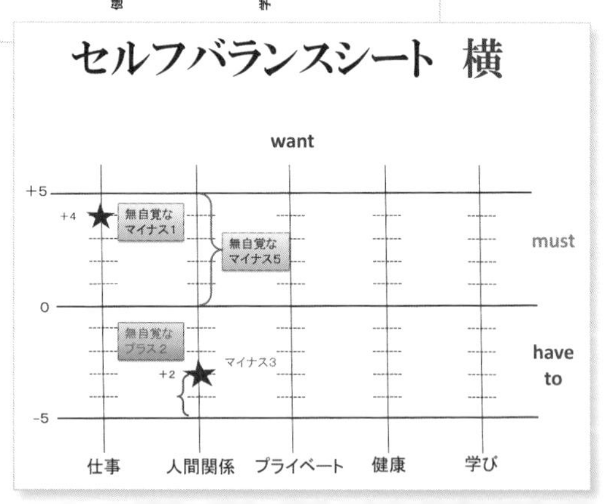

マインドフォーカス理論を活用した脳内VRの世界を体感させる
「サファリのワーク」シミュレーション

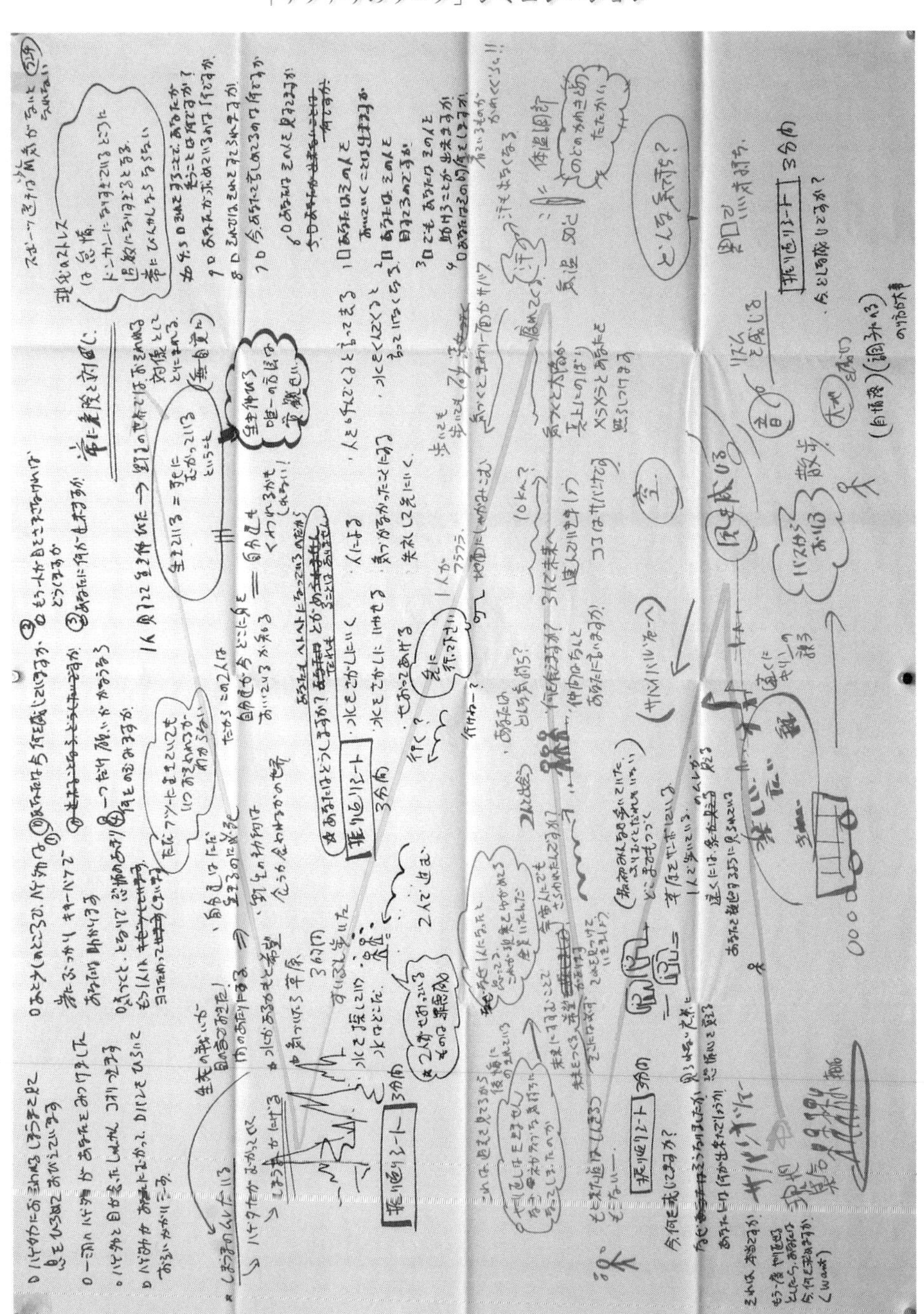

久瑠あさ美の潜在意識で参加者一人ひとりの脳内（潜在意識）に働きかける“心の業”

無自覚に出る自意識が
いかにマイナスをもたらすかに気づかせる

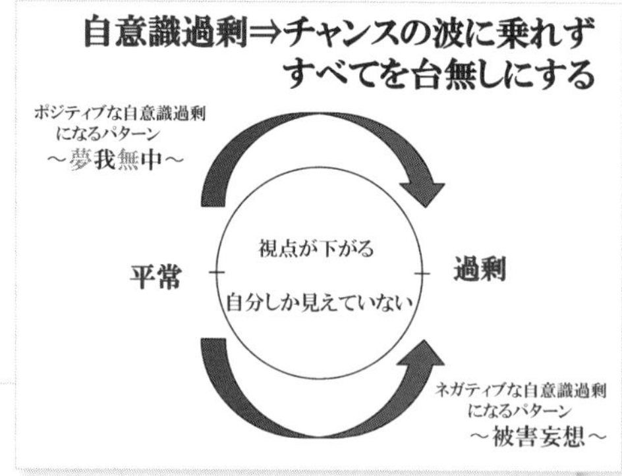

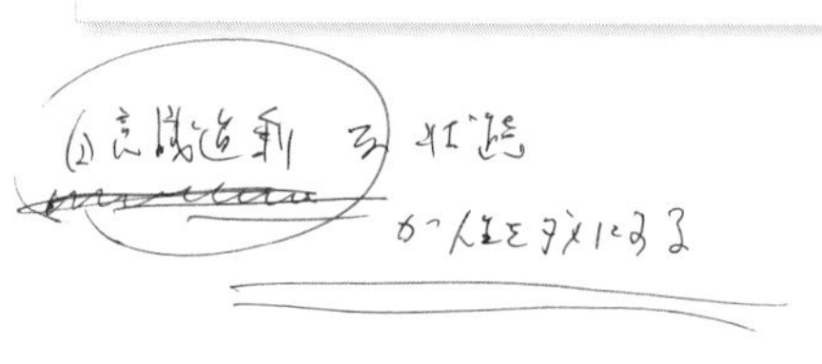

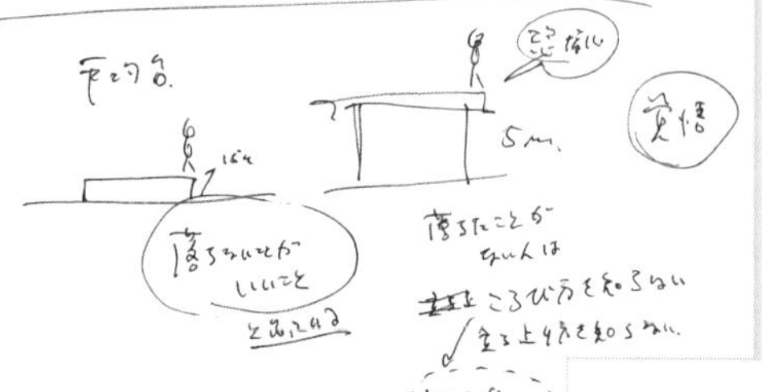

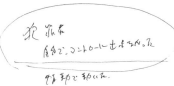

平均台の修練

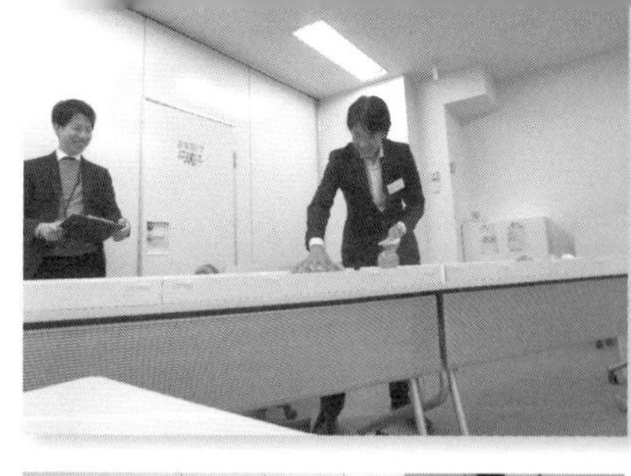

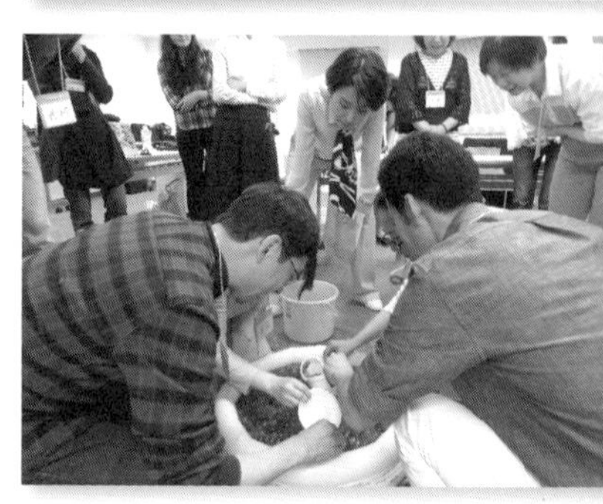

ハイパフォーマンスを満たす
ニュートラルマインドを創り出す体感ワーク

勝負マインド・フローチャート

倒そうとする	倒したい
敵を負かす	己に勝つ
倒れない（現実）	倒れない（現実）
動じる（焦る）	動じない（平常心）
相手次第（相手軸）	自分次第（自分軸）
自分が留守・無力感	勝つイメージがある（ビジョン）
倒せない・諦める	そのイメージのタイミングを待つ
逃げる・追われる（不安）	現実と合致
やられる	倒す

体感で教えていく

無自覚にかかるメンタルブロックを外すプロセスのブレスト

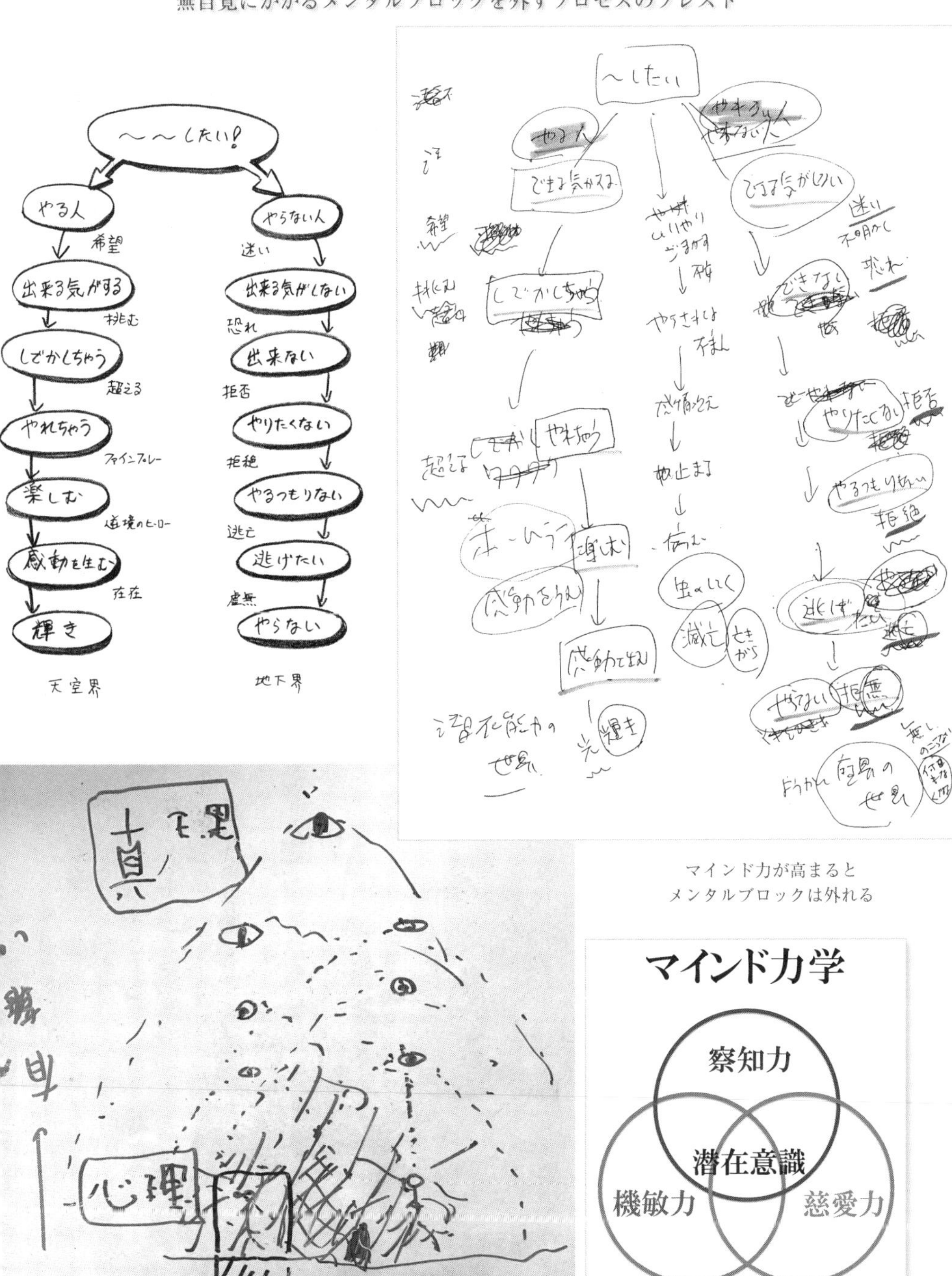

マインド力が高まると
メンタルブロックは外れる

潜在意識をマスターすることで
真理＝マインドの法則を体現できる
（ネガティブモードから脱却）

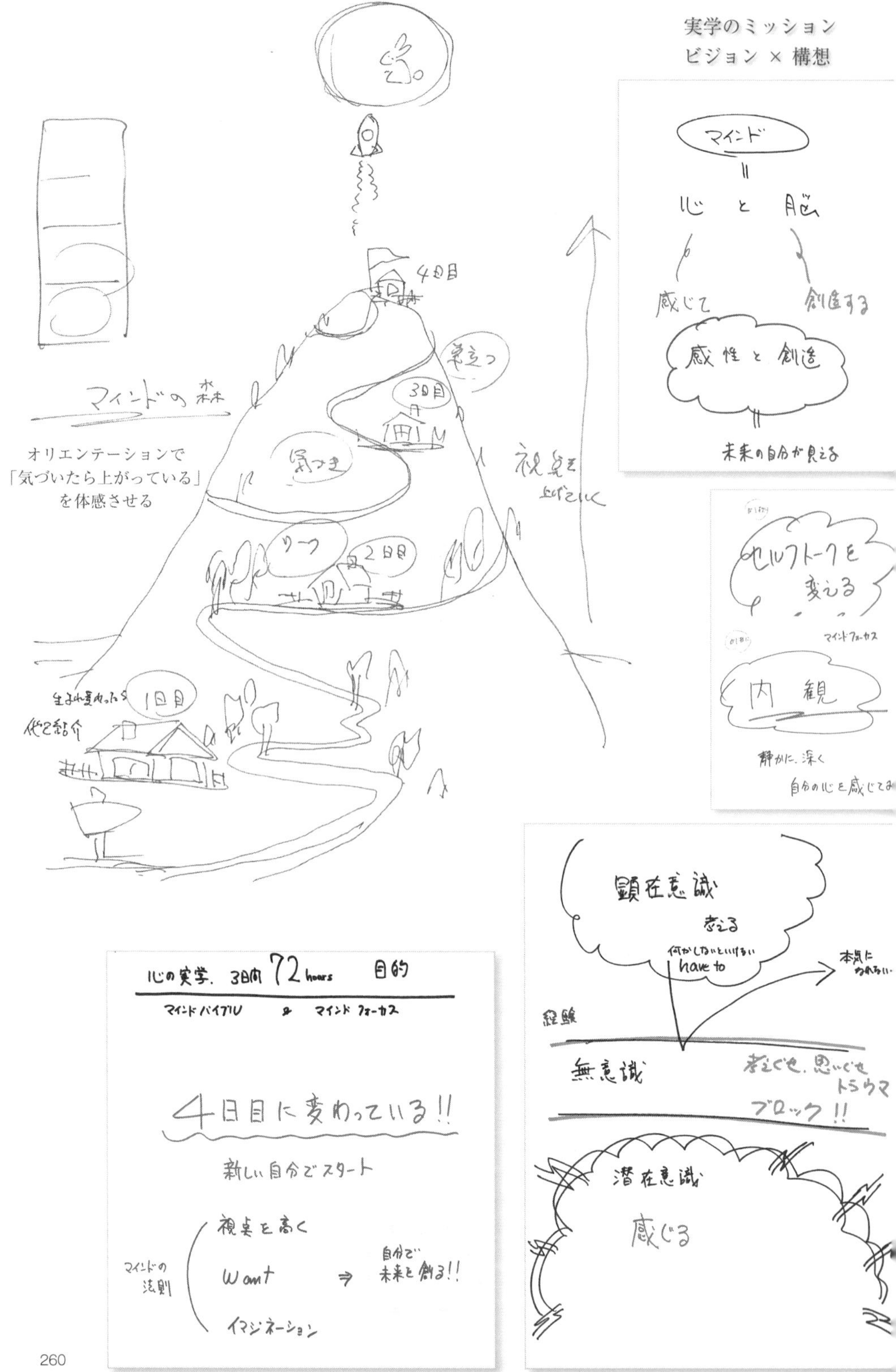
実学のミッション
ビジョン × 構想
マインド
心 と 脳
感じて
創造する
感性と創造
未来の自分が見える
セルフトークを
変える
マインドフォーカス
内観
静かに、深く
自分の心を感じてみ
顕在意識
何かしないといけない
have to
本気に
経験
無意識
潜在意識
感じる
4日目
3日目
2日目
1日目
視点を
上げていく
マインドの森
オリエンテーションで
「気づいたら上がっている」
を体感させる
心の実学、3日間 72 hours 目的
マインドバイブル & マインドフォーカス
4日目に変わっている!!
新しい自分でスタート
視点を高く
Want
イマジネーション
マインドの
法則
自分で
未来を創る!!

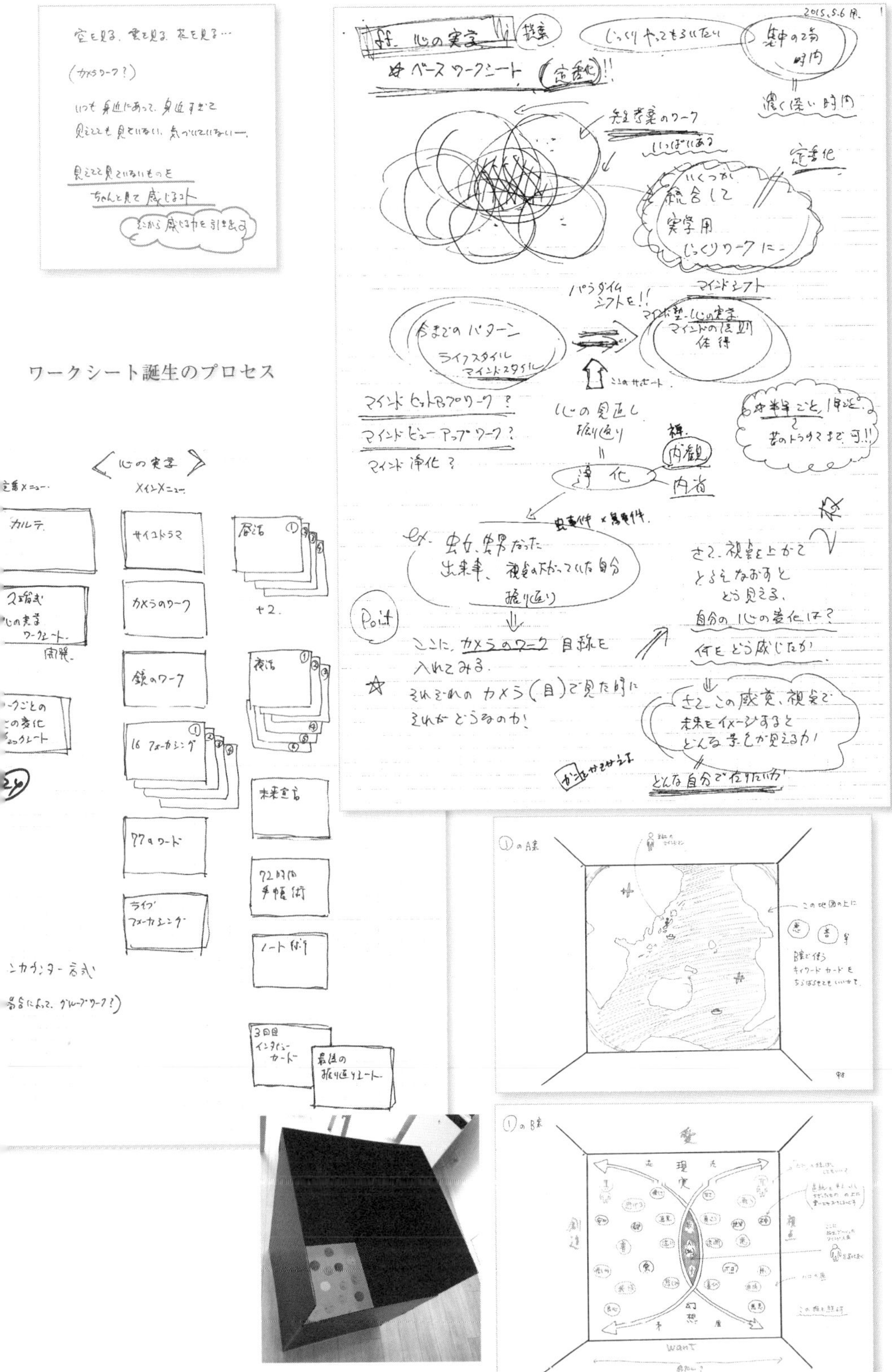

ワークシート誕生のプロセス

研修を受けるにあたっての心得

1. 無理と言わない
2. わからないと言わない
3. 難しいと言わない
4. つべこべ言わない
5. 過去を持ち出さない
6. 既存の概念に囚われない
7. 考えずにやる、すぐやる
8. 自分をどこまで捨てられるか
9. 自分に偽（ウソ）をつかない
10. ワクワクを楽しむ
11. 古い自分を黙らせる
12. 変化を楽しむ
13. 知らない自分に出会ってみる
14. 惜しみなく出す
15. 能力をケチらない
16. 自分をさらけ出す
17. 自分を欺かない
18. 大胆にチャレンジする
19. 今日やる、今やる
20. 恥じない自分になる

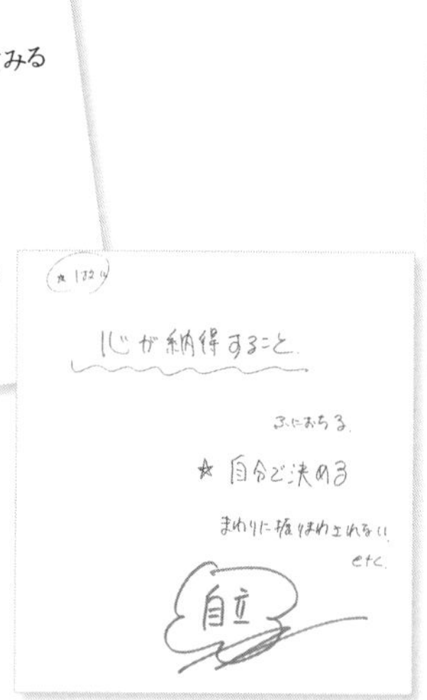

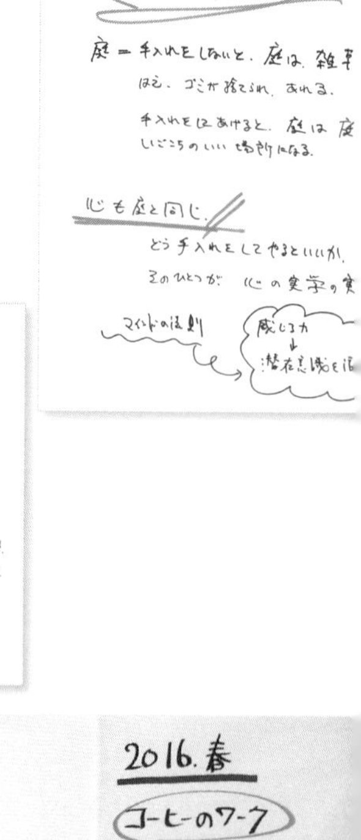

半年に1度
脳をリニューアル

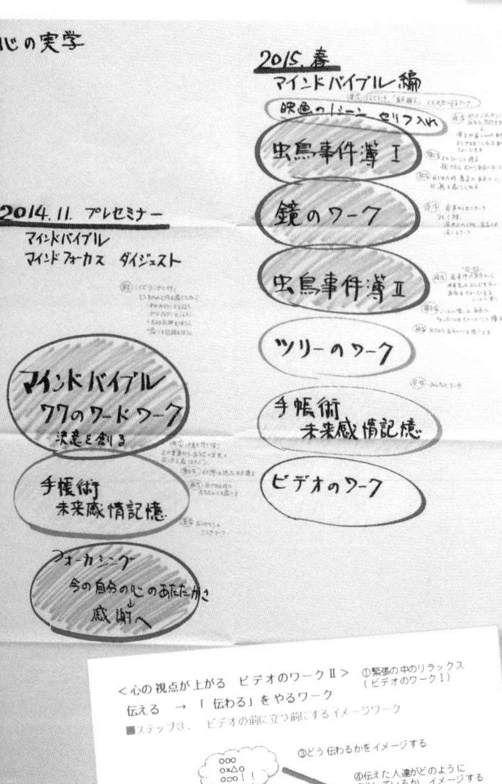

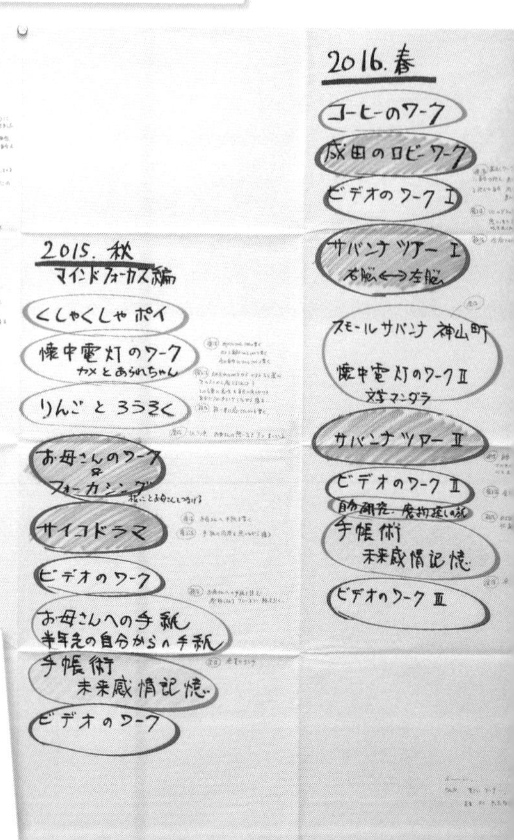

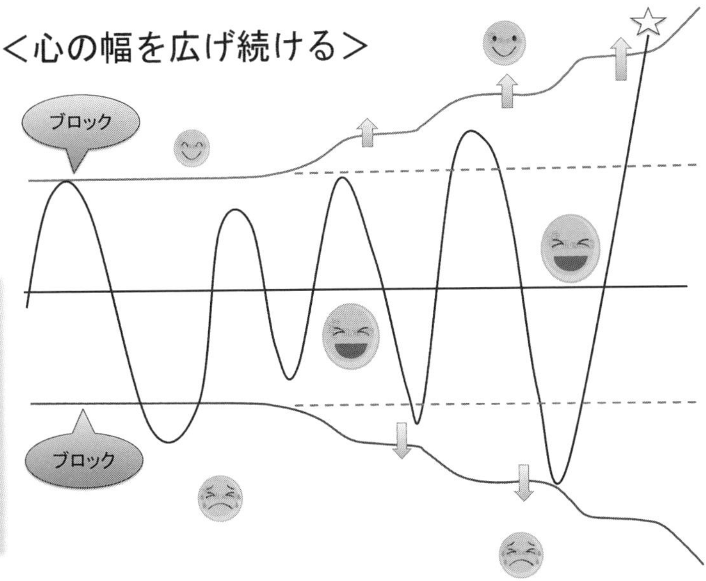

＜心の幅を広げ続ける＞

新たな自分に
マインドリセット

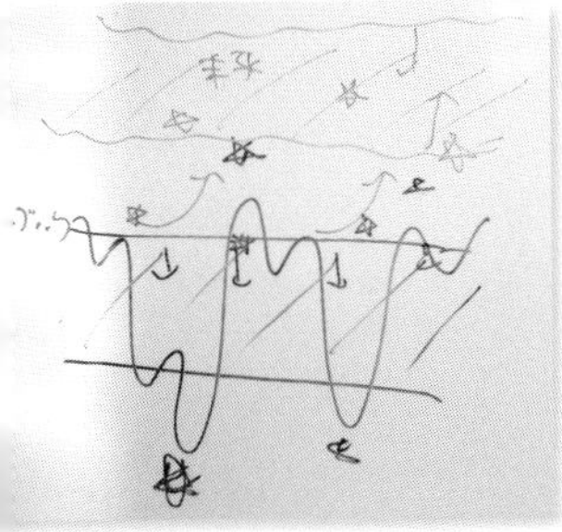

ブロック

ブロック

自らの課題を一人ひとりがつかみとる

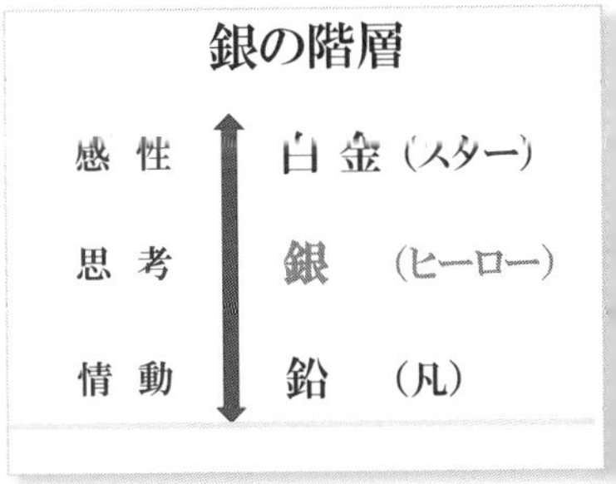

心のサビを落とすワーク

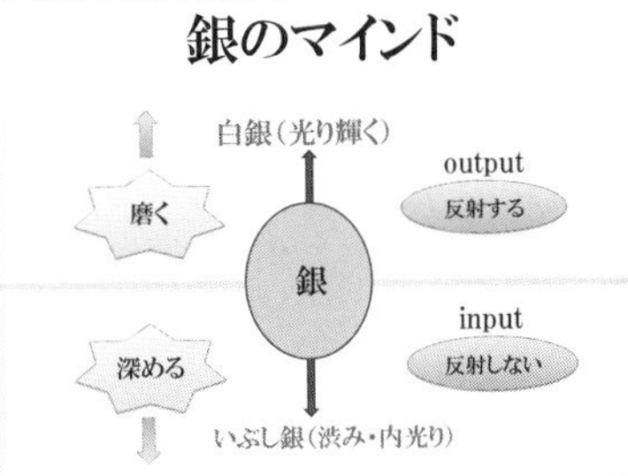

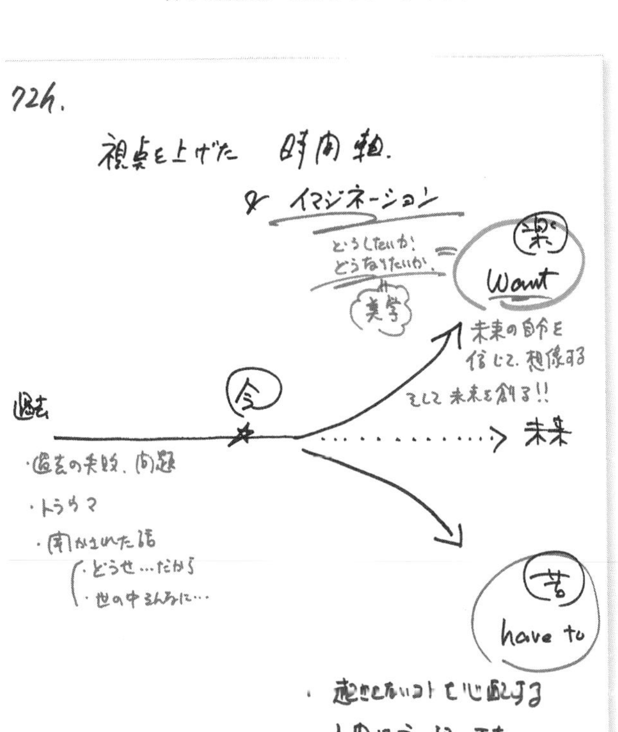

“サビ”マインド

- 相手の意図を、くみ取れない
- 相手のサポートをする側にはなれない
- 自分中心で動けない時に、相手のことを「あの人は自分中心だ、我儘な人だ」となる
- 自分の伝え方が悪かったとは思わない
- まだ、人にツベコベ言っている人のがマシ
- 無力で何もしないで、次も同じことをする
- 自分で臭いものを分解する能力がない

銀の階層

感性	白金（スター）
思考	銀（ヒーロー）
情動	鉛（凡）

シミュレーションを重ねて創り上げられた実学の絵コンテ

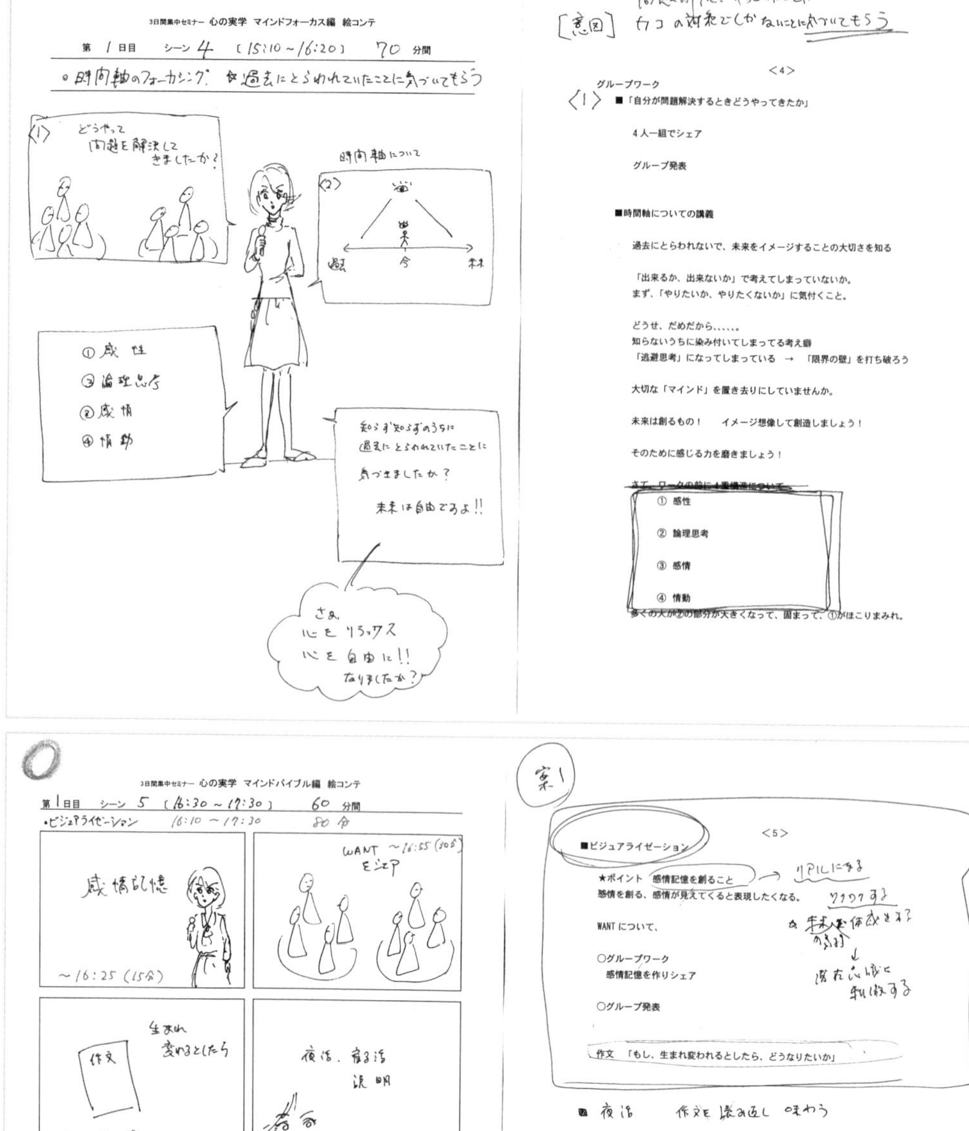

■ 寝る浴 want の自分になったつもりで寝る。

〔意図〕 自分の心を感じるワーク　　心のクレンジング

＜ポイント＞

心リサーチ　カードを使う

落ちついて、自分の心を見つめる時間をとる。内省する。

今、気になること、思い出したこと、したかったこと、子どもの頃の ユメ……

自分の心をすみずみまで感じて、その何か感じたことを書きとめる。

→ カードを持ち帰り

・夜浴で、じっくり味わってみる。どんなふうに感じるか

もっと何かあれば書き足してもいい

分類する

寝る浴？　未来につながる言葉は？

案2　クレンジングのI？

☆ 心のくもりやくすみを払い去り「自分の心」を感

自分で自分の感情をちゃんと認めてあげれば、感情が爆発することを防げます。

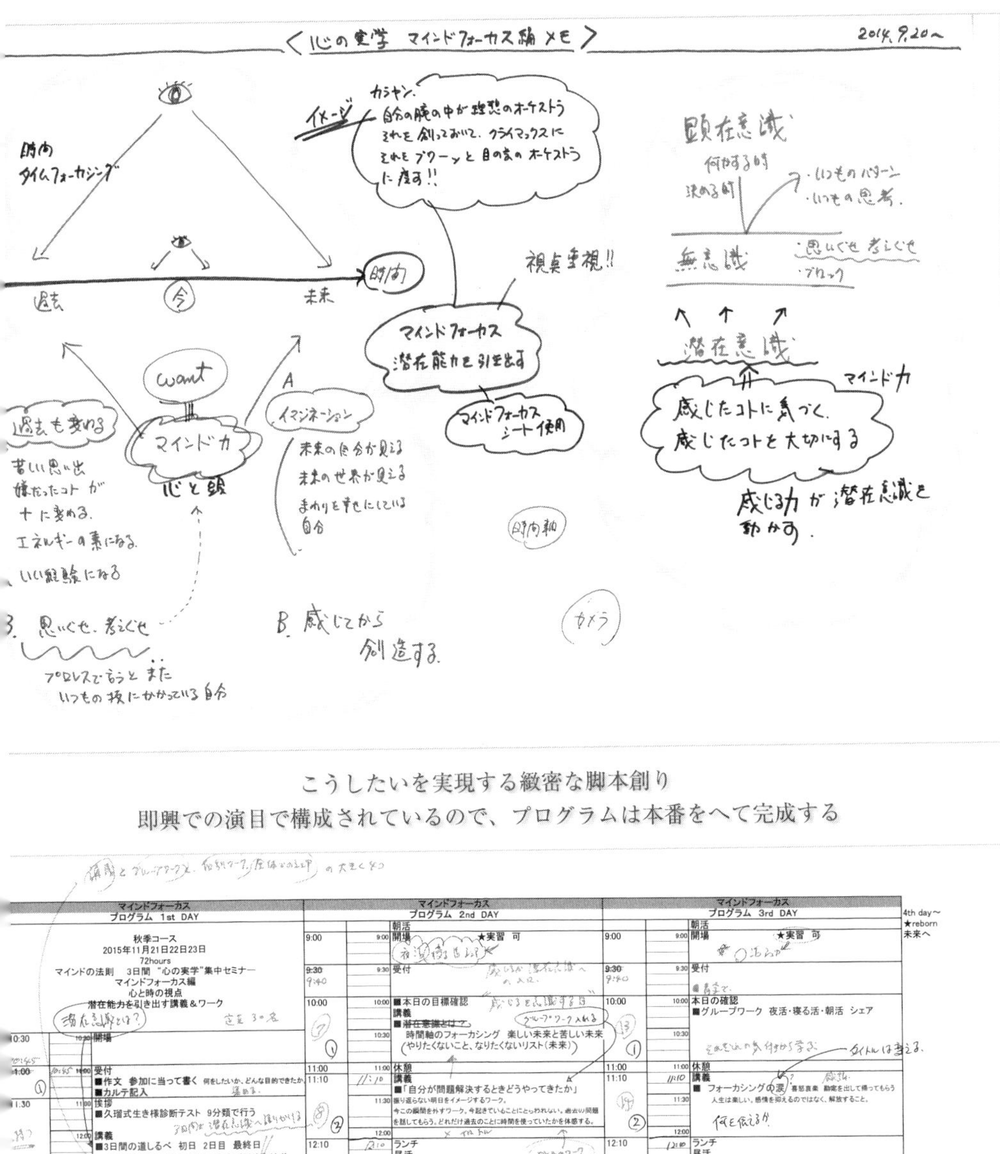

こうしたいを実現する緻密な脚本創り

即興での演目で構成されているので、プログラムは本番をへて完成する

マインドフォーカス プログラム 1st DAY

秋季コース
2015年11月21日22日23日
72hours
マインドの法則　3日間　"心の実学"集中セミナー
マインドフォーカス編
心と時の視点
潜在能力を引き出す講義＆ワーク

10:30	10:30	開場
11:00	11:00	受付 ■作文　参加に当って書く　何をしたいか、どんな目的できたか。 ■カルテ記入
11:30	11:00	挨拶 ■久瑠式生き様診断テスト　9分類で行う
	12:00	講義 ■3日間の道しるべ　初日　2日目　最終日 4日目の朝を変えるために。3日後みんなバラバラになるけれど、心が暖まった、強くなったと感じてもらえるように。
13:00	13:00	ランチ 一人でランチをとること。
14:00	14:00	グループワーク ■ランチ振り返り　朝活・昼活・夜活・寝る活説明
	14:30	■他己紹介
15:00	15:00	休憩
15:10	15:30	■作文「もし生まれ変わるとしたら」
	16:00	■理想の自分で始めるビジュアライゼーション
16:20		休憩
16:30	16:30	■マインドフォーカス　シートの説明① 実習
17:30	17:30	■先生から、初日のまとめ　私たちは今どんな状態？ わからなくて大丈夫！ ■質疑応答
18:00	18:00	1st DAY 終了　★実習 可 夜活　寝る活　理想の自分を思って寝る

マインドフォーカス プログラム 2nd DAY

		朝活
9:00	9:00	開場　★実習 可
9:30	9:30	受付
10:00	10:00	■本日の目標確認 講義 ■潜在意識とは？ 時間軸のフォーカシング　楽しい未来と苦しい未来 （やりたくないこと、なりたくないリスト（未来））
11:00	11:00	休憩
11:10	11:30	講義 ■「自分が問題解決するときどうやってきたか」 振り返らない明日をイメージするワーク。 今この瞬間を外すワーク。今起きていることにとらわれない。過去の問題を話してもらう。どれだけ過去のことに時間を使っていたかを体感する。
12:10	12:00	ランチ 昼活
13:10	13:00	グループワーク ■昼活シェア
14:00	14:00	休憩
14:10		マインドフォーカスシート
	15:00	■マインドフォーカスシート　シートの説明② 実習
15:50		休憩
16:00	16:00	■マインドフォーカスシート　シートの説明③ 実習
17:30	17:30	■先生から、2日目を終えて 質疑応答
18:00	18:00	2nd DAY 終了　★実習 可 夜活　寝る活

マインドフォーカス プログラム 3rd DAY

		朝活
9:00	9:00	開場　★実習 可
9:30	9:30	受付
10:00	10:00	本日の確認 ■グループワーク　夜活・寝る活・朝活　シェア
11:00	11:00	休憩
11:10	11:30	講義 ■ フォーカシングの涙　喜怒哀楽　感情を出して帰ってもらう 人生は楽しい。感情を抑えるのではなく、解放すること。
12:10	12:30	ランチ 昼活
13:10	13:00	■ワーク 「○○さんへメッセージを書く」複数の人に（3名以上） メッセージを渡し、シェアする。 渡し終わったら、4人グループになり、3日間で感じたこと、気づいたこと等をシェアする。
	14:30	■「半年先の自分に手紙を書く」（1年先）
14:50		休憩
15:00	15:00	■全員一人ずつ3日間で感じたことを発表 20名…1人3分 30名…1人2分または16:30まで延長講座 ★初日の作文を使う
16:00	16:00	■先生から3日間を終えて 私たちは3日間で何をしたか。 質疑応答
	16:30	■振り返りワーク 「感想　意見等」
17:00	17:00	3rd DAY 終了〜実践へ（have toでなくwantで） 夜活 寝る活 未来の自分に好奇心をもって深くフォーカスを！ looking forward to seeing you again!

4th day〜
★reborn
未来へ

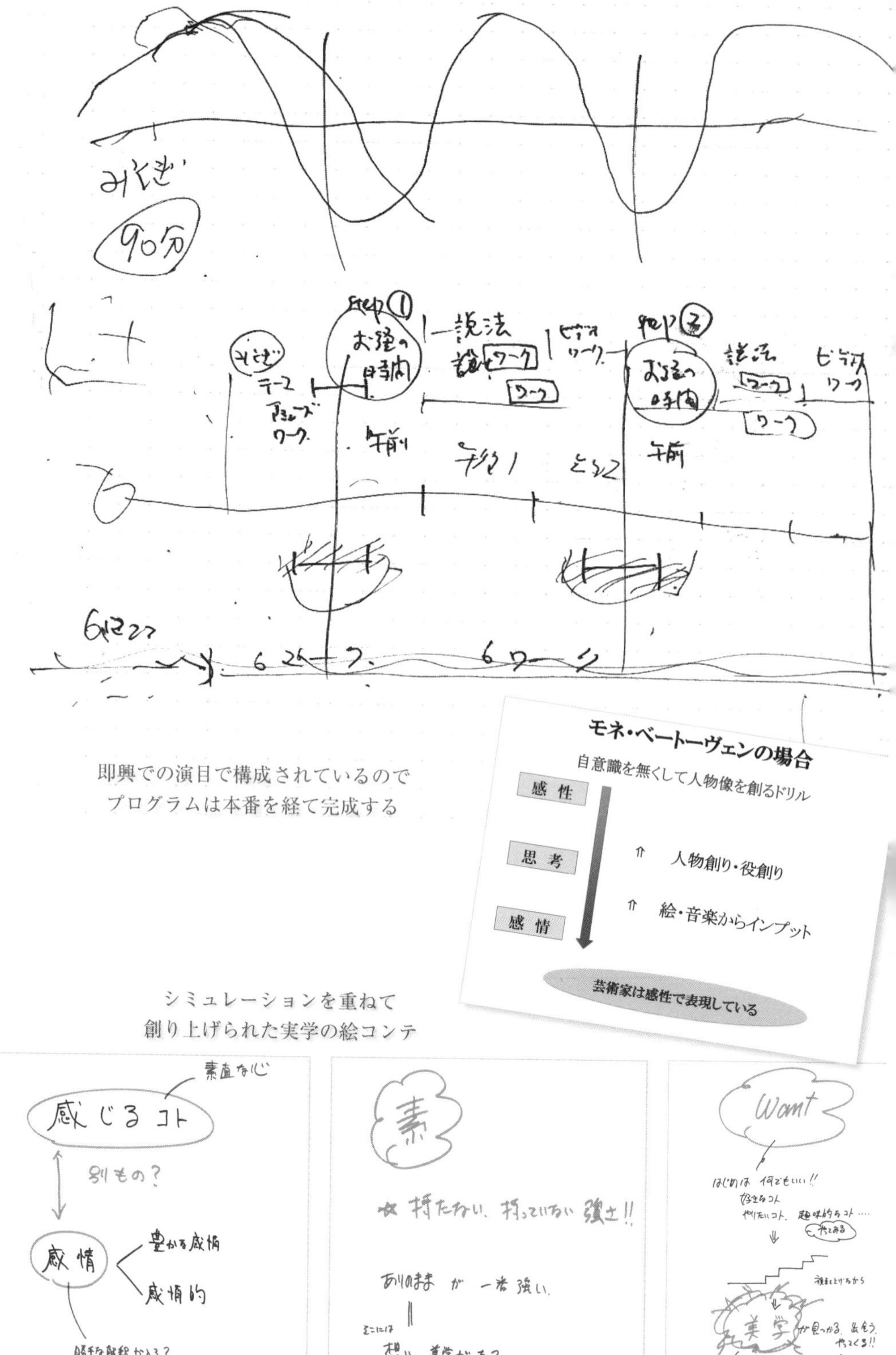

即興での演目で構成されているので
プログラムは本番を経て完成する

シミュレーションを重ねて
創り上げられた実学の絵コンテ

役創メソッド×コラージュ

現場で直に伝授

心の根を育てる＝潜在能力を発揮

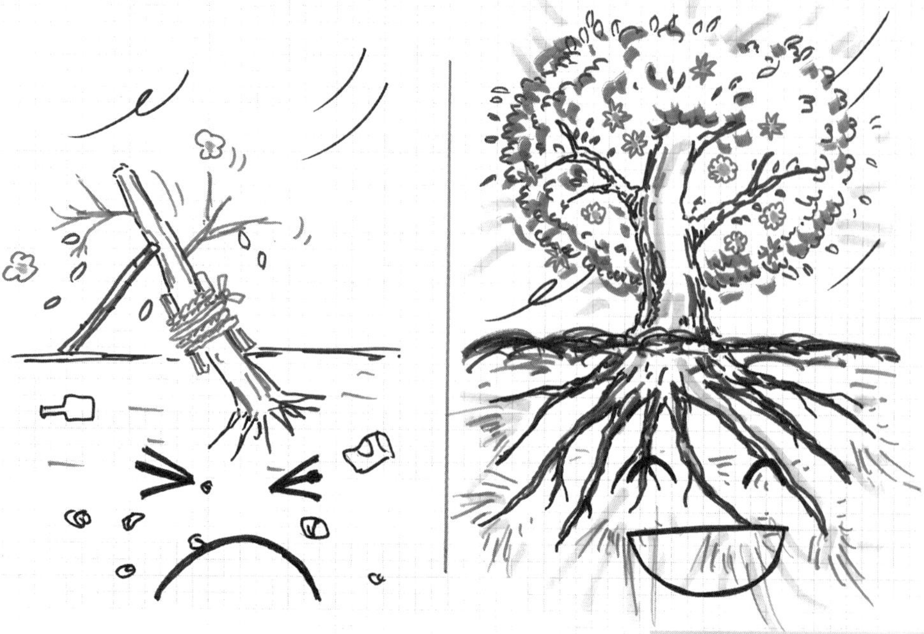

樹齢千年の木のワークの創出

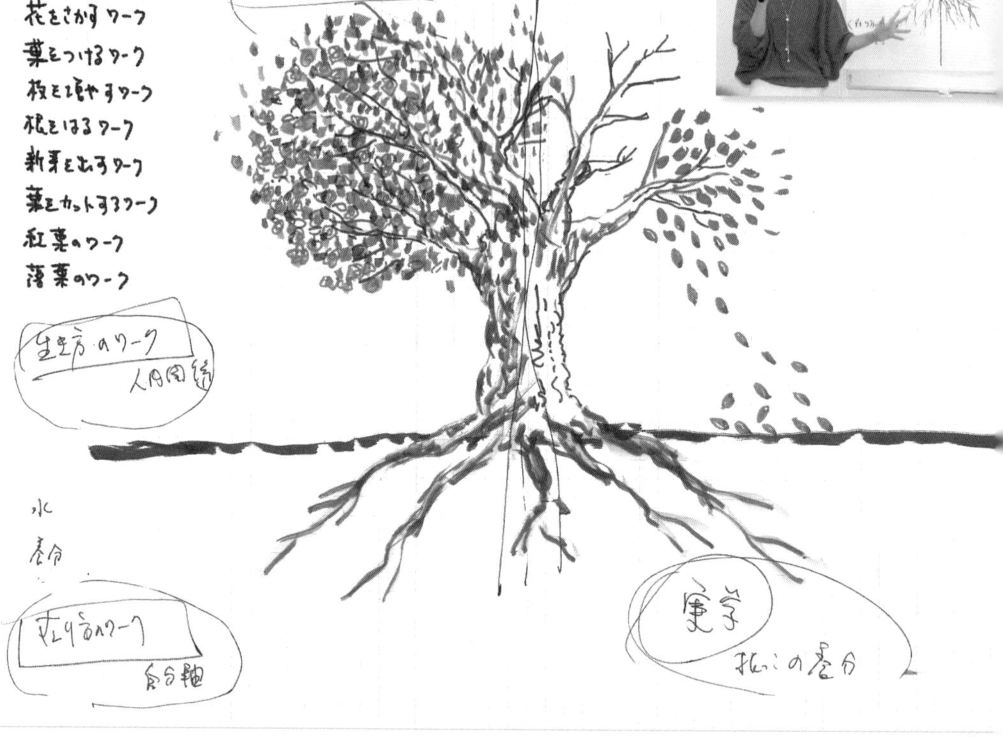

花をさかすワーク
葉をつけるワーク
枝を増やすワーク
根をはるワーク
新芽を出すワーク
葉をカットするワーク
紅葉のワーク
落葉のワーク

生き方のワーク
人間関係

水
養分

在り方のワーク
自分軸

実学
根っこの養分

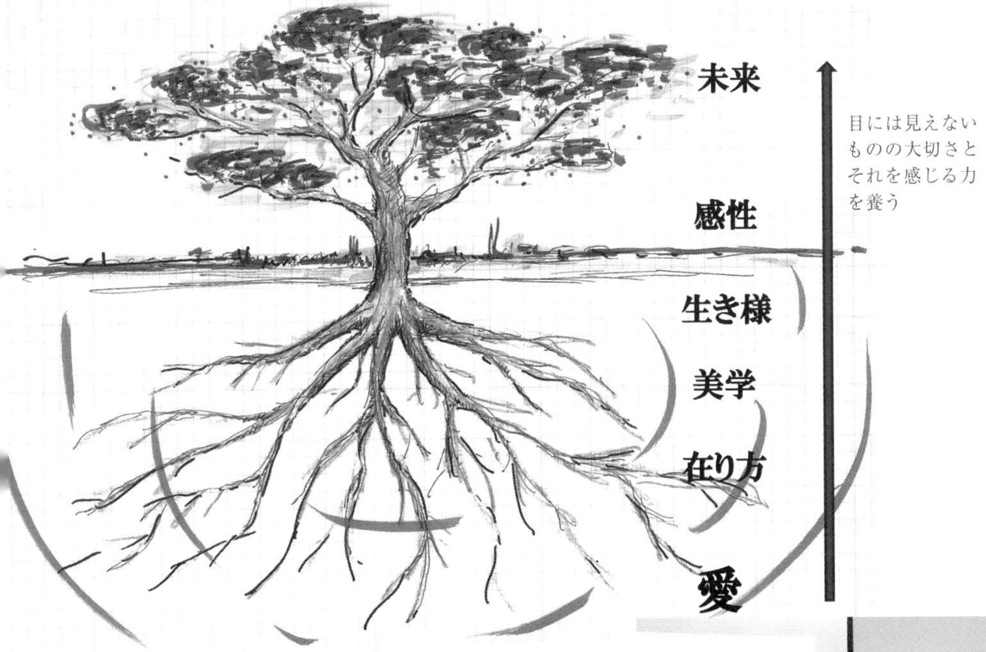

未来

感性

目には見えない
ものの大切さと
それを感じる力
を養う

生き様

美学

在り方

愛

真理から実践へ

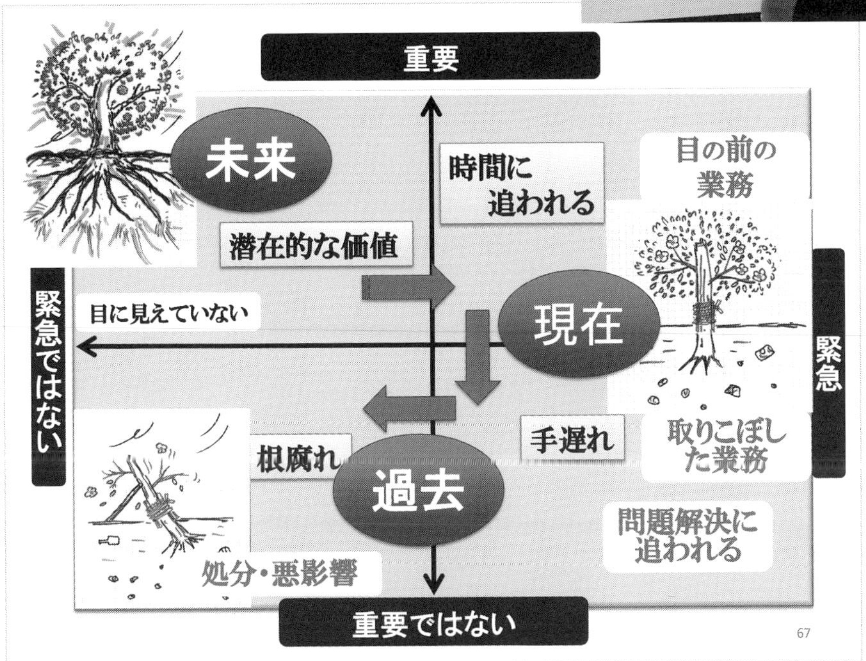

重要

未来

時間に
追われる

目の前の
業務

潜在的な価値

緊急ではない

目に見えていない

現在

緊急

手遅れ

取りこぼした業務

根腐れ

過去

問題解決に
追われる

処分・悪影響

重要ではない

67

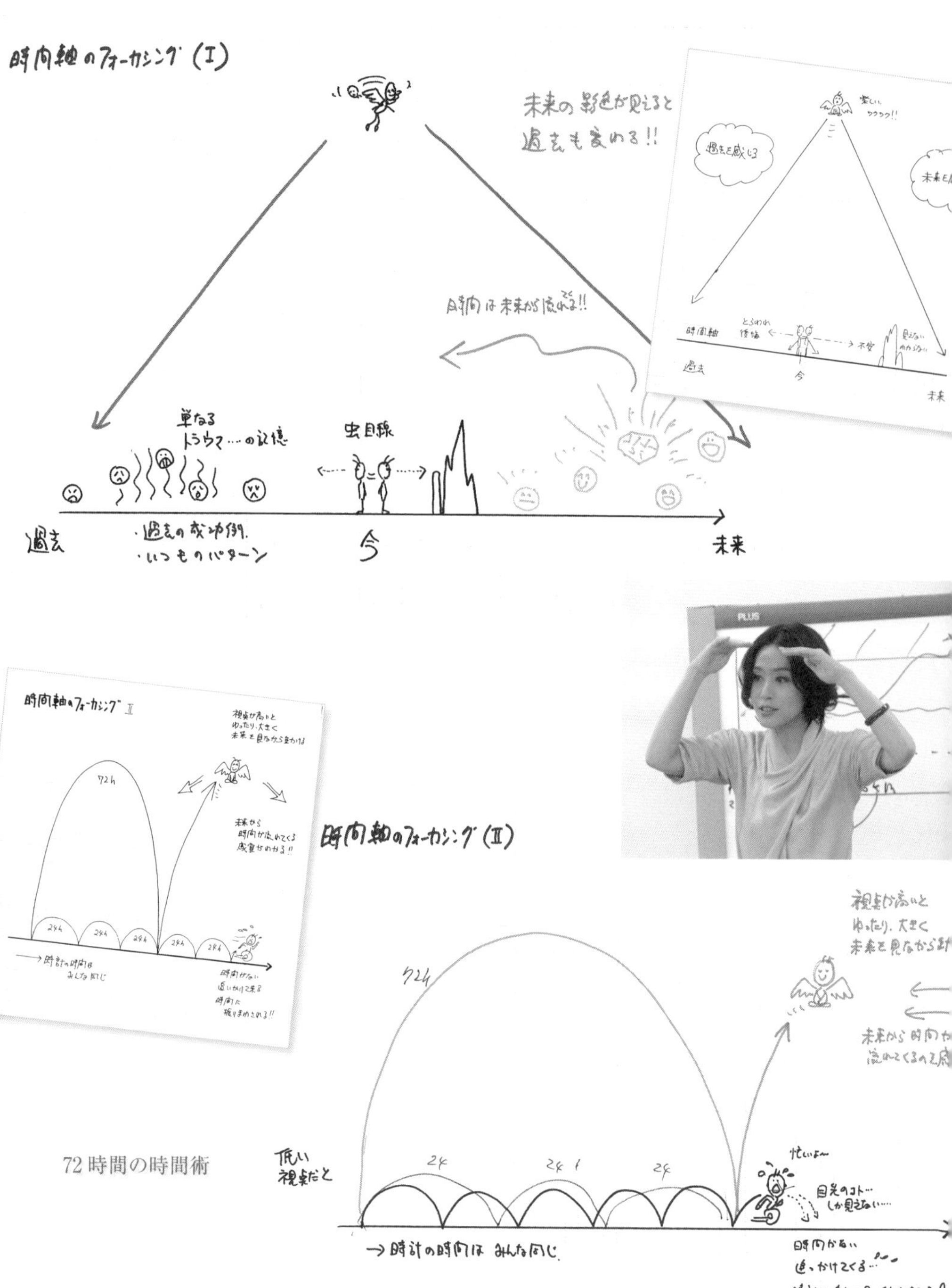
時間軸のフォーカシング（I）
未来の景色が見えると
過去も変わる!!
時間は未来から流れる!!
単なる
トラウマ……の記憶
虫目線
過去
・過去の成功例、
・いつものパターン
今
未来
時間軸
不安
過去
今
未来
PLUS
時間軸のフォーカシング（II）
72h
24
低い
視点だと
忙しいよ〜
目先のコト…
しか見えない……
→時計の時間は みんな同じ
時間が
追いかけてくる…
時計で動く!? 動かされる!?
視点が高いと
ゆったり、大きく
未来を見ながら動
未来から時間が
流れてくるのを感
時間軸のフォーカシング II
→時計の時間は
みんな同じ

時間の概念を塗り替える

時間の流れを逆流させる

階層と時間軸の立体化

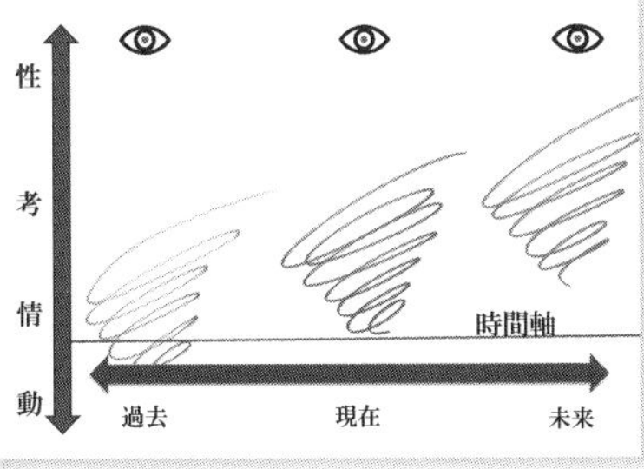

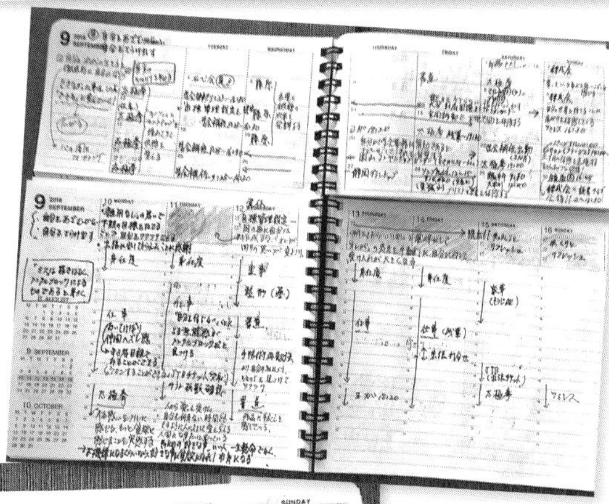

手帳を使った時間術のワークショップ

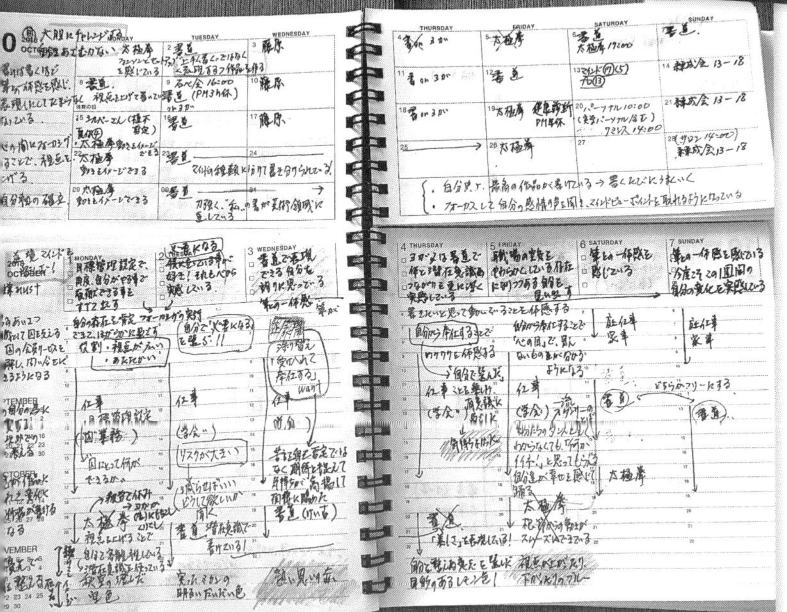

塾生リーダーから、これから受ける人へ
学んだこと体得メモ

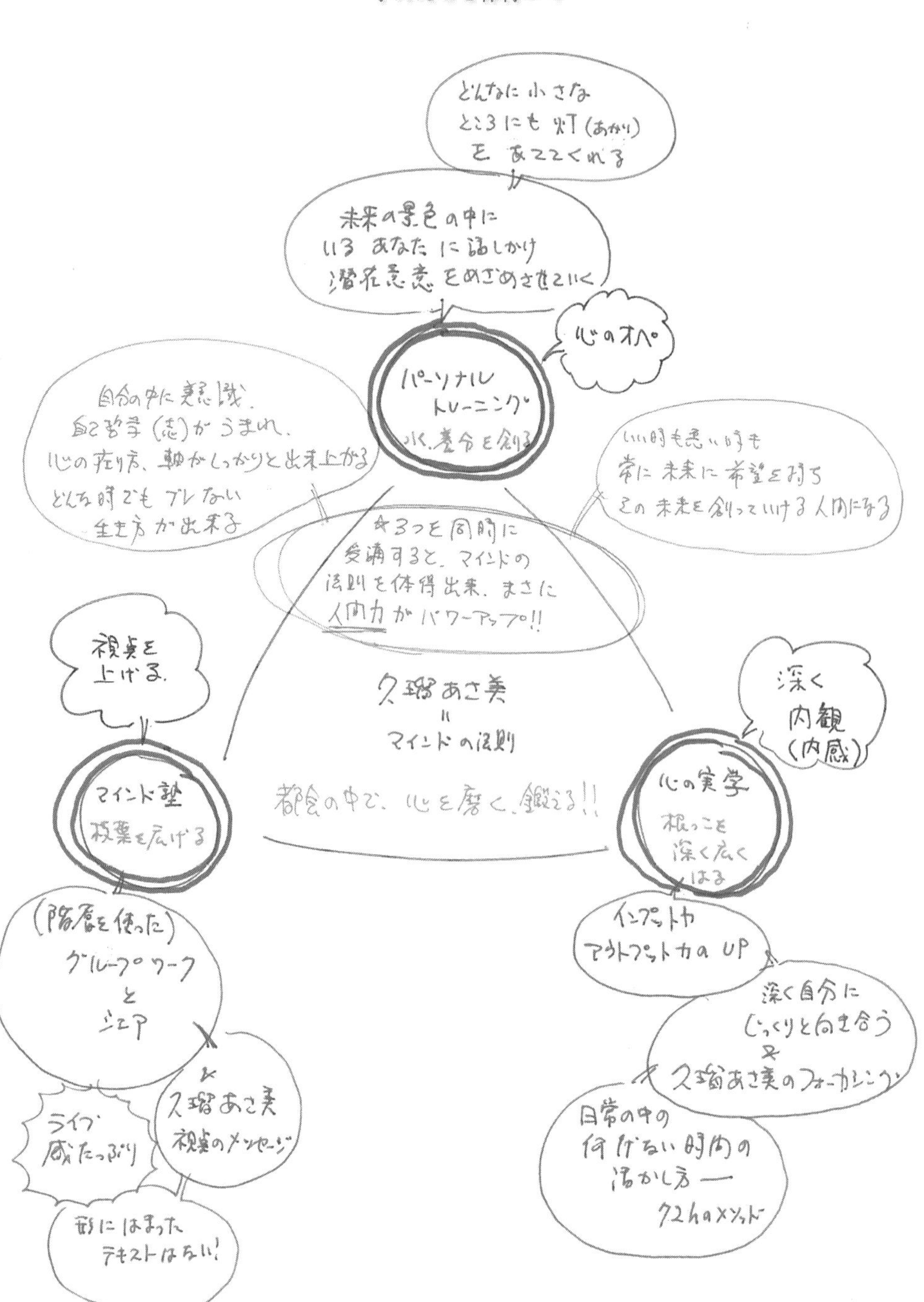

2-1

①パーソナル は、オートクチュール、オーダーメイドの世界
②マインド塾 は、久瑠あさ美が、階層を使って、短時間で 視点を上げ、それを体感してもらう場
③心の実学 は、久瑠あさ美と 3日間という 長い連続した時間を共有し、深く 心と向き合う。

この3つを 同時進行で 受けたら、久瑠あさ美になれる？ といいのですが、なれません（笑）
しかし、今までの人生 に、間違いなく、新しい 何かが プラスされます。それは、本当の 自分の
心のあり方 が見つかり、ブレない 軸を 持つことにより、心も 強くなり、そのことで、過去の
今までの人生も まったく 新しい 輝きをみせるくらいに、活きてくる 活かせるようになること。

4-1

パーソナル

完全にマンツーマンで 久瑠あさ美のパーソナルトレーニングが受けられる。
自分にカスタマイズされた オーダーメイド のメンタルトレーニング。
どこかによくある、マニュアルを 見て 指導するようなものでなく
そこにいる 本人に、真正面から 向きあってくれる。

何を話してもいいし、何も話さなくてもいい。
久瑠あさ美が 真正面から 100% 感性を出しきり 向き合ってくれる。
そして、全てのクライアントを 信じている
みんなが すばらしい 潜在能力と 大きな可能性を 必ず 発揮出来ると 信じている

その人の求める心のあり方を感じとり、その人が そうあることで、つかむ 未来を 想像し、
その 未来の 景色の 中にいる、その人に 語りかける。
だから 少し 時間がたち、次の パーソナルトレーニングで 質問しようと 思っていたことが
自然に 解決してしまう。

知らないうちに 潜在意識が 動き出していく…。

また、未来の 夢 も その可能性 を もっと ふくらませ、未来感情 を 共有して、
もっと たくさんの 夢の 種が あることを 見せてくれる。気づかせてくれる。

こうなると もう 潜在意識 に スイッチが入り、知らないうちに 未来の 夢を
創ろうと 動き出す。

それでも 山 あり、谷 ありが 現実。　その谷に 落っこちた 時も、（久瑠あさ美は）ドン底 で
何を感じたかを 共に 感じとり、どう 向きあえば いいか 教えてくれる

ドン底なのに 恐怖は 消え、真正面から 向きあい 次のステップへ 動けるようになる

知らないうちに 心が 強くなったのが 後になって よくわかる

理論的に 説明されるのではなく、　だれも 見てくれない、気づかない 心の はしっこ
にある ひっかかり（ブロック）に 光を あててくれる。　すると それは 消えていく…。
また、とてつもなく 大きな 岩のような トラウマも 打ちくだき、
自立して 未来を 創る力を 育ててくれる 心 の パーソナルトレーニング

マインド塾

4-2 へ

心の実学

4-3 へ

Vol. 4-2.

パーソナル 4-1

心の実学 4-3

マインド塾

久瑠あさ美が、参加 者の 階層を使う

たくさんの階層があり、いろんな タイプの 塾生がいる。

久瑠あさ美は、その時々の 塾の 空気 を 読み、場 を 創る。

今回は、どのように 視点を引き上げ、どのように 体験してもらうか。

3〜5名 の グループに 分かれ、グループワーク を 行う
そのグループ で 感じたこと（インプット）を シェアする（アウトプット）

それぞれ の人の 視点 を 感じることが出来、いろいろな 見方、感じ方にふれる。

そして、それを 今度は、全体で シェアし、それに 対して、久瑠あさ美が
さらに 高い 視点から メッセージをくれる

知らないうちに 感じる力が きたえられ、視点 が 上がっていくことを 体感する。
体感が 得られると、日常生活の中で 無意識 に そのような 感覚を
求め出したり、何か 変化が 生まれてくる。

マインド塾は、グループで 階層を 使い 視点を上げる 場である。
⇩
そのことで、感じる力に 磨きが かかり、want も 見つかる

視点を 上げる 力をつける場なので、テキストは 使わない。

論理的思考をつける場ではなく、その上の 感性を 磨く 場である。
だから、久瑠あさ美 の マインド力 を ベースとした ライブのような
マインド塾で 塾生の 感性は 磨かれる
そして、結果として、思考の 巾 も 広がる。

今までに 学んできた事が 単なる知識から 使えるように なるのも
一つの 効果である。

Vol. 4-3

パーソナル 4-1

マインド塾 4-2

心の実学

■マインドの法則 × 演じる（久瑠あさ美の 極めた道 ―表現―）

これをベースに、いくつかのワークを活用し、参加者の心にフォーカシングしていく。

それぞれの 参加者 が、じっくりと 自分の心 と 向きあう 場。（3日間）

日常では、忙しくて、きっと 向きあったことのない 深いところ と 向きあえる。

内観し、自分の心と 感じとり、浄化され、さらに しっかりと
自分を見つめ 感じる 時間。

そして、参加者 それぞれが 感じたことを、久瑠あさ美 が
その時 感じとったことを 問いかけていく。（エンカウンター方式）

いくつかのワーク と フォーカシング で 深く 自分の心と 真正面から

向きあうことで、知らないうちに ブロックが 消えていく。はずれていく。

ブロックの 向こうの 本当の 自分が キャッチ 出来たことで 今まで
自分を 苦しめていた ブロックが ウソのように 消えていく。

そして、心が 大きく 自由に 広がっていくのを 体感し、

ふと ふりかえった 時、自分の 周りに あった 人や ことに 気づく。
見えていなかったものが 見えはじめると、世界が 変わっていく。

本当の 自分に めざめる？出会う 場 でもある

マインドプロセスデザイン構想

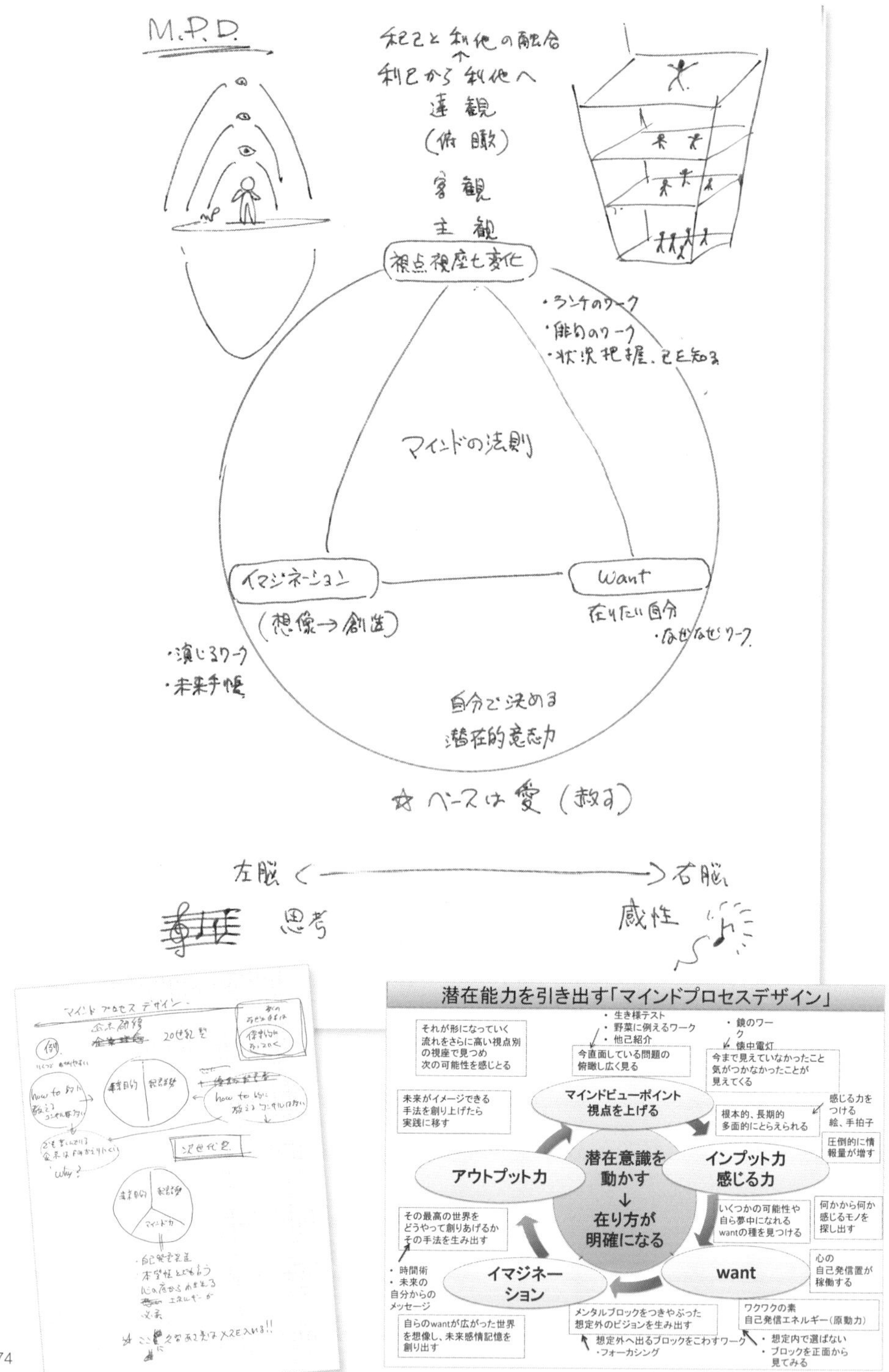

マインド塾受講生へ直に伝授（マインドの法則）→マインドプロセスデザイン誕生

久瑠は受講生の中に入ったマインドの法則を非常に重要視している。「伝える→伝わる」のプロセスを経て、相手の潜在意識に入るというメソッドが熟成されていく。

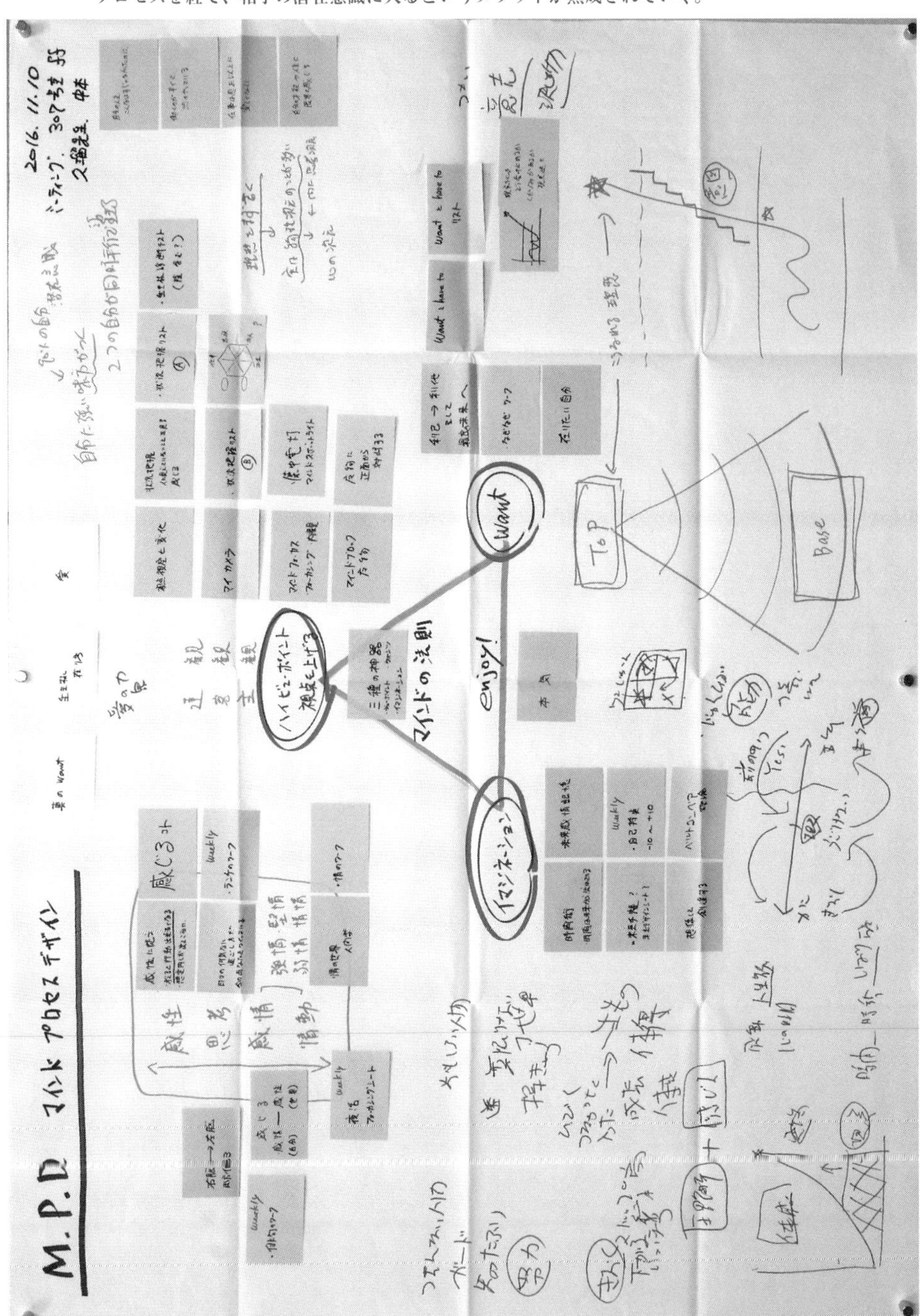

想定外のwant

want…何かないかなあ…と思うのではなくて、
例えば、自分の仕事でもプライベートでも
想定外のwantをあきらめないで
創ってみてはどうですか？
いつもの1週間の夏のバケーションを休みもくっつけて、
1ヶ月間のフィンランド短期留学に！
しかも仕事に役立つ勉強。会社に出してみたら
上司も「これはいい！行って来い！」と。
帰って来たら、それを活かせる仕事が舞い込み大活躍！
次の年から、会社が半額出してくれて、参加者続出。
会社も活気にあふれる！というワクワクするwant。
これもイマジネーションでふくらましましょう！

ちょっとオーバーに！遠慮しないコト！！

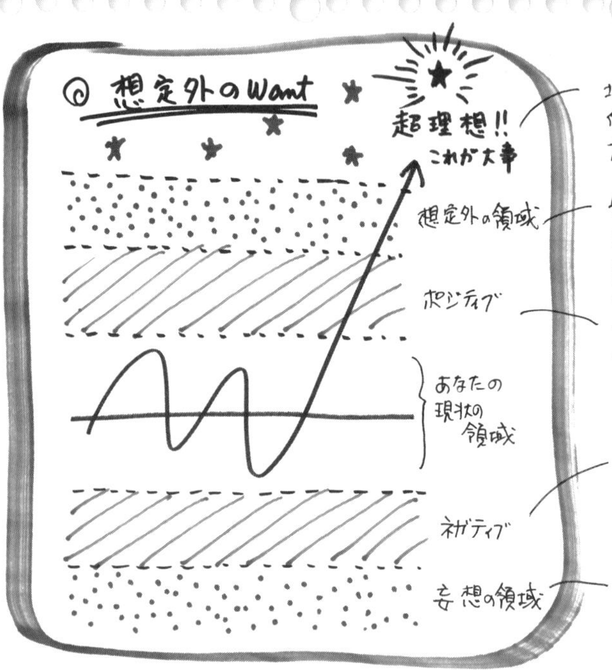

マインドメモ

北極星のように届かないけど
向かうべきところ（want）を持つことが
大事！そこに生き様が生まれる

無我夢中の状態
意志の力で、どうこうしようというのを
超えた領域。
気がついたらすでに超えている、やってのける

ポジティブになろうとする領域
つまり、ここも顕在意識

ネガティブな領域では、自覚を持った悪。
なんとかしようとしてはいるが、
上がれない（上がるつもりがない）
ついつい悪いと思いながらやってしまう。

悪いという自覚すらないので
悪をやり続けてしまう。
妄想領域は、気がついたら入り込んでいる！

時間の流れ

時間は未来から流れて来るという捉え方。

未来
↑
現在
↑
過去

過去から未来へ流れていくのではなくて…

コレだと未来は過去の延長になりがち。

未来
↓
現在
↓
過去

未来から流れている。

新しい未来がやってくる!!
という感覚。

だから、流れて来てほしい**未来をイメージすること**が実はとても大切なのです。

イマジネーションがあなたの限界を決めるのです。

なんとなく待ってちゃだめです。

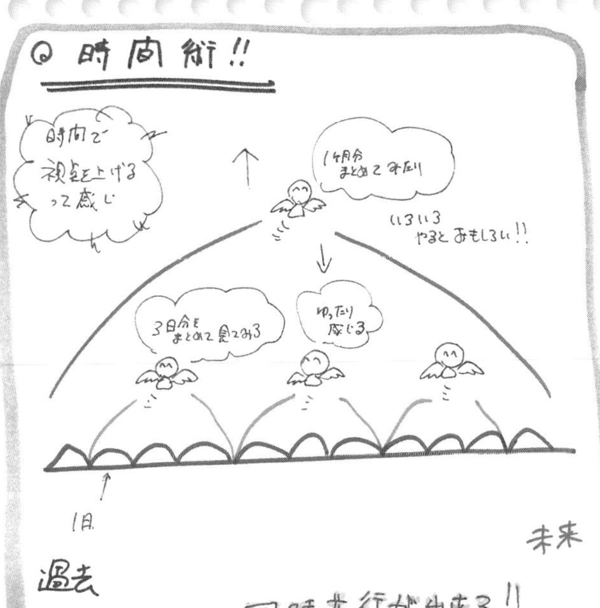
◎時間術!!
時間で視点を上げるって感じ
1ヶ月分まとめてみたり
いろいろやるとおもしろい!!
3日分をまとめて見てみる
ゆったり感じる
1日
未来
過去
同時並行が出来る!!

マインドメモ

毎日毎日のスケジュールを追いかけてやっていると、仕事とか、同時並行で進めない… 進みにくい。

3日分、1週間分を1つの区切りと見ると、ちょっとあいた時間に3日先の事が出来たり1週間先の予定の準備が出来たり先まわりが出来るようになる。

結果、未来に自由な時間が生まれて、同じスケジュールが倍速でやれて、しかもゆったりした気分。そうするとミスも防ぎやすくなるからいいことばかり!!

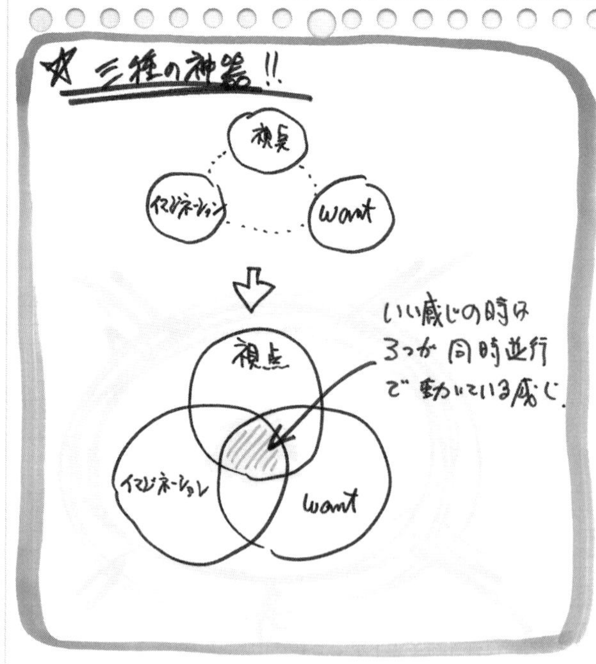

マインドメモ

調子がいい時は
視点を高く持って、
wantが見えていて、
それを創ろうと
前向きにマインドが
働いているような
感じ!!

これが、無自覚に
このポジションが
とれるようになると、きっと
ベスト!!

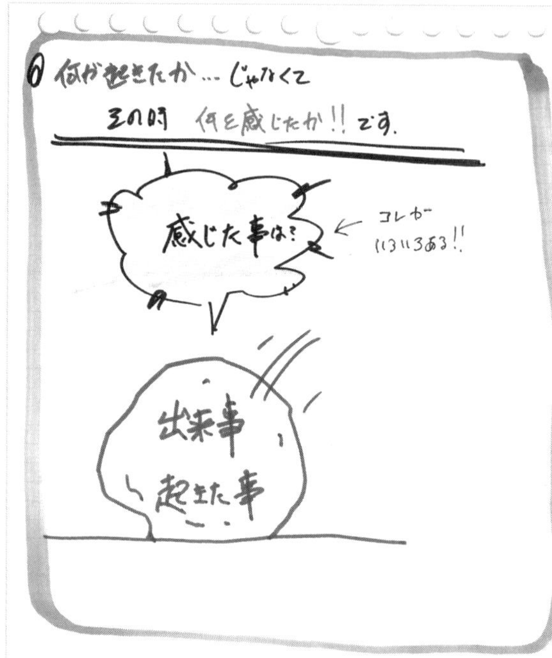

① 何が起きたか…じゃなくて
その時 何を感じたか!!です。
感じた事は?
コレが
いろいろある!!
出来事
起きた事

マインドメモ

これが、なかなか出来なかった!!
何か起きた時、けっこう今までの考えグセや、今までのパターンで対応してしまう。
「うわっ!なんでこんなことが!」って、この感情にやられちゃう。

じゃなくて、素直に何感じてると見直すと、けっこうこれで客観的に自分がとらえられて、
自分の心の今の状況がよくわかり、
感情に振りまわされないで、
いいスタートラインに立てる!!
起きたことが実は、何でもないと見られるようになる。

☆あきらめる、は、あからめる

同じ事

あきらめる ← できないと思う

あからめる → やらないと決める

マインドメモ

あきらめる、で終わると
ちょっと あ〜あ、と尾を引く。
あきらめるは、あからめること、
明らかにして、これは
出来ないから、今は、やらない、
と決めれば、ポジティブに
次に進める。
なんでもないようだけど
こういう積み重ねは大事。

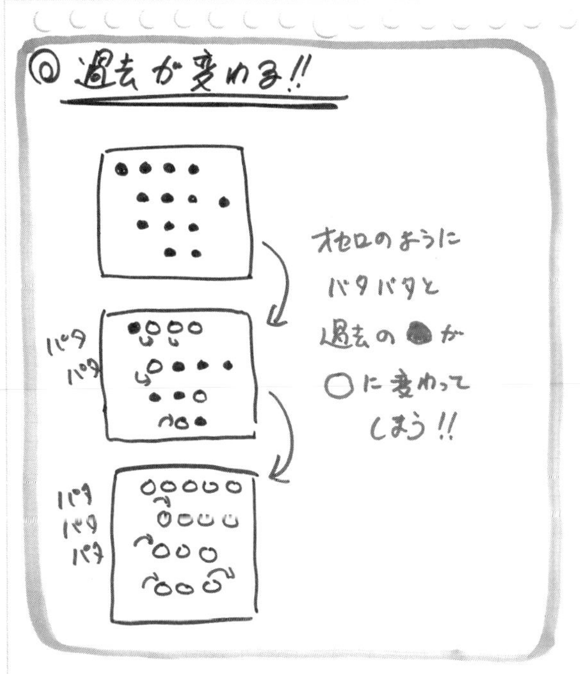

マインドメモ

マインドが変わると、
不思議なことに
過去の失敗や、トラウマが
なんと武器になってしまう。
あ〜あ、と思っていたことが
こういう経験をして良かった
だから今、わかることが
こんなにある!! みたいな。
いい未来をイメージ出来ると、
マインドの在り方も変わると
過去も変えられちゃう。
おもしろい。

★いつでも どこでも
ちょっとした マインドトレーニング!!
いい感じの人
探し
見つかると
こっちも いい気分
5分で
ランチ or
自分至上
最高のランチ
電車のワーク
ボーっと乗ってると
何もない。
散歩の
ワーク
いつも見えてない
ことが見える…

マインドメモ

先生のワークの いいところは、
いろんなワークがあって、いつでも
どこでも、その気になれば 出来る!!
なので、ちょっとした時、
何かするだけで 心の筋トレが出来る。

これやっていると、視点視座が
知らないうちに 少しずつ広がっていく。
……
多分 知らないうちに センス も
よくなっていくような 気がする。

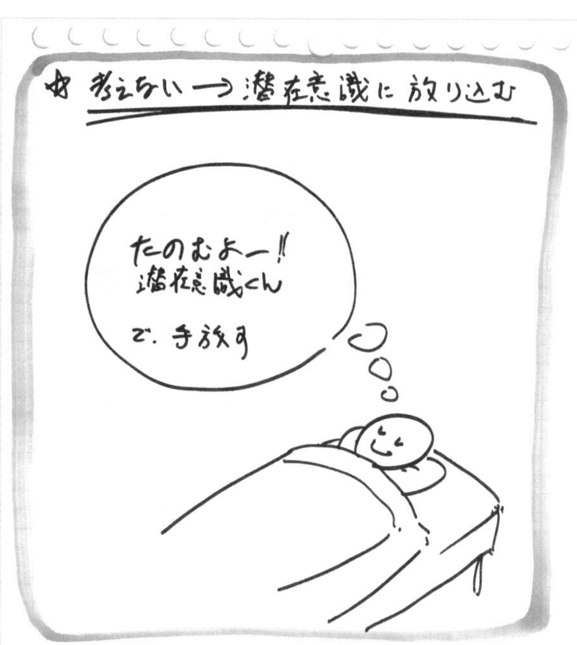

☆考えない → 潜在意識に放り込む
たのむよー!!
潜在意識くん
で、手放す

マインドメモ

何か決めなくちゃいけない時、
相談された時
考えても わからない時もある。
なので、考えない。
すぐ答え出さない。
一晩 寝る。何も考えないで 寝る。
問題は 頭に入っているので
あとは、潜在意識に まかせちゃう
という 感覚で 手放す。
そうすると、けっこう 次の日とか、夜中に
「!」と 何か感じるというか、
潜在意識が 教えてくれる。
不思議だけど、コレ 使えるようになると便利!

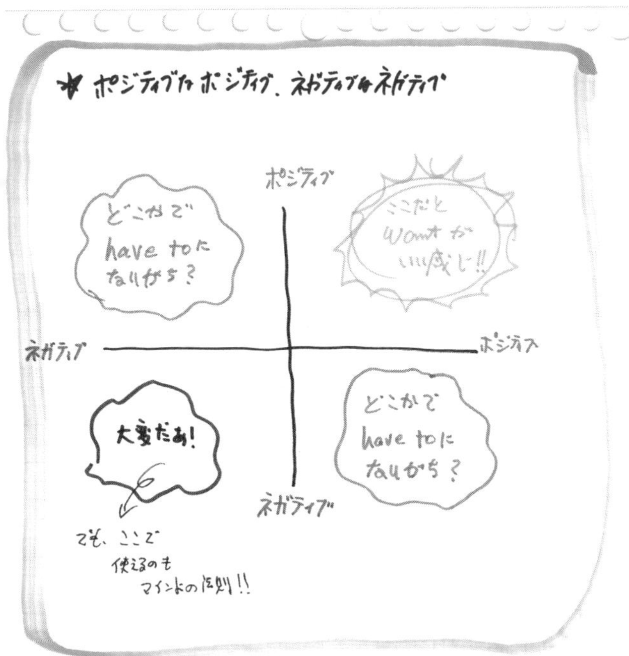

マインドメモ

ポジティブなポジティブ

ネガティブなネガティブ

こういう見方もあるんだ。

例えば、
自分もうれしくて相手もいい。
みたいなのは
ポジティブなポジティブ。

どこかに無理があると
have to になって、
そのままがんばってもNG!!

have to を must に
変える!!
そのために根っこの want
を感じること！

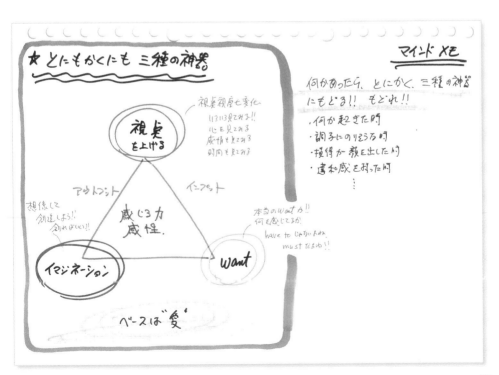

★とにもかくにも三種の神器

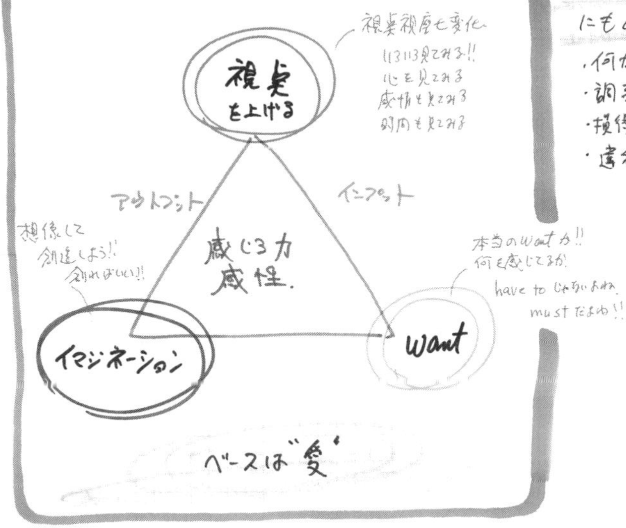

視点視座を変化
いろいろ見てみる!!
心を見てみる
感情を見てみる
内面も見てみる

視点を上げる

アウトプット

インプット

想像して
創造しよう!!
創ればいい!!

感じる力
感性。

本当のwantか!!
何を感じてるか
have to じゃないよね
must だよね!!

イマジネーション

want

ベースは"愛"

マインドメモ

何かあったら、とにかく、三種の神器にもどる!! もどれ!!

・何か起きた時
・調子にのりそうな時
・損得が顔を出した時
・違和感を持った時
…

☆ 自分にスポットライトを当てる.
映画の主人公に
なったつもりで 人生の脚本を!!

マインドメモ

何か困ったことにぶつかった時.
あーあ. だめだあって思った時.
自分は自分の人生の主人公だった
ということで. 映画の主人公になった
つもりで. 大ヒット映画の脚本を
つくって. あきらめないマインドを
創ってみる.

あーあ. だめだ→やっぱりだめ.
しょうがない という映画では.
だれも見てくれない.
なので. ここから、ドン底から
はい上っていくストーリーは.
けっこう いいかも!!と
ポジティブに脚本づくり!!
けっこう自分には効果あり?

☆ フォーカシング (心の中をフォーカシングする)
いつも見れている
ところにはないことも多い!
なので
自分で探す!!
お!!
コレ何だ!!
必ず
見つかる!!と
思って探し続けると
何か見つかる.

マインドメモ

何か問題に直面した時.
モヤモヤがある時 等
(モヤモヤの正体を見つけるだけでスッキリ!!)
心の中をフォーカシングしてみる.
きっと何かの糸口はあるはずと思って.

ゆっくりでもいいので. 少しずつでも
いいので. 心の中をいろいろ
「マインドランプ」をあてていく.

いつも見てないところを照らしていく.

↓

そうするとけっこう 探しものが
見つかる. ヒントが見つかる.
(盲点?).

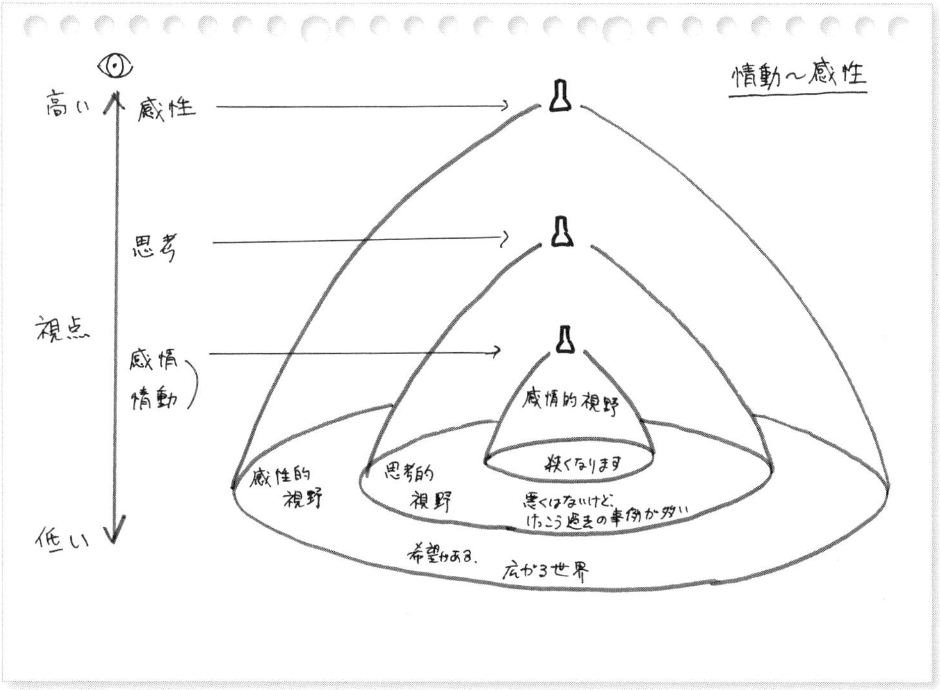

情動〜感性

高い
感性
思考
視点
感情
情動
低い

感情的視野
狭くなります
感性的視野
思考的視野
悪くはないけど、
けっこう過去の事例が多い
希望がある。
広がる世界

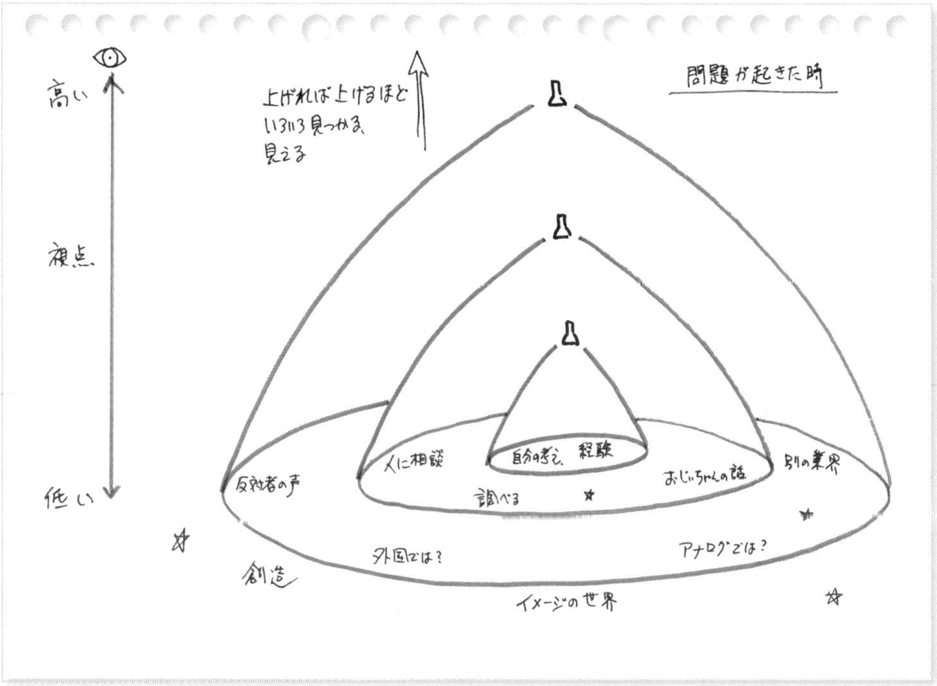

問題が起きた時

高い
上げれば上げるほど
いろいろ見つかる、
見える
視点
低い

自分の考え、経験
人に相談
調べる
おじいちゃんの話
別の業界
反対者の声
外国では？
アナログでは？
創造
イメージの世界

ハイパフォーマンスを引き出す"心の業"を伝授

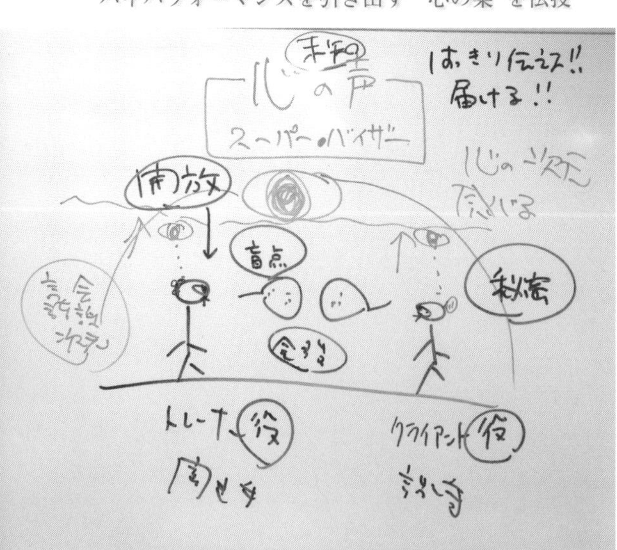

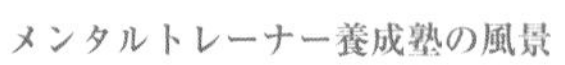
メンタルトレーナー養成塾の風景

一人ひとりの
潜在意識に
働きかける
ワークショップ
講義風景

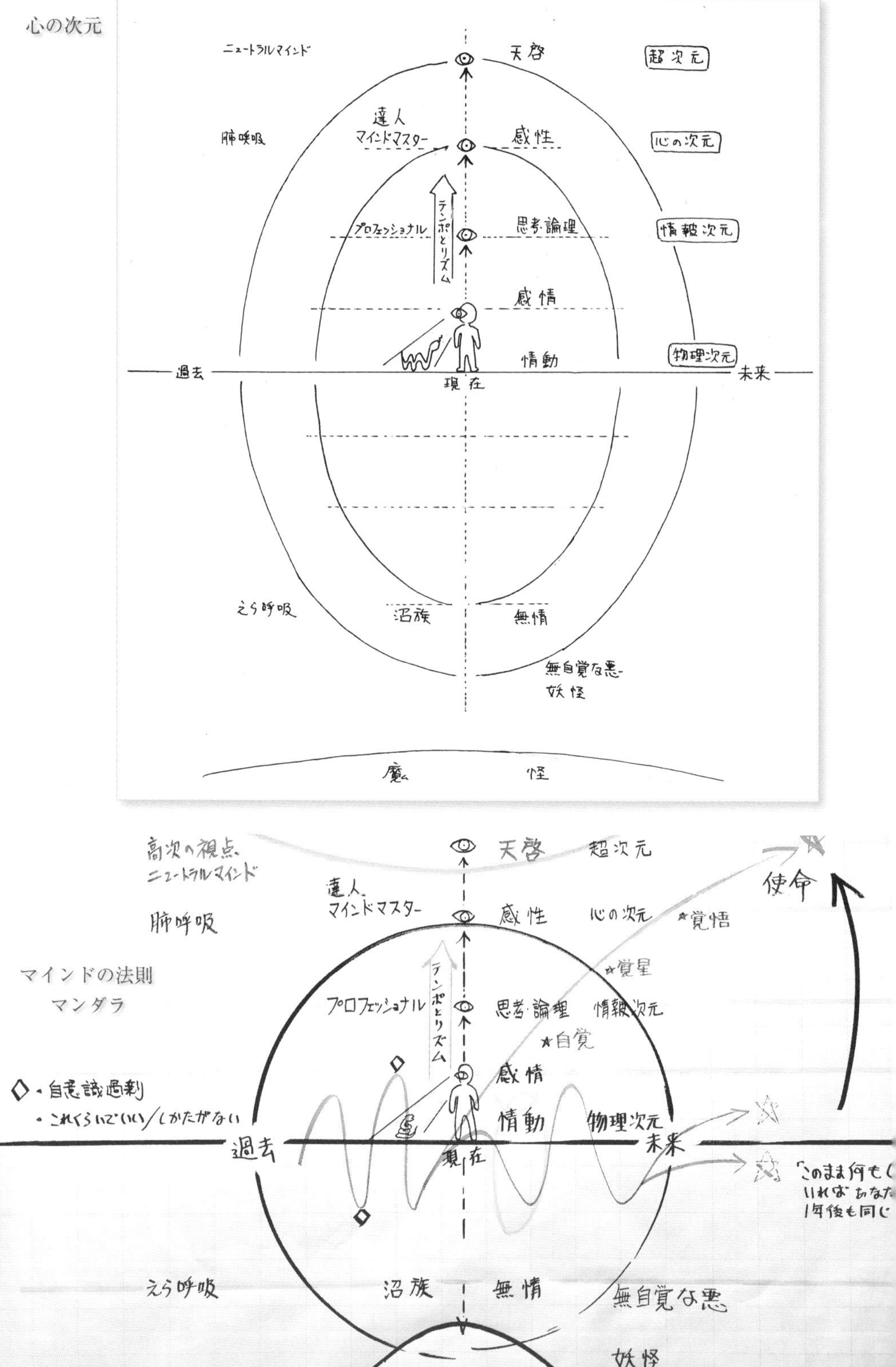
心の次元
ニュートラルマインド
天啓
超次元
達人
マインドマスター
肺呼吸
感性
心の次元
テンポとリズム
プロフェッショナル
思考・論理
情報次元
感情
情動
物理次元
過去
現在
未来
えら呼吸
沼族
無情
無自覚な悪
妖怪
魔
怪
高次の視点
ニュートラルマインド
天啓
超次元
使命
達人
マインドマスター
感性
心の次元
覚悟
肺呼吸
覚醒
マインドの法則
マンダラ
プロフェッショナル
テンポとリズム
思考・論理
情報次元
自覚
感情
自意識過剰
・これくらいでいい／しかたがない
情動
物理次元
過去
未来
現在
えら呼吸
沼族
無情
無自覚な悪
妖怪

天　　空

宇宙次元

マインドビューポイント イメージ

地球的視点をイメージする

利己から利他への
パラダイムシフト

どの階層で生きていくかは
自分次第

潜在能力

地球次元

志、使命
mission

実行
challange

論理思考
不安
物理次元

怠惰逃避

犯罪
crime

破壊戦争

魔　　怪

第6幕
久瑠あさ美の軌跡

人生は創造するものです

著書一覧

『一流の勝負力』
～成功者が実践しているメンタルトレーニング術～
（宝島社）

『人生が劇的に変わるマインドの法則』
～たった３つのプロセスが「在りたい自分」の心を創る～
（日本文芸社）

『このまま何もしないでいればあなたは１年後も同じだが、
潜在能力を武器にできれば人生はとんでもなく凄いことになる』
（KADOKAWA）

『ジョハリの窓―人間関係がよくなる心の法則』
（朝日出版社）

『マインドの創り方：「潜在意識」で人生を好転させる』
（三笠書房）

『マリアスイッチで愛する力が動き出す』（講談社）

『自分を超える勇気～魔物に打ち勝つメンタル術～』
（KK ベストセラーズ）

『人生をガラリと変えるメンタルトレーニング オーラのまとい方』
（KADOKAWA）

『マインドバイブル』
～一瞬でコンプレックスを自信に変える 77 の言葉～
（学研パブリッシング）

『最高の自分を創る「勘違い」の才能』（青春出版社）

『あなたの「限界の壁」をぶち破る！マインドフォーカス』
（アース・スター・エンターテイメント）

『プロフェッショナルへの道』（致知出版社）

『人生が劇的に変わるマインドの法則』～コンビニ版～
（日本文芸社）

『幸せな女、幸せになりたい女』（サンマーク出版）

『メンタルトレーナーが教える　未来を動かす時間術』
（秀和システム）

『潜在意識で体は変わる！「マインドダイエット」』
（PHP 研究所）

『メンタルトレーナーが教える恋を叶える“心の法則”』
（ヒカルランド）

『人生が劇的に変わるマインドの法則』～文庫版～
（日本文芸社）

『メンタルトレーナー久瑠あさ美のマインド育児』
（主婦の友社）

『メンタルトレーニングで美人は創れる』（宝島社）

『トップアスリート、一流経営者たちがこぞって受ける
<小さな自分>から脱皮する心の授業』（大和書房）

『なぜあの子は天才なのか』（ハチノスプロ）

『自分繁盛 最高の人生を創るお金とマインドの法則』
（リベラル社）

『72 時間をあなたの手帳で管理すれば、仕事は劇的いうまくいく』
（日経 BP 社）

『このまま何もしないでいればあなたは１年後も同じだが、潜在能力
を武器にできれば人生はとんでもなく凄いことになる』～文庫版～
（KADOKAWA）

『あなたの人生を劇的に変える！マインドの法則 ～実践ワーク～』
（日本文芸社）

『何もかも思いのままにできる人のマインドスイッチ 365 の極意』
（主婦と生活社）

『手帳に書くだけで潜在能力が引き出される“未来を動かす手帳術”』
（扶桑社）

～復刻版～『人生が劇的に変わるマインドの法則』
（クローバー出版社）

『未来を決める勇気』～マインドの法則でパンデミックを生きぬく～
（ワニ・プラス）

『久瑠あさ美のイキザマ革命』（国書刊行会）

近日発売

『心の視点で未来を動かす“空飛ぶゴルファー”（仮）』
（ゴルフダイジェスト社）

『媚びない生き方のススメ（仮）』（KK ベストセラー）

主な講演実績

- ダイワハウス「潜在能力を引き出すマインドの法則」講演会
- 日本産業カウンセラー協会「カウンセラーに必要な心の在り方」特別基調講演会
- 三菱UFJ銀行 三菱グループ「人生が劇的に変わるマインドの法則」開東閣
- 税理士法人 K&K Japan 総会「マインドの法則～潜在能力の引き出し方」講演会 セルリアンホテル 500名
- バイエル薬品株式会社「エクスペリメントとの行動育成に向けて」役員トップリーダー研修
- 日本メドトロニック株式会社「マインド塾～未来に一流で在る為に～」50名
- 株式会社ミクニ「ミクニ・マインドコア研修」選抜メンバー 1泊2日強化合宿
- 三菱UFJ銀行 管理職リーダー「潜在能力を引き出すトップマインド研修」
- 株式会社ミクニ「メンタルブロックを外すマインド研修」選抜メンバー 1泊2日強化合宿
- ゴルフダイジェスト社「ゴルフが劇的に上手くなるメンタル術」80名
- 株式会社ミクニ「突破力を引き出すマインドを創る」研究開発チーム選抜メンバー 研修セミナー本社ビル
- 三菱UFJ銀行 支店長研修「潜在能力を引き出すトップマインド研修」
- 産経新聞社サンケイリビング「働く女性の部活 新米リーダー部」
- (公財) 佐賀県市町村振興協会「リーダーシップマインド1日研修」女性管理職
- 株式会社ミクニ「ミクニ・マインドコア研修 第2期」1泊2日強化合宿
- 東芝テック株式会社「潜在能力を発揮する『マインドの法則第2弾!』」ツインメッセ静岡フェア
- 株式会社セブン&アイ HLDGS 池袋コミュニティカレッジ「久瑠あさ美の時間術・タイムマネージメントで人生を好転させる」
- 三菱UFJ銀行「人間関係“コミュニケーション力”を引き出す“役創り研修”」
- 株式会社セブン&アイ HLDGS 池袋コミュニティカレッジ「久瑠あさ美のはじめてのメンタルトレーニング講座」
- 中部学院大学「各務原ライフカレッジ」中部学院講堂
- 北九州中小企業経営者協会 第262回例会 100名 リーガロイヤルホテル小倉
- 日本ゴルフ学会「ゴルフおよび他のスポーツにおける研究成果の発表」
- 株式会社ミクニ「トップリーダーの潜在能力を引き出す体感トレーニング」300名
- 所沢商工会議所青年部「経営者のためのメンタルトレーニング術」
- 佐賀県庁職員向け「リーダーシップマインドワークショップ」
- ヤマハ発動機株式会社「ヤマハ講演会」450名
- エーザイ株式会社 ユニオン「未来を向いて働くための心構え」
- 東芝テック株式会社「潜在能力を発揮する『マインドの法則』」45名 グランシップ静岡
- 株式会社ダリア「自己を知るリーダーの哲学」
- 東芝テック株式会社「未来を動かす“タイムマネジメント”～メンタルトレーナーが教える72時間メソッド」100名 ゲートシティホール
- TOTO株式会社 ユニオン茅ヶ崎支部「潜在能力を発揮するマインドの創り方」
- 東芝テック株式会社「メンタルトレーニングで美人は創れる」80名 品川GOOS ザ ランド マークスクエア トーキョー
- バイエル薬品株式会社「エクスペリメントとの行動育成に向けて」
- 宮永会計事務所「3時間で売り上げを10倍にしたい経営者のための非常識戦略」成城タウンホール
- 三菱UFJ銀行 マネジメント・指導力の強化 リテール拠点の新任課長50名「生き様 役創り研修」
- MUFGグローバルトレーニングセンター「新任支店長研修」
- 住友生命相互保険「営業社員のメンタルトレーニング」
- 三菱重工株式会社 硬式野球部「社会人野球チームのメンタル強化(勝つべき試合で勝つべき相手に勝てるチーム作り)」
- 桃山学院高等学校「大学受験を乗り切るためのメンタリティ」高校3年生と教員、保護者
- TVQ九州放送 日経ウーマン「福岡キャリア塾2015」「未来を動かす時間術～人生が劇的に変わる“マインドの法則”」1,000名
- 北海道銀行 各信用金庫、信用組合の理事長または理事 京王プラザ札幌
- 西武百貨店池袋コミュニティカレッジ「時間術」「心の授業」
- 川口市役所 男女共同参画のつどい「人間関係が良くなる心の法則」600名 川口駅前市民ホールフレンディア
- NHK文化センター 時間塾～72時間手帳術で人生を変える～
- 幻冬舎『DRESS』イベント「実力以上の美人オーラの創り方講座」
- 三菱UFJフィナンシャルグループ MUFG人事部門 三菱UFJ銀行 本館
- グループ63社の人事担当役員・部長職「マインドの創り方～社員・部下の意識・視点を引き上げる～」
- 株式会社鴻池組 大阪本店「一流の勝負力～成功者が実践しているメンタルトレーニング術」
- 協力業者の経営層、現場監督の職長・安衛責任者、鴻池組管理者 500名
- 碧南三菱UFJ懇話会 取引先経営者層 衣浦グランドホテル
- 沖電気「マインドの創り方～潜在能力を引き上げる～」600名
- 高山市職員労働組合連合会女性部「一人ひとりこうありたい自分を実現させるために」
- 豊島区さくら小学校PTA主催 平成26年度 家庭教育講座「潜在能力を引き出す子育て」
- 大崎建設株式会社平成26年度安全衛生大会「一流の勝負力～成功者が実践しているメンタルトレーニング術」
- 慶應義塾大学環境情報学部『組織設計と戦略』特別講義「メンタルトレーニングの可能性」
- 水戸信用金庫：みとしん経営研究会・青年重役会合同セミナー「マインドの法則～潜在能力の引き上げ方」
- ワコール労働組合・資生堂労働組合合同セミナー「働く女性が輝くために」
- 沖電気工業株式会社：2013年度信金沖システム総会「マインドの創り方～潜在能力を引き上げる～」
- 建設業労働災害防止協会東京支部：安全衛生推進大会「一流の勝負力～成功者が実践しているメンタルトレーニング術～」
- アース製薬株式会社：アースモンダミンカップ「潜在能力を発揮するマインドの創り方」200名
- セイコーエプソングループ・アトミックス労働組合「一流の勝負力～職場でやりがいを見いだすために」
- アースデー飛騨高山2014「地球を愛の星に」「人生が劇的に変わる！マインドの法則」
- 日本経済新聞社：WOMAN EXPO TOKYO 2014 日経WOMAN Networkingフォーラム 東京ミッドタウンホール 1,800名「なりたい自分になるための潜在能力マネジメント」
- 一般社団法人 関青年会議所4月例会「一流の勝負力～逆境を乗り切るメンタル術」
- 豊島区学習・スポーツ課 生涯学習グループ「子どもの潜在能力を引き出す心の創り方」
- 池袋コミュニティカレッジにて久瑠あさ美の「マインドの法則」特別講座
- 日本コンサルタントグループ：NU茶屋町「マインドの創り方」
- 阪急阪神ビルマネジメント「マインドの創り方」
- 四国生産性本部「企業のメンタルヘルス対策～ストレスコントロールと自己管理」
- 宮崎銀行「潜在能力を発揮するマインドの法則」
- 静岡銀行：静交会「在りたい自分の心を創る」～メンタルトレーニングの意義
- 公益財団法人関西生産性本部・公益社団法人関西経済連合会：「インテリジェントアレー撰壇塾」
- 常友会・常陽会津経営研究会 合同講演会
- 上越タイムス社：「上越タイムス広告会」講演会
- 池袋西武百貨店：「マインドの法則」特別講座
- 社団法人YPO名古屋セミナー「経営者のためのメンタルトレーニング」講演会
- 慶應義塾大学：藤沢キャンパス 政策メディア学部にて講義
- JAIFA神奈川県協会：「セールス向上のためのメンタルトレーニング」特別講演
- 健康食品販売会社：記念講演会／リッツカールトン大阪
- 豊島区学習・スポーツ課 生涯学習グループ「メンタルトレーニングで親力を引き上げる」
- 致知出版社：「新春・致知愛読者の集い特別講演」講演会講師 200名
- 東急電鉄：フクラモ・久瑠あさ美の心を創る《マインド塾》毎月開催 など多数
- 東濃信用金庫：リーダーシップ研修などその他多数
- NEC：「C&Cユーザーフォーラム & i EXPO2012」特別講演講師 1,500名
- 青森県庁：人財育成「あおもり立志挑戦塾」講師「青少年リーダー育成研修」
- 東京ガス：保安キャンペーン講演会講師
- 静岡銀行：「Shizugin Shipセミナー」リーダーシップ研修講師
- ヤマハ発動機（株）：ヤマハ発動機秋季講演会講師
- （株）日立ソリューションズ：プレミアム会員向けWebサービス「久瑠あさ美のメンタルトレーニング講座」
- （株）日立ソリューションズ：Premium Workshop（管理職向け研修）講師
- 東京急行電鉄（株）：二子玉川しごと力ゼミナール［フクラモ］レギュラー講師

など 多数

プロフィール

久瑠あさ美／ Kuru Asami

メンタルトレーナー／ 作家

「ff Mental Room」フォルテッシモメンタルルーム代表。
日本心理学会認定心理士。日本産業カウンセリング学会会員。日本芸術療法学会会員。
精神科・心療内科の心理カウンセラーとして勤務後、トップアスリートのメンタルトレーニングに積極的に取り組み、注目を集める。企業経営者、各界アーティスト、ビジネスパーソンなど個人向けのメンタルトレーニングを行い、延べ10万人を超えるクライアントから絶大な信頼を寄せられている。
企業や自治体への講演活動や人材教育、「潜在能力を引き出す突破力研修」など潜在的な力を引き出す人材育成プログラムを開発。児童向け講座、慶應義塾大学での講義など次世代育成にも従事。医療、介護に特化したマインドプログラムにおいては、空間創りから参加するなど活動は多岐にわたる。毎月開催される本格的な体感トレーニングを行う〈心を創るマインド塾〉や〈メンタルトレーナー養成塾〉や年２回の〈春期・秋期「マインドの法則」“心の実学”３日間集中セミナー〉を主宰している。『鏡面感覚トレーニング』、『コラージュトレーニング』など感性を高める実践的な単発レッスンも行っている。
雑誌・テレビ・ラジオなどメディア出演も多数。
著書に『一流の勝負力』『人生が劇的に変わるマインドの法則』『このまま何もしないでいればあなたは１年後も同じだが潜在能力を武器にできれば人生はとんでもなく凄いことになる』『未来を決める勇気』など累計120万部を超える。

ff Mental Room ホームページ

久瑠あさ美チャンネル
［ff Mental Room HP
トップページから無料動画視聴可］

久瑠あさ美のメンタル・ブログ

久瑠あさ美の人生が劇的に変わる
メルマガ マインド塾

潜在能力を引き出す
「マインドの法則」アメブロ

久瑠あさ美のオーディオブック
［NHK サービスセンターから配信中］

久瑠あさ美の講座 ご案内

◆『心を創るマインド塾』
【毎月第２土曜日／東京にて開催】
～はじめてのメンタルトレーニング～
・自分を知る１時間コース
「初回メンタルチェック診断＋講義」
・半日フル体験 5.5 時間コース

◆『メンタルトレーナー養成塾』
【毎月第２土曜日／東京にて開催】
1day 体験８時間コース（８時間）

◆『マインドの法則“心の実学”３日間集中セミナー』
【年２回／春・秋開催】
・春期コース「メンタルブロックを外す講義＆ワーク」
・秋期コース「潜在能力を引き出す講義＆ワーク」

◆『鏡面感覚トレーニング』
【毎月第３土曜日／東京にて開催】
・初回体験３時間コース

◆『コラージュトレーニング』
【毎月末日曜日／東京にて開催】
・初回体験３時間コース

◆『パーソナルトレーニング』
初回メンタルチェック診断コース
※ 90 分／ 60 分枠でご予約お取りします。

◆『オンライン・トレーニング』
※各講座、オンラインにて受講いただけます。

お問い合わせ：info@ffmental.net

第７幕
幕にかえて

この本は「久瑠あさ美の総体」を現出させたものである。と言いたいけれどもそれは正確な言い方ではない。久瑠あさ美の総体はより高くより深くより巨きい。従ってもっと正確にいうならば「久瑠あさ美のエッセンス（精髄）」を抽出させたものである。

これまでに関わった少なくはない本の中で、他の数冊と共に「永らえてほしい１冊」である。これもちょっと正確さに欠けていて「永らえるはずの１冊」と言った方がいい。「久瑠あさ美その人」を敬愛する塾生たちの言葉をまとめたり、「久瑠あさ美という存在」の興味深い半生を聞き出したり、その厖大な写真を選択・構成する仕事が中心で、自分の思想を開陳したわけではないから、縁の下の力持ちという役割をやらせてもらった。

非力ゆえに力になれたかどうかは読者の判断に委ねるが、火事場の糞力を発揮したという実感はある。とにかく簡単な作業でなかったのは「久瑠あさ美のエッセンス」が尽きせぬ泉であったことと、塾生たちの「久瑠あさ美讃歌」の声に聴き惚れて、こういうものをまとめるのに必須条件であるところの、冷静さや平常心を獲得するのに随分と時間がかかったためもある。

「久瑠あさ美その人」を、その慈愛の深さによって人はマリア様に喩える。

その信じる力と勇敢な精神によって人はジャンヌ・ダルクに喩える。

その一途な求道心によって人は宮本武蔵に喩える。

その高次元の思想によって人は空海に喩える。

その深層意識の重視化と具現化によって人はユングに喩える。

個人的には過去の偉人ひとりのみに喩えてしまうと、
零れ落ちるものが多すぎると考える。

いずれにしても現代という困難で苛酷な時代にあって、
稀有な存在であることは間違いない。

この「永遠の１冊」をまとめるにあたって、国書刊行会代表の佐藤今朝夫氏、編集の中川原徹氏のご厚情、および塾生さんたちのご協力にあずかった。紙面を借りて御礼申し上げる。

陽羅義光

久瑠(くる)あさ美(み)のイキザマ革命(かくめい)

2020年11月22日　第1版発行

著　者　久瑠あさ美
発　行　株式会社国書刊行会
発行者　佐藤今朝夫
〒174-0056　東京都板橋区志村1-13-15
TEL　03-5970-7421
FAX　03-5970-7427
https://www.kokusho.co.jp

印　刷　株式会社シーフォース
製　本　株式会社ブックアート
写真撮影　千川 修

ISBN978-4-336-06652-7
Printed in Japan

定価はカバーに表示されています。
落丁本・乱丁本はお取り替えいたします。